教員政策と国際協力

未来を拓く教育をすべての子どもに

興津妙子／川口 純［編著］

荻巣崇世

牧 貴愛

小原優貴

中和 渚

小野由美子

近森憲助

中井一芳

下田旭美

馬場卓也

石坂広樹

横関祐見子

服部浩幸

深尾剛司

宮島智美

金澤大介

保坂菜穂子

マーク・ギンズバーグ

石原伸一

［著］

明石書店

はしがき

途上国の教員政策と国際協力の課題と展望

　教師とは、いうまでもなく児童や生徒の学力形成に中心的な役割を担うアクターである。教師は、また、日々の学びの営みを通じて、子どもや若者一人ひとりの可能性を伸ばし、地域やグローバル社会と教育とを結びつけ、諸問題の解決に自ら考え行動する市民を養成する責任の一端も担っている。

　教師をめぐる状況は、21世紀に入り、著しい変化の波にさらされている。社会が大きく変容するなか、「コンピテンシー」や「21世紀型学力」などの新しい学力観が世界を席巻し、教師は、単なる知識の伝達ではなく、学習者が主体的に思考力や問題解決力等を伸長できるためのファシリテーターとして、様々な専門性やスキルを駆使し、自律的に成長し続けることが求められている（例えば、Furlong and Davies 2012; Tawil 2013; UNESCO 2014）。人工知能（AI）やモノのインターネット（IoT）などの情報通信技術（ICT）が進展し、ソーシャル・ネットワーキング・サービス（SNS）などで簡単に他者とバーチャルなつながりを持つことができる時代も到来した。しかしながら、新たな時代においても、学校という学びの「場」がなくなる兆しはみられない。むしろ、学校という場が時代の要請に如何に応えていくかが問われており、教師をめぐる改革は学校教育改革の中で大きな転換期を迎えている。

　高度専門職業人として生涯にわたって学び続ける教師像が掲げられる中、いかなる教員政策を取るべきかは、世界的に極めて重要な関心事項となっており、それは途上国においても例外ではない。本書は、途上国世界における教員政策をめぐる状況と課題とを、各国の事例研究と国際協力の動向から理解しようとする試みである。

　ただし、途上国といっても、発展段階や政治経済、文化・社会的背景、地理的状況は極めて多様であり、一括りに論じることはできない。また、グローバル化が加速度的に進行し、国境を越えて様々な課題が共有され相互依存が進む

中、先進国と途上国という従来型の二項対立的図式で物事を捉えようとするのは時代遅れであろう。一方で、過去20年余り、途上国と称されてきた多くの国々において、高度な専門職人としての教師の輩出とは逆行するような政策が採用されてきたことも事実である。

　第二次世界大戦後にアジアやサブサハラアフリカ諸国が次々に植民地支配から独立を遂げると、途上国世界では、国民国家の近代産業発展の担い手の創出のため、近代学校教育の本格的な普及が目指された。その中で、教員養成校の新設等を通じた教員養成制度が整備されてきた。しかし、1970年代後半からの財政危機とそれに続く世界銀行（World Bank）や国際通貨基金（IMF）による構造調整政策の受け入れによる緊縮財政の下、多くの国で教員養成の拡大路線が見直されていくことになった。とりわけ、1990年に「万人のための教育世界会議（The World Conference on Education for All）」が開催され、「万人のための教育（Education for All: EFA）」が「グローバル・アジェンダ」として採択されると、初等教育の完全普及に向けて大量の教師を輩出するため、教員養成期間の短縮化、無資格や低資格の教員雇用、教員給与の引き下げ、契約ベースでの雇用などが積極的に導入されていった。EFA世界会議の10年後の2000年4月にセネガルのダカールにおいて開催された「世界教育フォーラム（World Education Forum）」においては、目標6で「教育のすべての局面における質の改善」を掲げ、教員をその中心に位置付けた。しかし、同年に国連で採択された「国連ミレニアム開発目標（MDGs）」では、ダカール目標のうち①初等教育の完全普及と、②教育における男女間格差の是正のみしか取り入れられず、教育の質や教員に関する明確な言及はなされなかった。そのため、1990年代から2000年代半ば頃までの国際教育開発の取り組みは、初等教育の完全普及（UPE）というアクセスの拡大面に傾倒し、教育の質向上に向けた教員への投資は相対的に軽視された。

　その結果、2000年代半ば頃から、教育のアクセスについては多くの国で飛躍的な改善がみられたが、世界では約2億5,000万人の子どもが基礎的な読み書き、計算能力すら習得できておらず、そのうち約1億3,000万人は小学校に

通っているにもかかわらず最低限の学習基準を満たしていないなど、「世界規模の学習危機（global learning crises）」に直面していると警笛が鳴らされている（UNESCO 2014）。

　こうした教育の質の危機を踏まえ、2015年9月に開催された国連総会で採択された「持続可能な開発目標（Sustainable Development Goals: SDGs）」では、17の国際目標のうち、教育分野に関し、目標4（以下、SDG4）として、「すべての人に対して、インクルーシブかつ公正で質の高い教育を保障し、生涯学習の機会を向上させる」ことが盛り込まれるなど、「教育の質」が焦点化されている。SDG4では、この全体目標を実現するためのターゲットの一つとして「資格教員の数を大幅に増加する」こと（ターゲット4.3c）を掲げており、教員は2015年以降の国際教育開発アジェンダにおいて、教育の質向上の中核として明確に位置付けられている。さらに、SDG4では、ターゲット4.7として、「2030年までに、学習者が持続可能な開発を促進する上で必要とされる知識やスキルを身に付ける」とともに「持続可能なライフスタイル、人権、ジェンダー平等、文化の多様性などに関する教育を促進する」と謳っており、「教育の質」をより深く検討する視点を提供している。ここでは、単に学力試験で測定できる個人の認知能力だけでなく、教育によってどのような個人や社会の変革を促すのか、といった非認知的能力を重視する視点が、これまで以上に強調されている。SDG4が掲げる進歩的な学習観は、近年、世界的に展開されている「コンピテンシー」や「21世紀型学力」などとも密接に重なり合うものであり、教師に求められる資質や能力にも影響を与えている（北村・興津 2015）。

　一方、新自由主義的な思潮が世界の教育政策に大きな影響力を及ぼす中、それは各国の教師という仕事や地位にも大きな転換をもたらしている（油布 2009）。サブサハラアフリカや南アジア地域において、学費無償化による過密学級と学びの質の危機的な低下等を背景として、「低学費私立校（LFPS: Low Fee Private School）」が台頭し、中間層や貧困層の保護者もこうした学校を積極的に選択する動向が生じるなど、公教育が転換期を迎えている（Srivastava 2013）。また、教員に「アカウンタビリティ」を求める風潮も強まっており、

「教員評価制度」も様々な国で導入されている。SDG4においても、学習者が「何を学んだか」という具体的な学習成果を問う観点が重視されており、今後の途上国の教員の職務、職能開発、社会的地位などを含むあらゆる側面に多大な影響を与えていくと見られている。

　これらの教員を巡る新たな状況への対応は、先進国も直面する同時代的な課題である。しかし、先進国に比べ財政状況が厳しく、教育支出の多くが教員給与に占められる途上国において、教員不足も解消しながら新たな時代に求められる教育を実践しうる教員を育成していくことは、一層大きなチャレンジであることは間違いない。途上国の教員政策は多かれ少なかれ国際教育開発の様々な潮流や教育政策のグローバル化の波に大きく影響を受けながら展開されてきた。しかし、そうした中にあっても、各国の政策の細微に違いがあるのはなぜなのか、そして政策と実施との乖離が見られるのはなぜなのか、ということはこれまでに十分明らかにされていない。

　本書は、このような大きな転換点に立つ途上国の教員を取り巻く政策状況について、各国の事例と国際協力の動向から深く考察する論点を洗い出し、今後の展望を読み解く視点を提供することを目的とする。

　そこで、本書は、比較教育学や国際教育開発学の領域で活躍する研究者と、国際教育開発に国際機関や二国間援助機関の実務家としてかかわっている執筆者たちが、それぞれの専門領域から途上国の教員政策というテーマについて考察を展開している。このような執筆陣を擁する本書は、国際教育開発を専門とする学生や研究者のみならず、国際教育協力の実践に携わる専門家の方々にも様々な知見を提供しうると考える。さらに、これからの日本、そして国際社会が、途上国の教員の拡充と資質向上にどのように貢献していくべきかを広く読者に問いかけるものとなることを目指すものである。

　なお、英語では教師も教員もteacherであるが、今津（2012）は、日本語においては、教師は教えるという専門的職業や授業場面での指導者という意味が強いのに対し、教員は学校組織の一員という側面に力点が置かれていると述べている。このような意味づけの違いは認識しつつも、本書では、各執筆者の意

図を尊重し、教師と教員という用語の使い分けについては特段の統一は行わないこととする。また、本書で対象とする教師は、教師を職業とし、主として小・中・高等学校に勤務する学校教員とする。また、本書で扱う教員政策の領域は、Mulkeen（2010）を参考とし、教職員の養成・供給、待遇（身分・給与・厚生）、継続的職能開発、人事管理（任用、配置、管理）、統制（評価と処遇）としたい。

本書の構成

本書は、「途上国の教員政策」と「教員政策に対する国際協力のアプローチ」の二部から構成されており、冒頭に序章を設けている。序章では、途上国の教師を取り巻く政策と実践の状況を見る際の軸として6つの視点を掲げ、歴史的な観点を踏まえて考察する。

第Ⅰ部「途上国の教員政策」は、東南アジア、南西アジア、サブサハラアフリカ、ラテンアメリカにおける国別事例をもとに、各国の教員政策と実践に関する現状と課題について、求められる専門職性や教師教育、教員評価のあり方の変化に着目しながら考察することを目的としている。

第Ⅱ部「教員政策に対する国際協力のアプローチ」では、主要な国際協力機関により教員政策分野においてどのような国際協力が進められており、いかなる課題があるのかについて論じる。具体的には、ユネスコ（UNESCO）、ユニセフ（UNICEF）、世界銀行（World Bank）、教育のためのグローバル・パートナーシップ（Global Partnership for Education: GPE）、米国国際開発庁（USAID）、国際協力機構（JICA）による国際協力の取り組みについての概要と考察を提示する。

第Ⅰ部の第1章（荻巣論文）では、内戦により現在も「負の遺産」を背負うカンボジアにおいて、教員を「生涯学び続ける専門家」と位置付けた諸改革の諸相と、それらの実践に関する現実的課題について論じている。また、当事者である教師たちが改革の議論から置き去りにされている状況も浮き彫りにする。続いて第2章（牧論文）では、タイを取り上げ、聖職者としての伝統的教師像を保持しつつ、「専門職としての教員」の質的向上を目指すさまざまな施策や改革案の展開状況と、混迷する政局下での実施面での課題について考察している。

また、アセアン市民としての教育（アセアンネス教育）やSTEM教育の動向について概説するとともに、現場の学校教員の力量とのギャップも指摘している。

　第3章（小原論文）では、インドにおいて推進されている学習者中心教育の現状と課題について教師の視点から考察している。権威主義的な官僚体質や教員養成プログラムの未整備、保護者や政府関係者の理解不足等の諸要因が複雑に絡み合い、現場での実践が本来の意図から乖離している状況を詳述している。第4章（川口・中和論文）では、マラウイにおいて、国際援助機関の支援の下に繰り返されてきた教員養成制度の改変により、全体として教員の社会的地位や同僚性、資質能力が低下した状況を描き出している。また、同国でも学習者中心アプローチが推進されているが、教育の質の危機的状況により実施が多大な困難に直面している様相を明らかにしている。

　第5章（小野・近森論文）では、アパルトヘイト後の新生南アフリカにおける教育改革と教員に関する諸制度の改変動向について詳述している。アパルトヘイト時代の教育との決別を掲げ、数度にわたるカリキュラム改訂や教員の資格認定、研修・評価制度改革等が実施されているが、改革の複雑性と運用に関する諸課題により、意図された教育成果や格差是正につながっていないと論じている。第6章（中井・下田・馬場論文）では、植民地からの独立以降のザンビアにおける教員政策を振り返り、教育の拡充を優先し、教員の質、待遇改善、カリキュラム、教育環境等の教育の質的側面の整備が後回しにされてきた結果、教員の社会的地位の低下と更なる教員の離職というシステム悪循環がみられてきたと論じている。これらのことを踏まえて、教員政策とカリキュラム改革に継続性と一貫性を確保し、教職の魅力と専門性を向上させることが何よりも重要であると論じている。

　第7章（石坂論文）では、ボリビアにおける、「非植民地化」「内文化性」「間文化性」「複言語主義」等の思想を反映した大掛かりなカリキュラム改革と教師教育改革について概説するとともに、運用面で生じている諸課題について考察している。また、ボリビアの伝統的価値観に基づくと位置づけられている新カリキュラムの実際の中身は、OECDの「キー・コンピテンシー」等と重なり

合う部分が大きいと指摘している。

　第Ⅱ部の第8章（横関論文）では、ユネスコによる教員支援プログラムについて、1966年の「教員の地位に関するILO・UNESCO勧告」を基盤として、「教師の権利」の向上を中心的課題と位置づけていると説明している。その上で、「教員に関する国際タスクフォース」と「ユネスコ・アフリカ地域能力開発国際研究所（IICBA）」の活動に焦点を当て、政策対話フォーラム、教師教育におけるジェンダー主流化の他、「共生」に向けた平和構築のための教師教育支援等今日的取り組みについて概説している。第9章（服部論文）では、ユニセフによる教員支援は、子どもの権利条約を踏まえ、包括的な質の高い学習機会の保障を目的とした「子どもに優しい学校（CFS）」プログラムの枠組みのなかで実施されていると説明している。具体的には学校群（クラスター）における現職教員研修とその評価結果に基づく政策提言に重点的に取り組んでいると報告し、インドネシアの事例を紹介しつつ、プログラムの持続可能性等への更なる取り組みの必要性に触れている。

　第10章（深尾・宮島論文）では、今日の世界銀行の教員政策支援の主要軸である「教育成果向上のためのシステムアプローチ（SABER）– Teachers」について概説し、先行研究から抽出された学習成果を向上させる8つの教員政策目標を参照して教員政策分野への投資が推進されていると述べている。また、政策面だけでなく実施面の検証や国ごとのコンテクストの違いへの配慮を踏まえてSABER-Teachersを使いこなしていくことが重要であると論じている。第11章（金澤・保坂論文）では、教育分野で唯一のマルチドナー信託基金である「教育のためのグローバル・パートナーシップ（GPE）」による教員政策分野の支援について概説している。GPEでは、GPE理事会により承認された各国の「教育セクター計画」に基づき、教師教育、教員供給、配置、給与・待遇、政策対話への教員や市民団体の参加促進等の包括的な領域における資金的・技術的支援をその特徴としていると説明している。また、途上国におけるデータの不備が有効な政策導出の阻害要因となっていると指摘している。

　第12章（ギンズバーグ論文）では、米国国際開発庁（USAID）の主要な戦略

文書と事業計画書における「教員」や「教授」という用語の量的・質的内容分析を行っている。分析の結果、USAIDの文書では、教員を一人の探求的学習者としてではなく、人的資源開発ための投入財とみなし、教員政策の策定に関わる者ではなく単なる政策の実施者として位置付けていることを明らかにしている。第13章（石原論文）では、日本の政府開発援助（ODA）の実施機関である国際協力機構（JICA）による途上国の教員に対する国際協力の時代ごとの変遷について豊富なデータをもとに振り返り、その特徴と傾向を考察している。1994年より理数科教育分野の現職教員研修を中心に展開されてきた協力が、時代を経るにつれて、子どもの学びの向上を中心に据えた多様なアプローチに発展している状況を描き出している。

　最後に、「おわりに」では、第Ⅰ部と第Ⅱ部に収録された論文で明らかにされたことを踏まえ、グローバル化が進展する世界における途上国の教師政策が抱える現代的課題を、グローバルとローカルの相互作用という視点から捉え直している。また、途上国の教員政策研究のさらなる進展に向けて、政策の実施主体である教員自身の意味世界から、その教育行為を解明するというアプローチの重要性について論じている。

　以上のように、本書は、多様な途上国世界の教員政策をめぐる最新の動向とともに、それらに大きな影響を与えてきた主要な国際協力機関による教員政策分野の協力アプローチを描き出すものである。本書では、途上国の教員政策が、グローバルな潮流の影響を色濃く受けつつも、各国のローカルな文脈によって異なる受容がなされている状況を多層的に描き出すことに努めたつもりである。こうした本書の意図がどの程度達成できたかは、読者諸賢のご判断に委ねたいと思う。

　最後に、本書の意義をお認め頂き、出版をご快諾下さり丁寧な編集作業を進めてくださった明石書店の安田伸氏に、心より深く感謝の意を表したい。

2018年9月

編者一同

参考文献・資料

[和文]

今津孝次郎（2012）『教師が育つ条件』岩波新書.

北村友人・興津妙子（2015）「サステナビリティと教育―『持続可能な開発のための教育（ESD）』を促す教育観の転換―」『環境研究』177: 42-51.

油布佐和子（2009）「教師の養成と成長、その変化」油布佐和子編『教師という仕事（リーディングス日本の教育と社会15）』日本図書センター.

[欧文]

Furlong, J. and C. Davies（2012）Young people, new technologies and learning at home: taking context seriously, *Oxford Review of Education*, 39（1）: 45-62.

Mulkeen, A.（2010）*Teachers in Anglophone Africa: Issues in Teacher Supply, Training, and Management, Development Practice in Education*, Washington, D.C.: World Bank.

Srivastava, P.（2013）Low-fee private schooling: issues and evidence, P. Srivastava（ed.）*Low-fee Private Schooling: aggravating equity or mitigating disadvantage?*, Oxford: Symposium Books, pp. 7-35.

Tawil, S.（2013）Two roads ahead for education - Which one should we take?, *DVV International*, 80: 115-119.

UNESCO（2014）*EFA Global Monitoring Report 2013/2014: Teaching and Learning: Achieving quality for all*, Paris: UNESCO.

目　次

教員政策と国際協力
―未来を拓く教育をすべての子どもに―

― 第Ⅱ部　教員政策に対する国際協力のアプローチ ―

途上国における教員政策の分析視角

―グローバルとローカルの相互作用―

興津　妙子

地域住民が運営するコミュニティ・スクールで教える無資格のボランティア教員（筆者撮影）

はじめに

　本章の目的は、途上国世界の教員政策と実践を見る際の軸となりうるいくつかの視点について、歴史的背景を踏まえつつ考察することである。もちろん、途上国世界の教員政策といっても、その諸相は極めて多様であり、一括りに論じることはできない。また、途上国における「教師観」も、各国や地域の歴史、社会、宗教的背景などに大きく規定されており、多様性に満ちている。しかし、このような多様性がありながらも、途上国世界における教員政策は、多かれ少なかれ、量的拡充と質的改善の両面の充実をいかにはかっていくかという課題に常に直面してきた。また、第二次世界大戦後、主に「援助を受ける側」であった途上国の教員政策は、「国際教育開発」をめぐる様々な潮流や国際援助の力学から大きな影響を受けてきた。とりわけ、1990年に開催された「万人のための教育世界会議（The World Conference on Education for All）」において初等教育の完全普及が国際目標に掲げられて以来、途上国の教員政策は国際教育開発の潮流や多国間の国際協力の枠組みに否応なしに取り込まれることとなり、そこから大きな影響を受けつつ、各国の固有の社会・政治・地理・文化的状況の中で発展を遂げてきた。

　本章では、本書全体の序として、各国の多様性を踏まえつつも途上国世界の教員政策と実践を理解する上でのいくつかの共通の分析視点を洗い出すことを目的とする。

　なかでも、途上国の教員政策を読み解く際に重要であると考える6つの視点、すなわち、①教員供給、②公正な教員配置、③教員の量的拡大と質的確保のジレンマ、④教師教育に関する課題、⑤カリキュラム改革と教員、⑥教員を取り巻くガバナンス改革について、理論的、実践的、歴史的な観点から考察を試みたい。

第1節　教員供給

　第二次世界大戦後、多くの途上国が近代学校教育の普及に向けて教員養成の拡充に本格的に着手してから半世紀以上が経過した[1]。しかし、現在も依然として教員不足に悩む途上国は少なくない。ユネスコ統計研究所（UIS）によれば、2030年までに初等教育と中等教育の完全普及を達成するために、世界で約2,400万人以上の初等教育教員と4,400万人以上の中等教育教員が必要と試算されている（UIS 2016）。なかでも、教員不足はサブサハラアフリカ諸国において最も深刻である（同上）。近年、多くの国で初等教育の普遍化が進む中、中等教員の不足解消も課題である。中等教員不足の状況は、初等教員がより良い給与や待遇を求めて中等教員に転籍する傾向も生み出し、一定程度改善されてきた初等レベルでの資格教員不足を誘発している（Mulkeen 2010）。

　歴史を振り返れば、多くの途上国において教員供給は常に大きな課題であった。『世界人権宣言』（1948年）や『児童の権利宣言』（1959年）を受けて、「人権としての教育」の観点からも教育拡充とそのための教員供給拡大についての取り組みが積み重ねられてきた。1960年代初頭には、ユネスコの主導により、世界各地で地域教育会議が開催され、初等や中等教育の普及が目指されるようになると、目的達成に必要な教員数も試算され、国際的な協力が呼びかけられた。こうしたなか、各国は戦後の比較的順調な経済成長率にも支えられ、教員養成校の整備と教員の待遇の整備を進めていった。

　1970年代に入ると、人間が人間らしく生きるためのベーシック・ヒューマン・ニーズ（Basic Human Needs: BHN）の充足や、人びとの自由と潜在能力（ケイパビリティ［capability］）の拡大を生み出す人間開発を開発戦略の主要課題にすべきとの主張が主流化され、基礎的能力や識字能力をすべての人びとに保障することが重要とされるようになる。さらに、1990年代初等には、当時世界銀行の教育エコノミストであったG・サカロポロスによって初等教育の収益率が最も高いという議論が展開され（Psacharopoulos 1994）、世界銀行も初等

教育重視に転じ、国際教育開発において教員供給拡大は喫緊の課題となった。

　しかし皮肉にも、1970年代後半からの第二次国際石油危機を契機とする財政危機によりサブサハラアフリカやラテンアメリカ地域を始めとする国々が、世界銀行と国際通貨基金（以下、IMF）による構造調整借款を受け入れることとなると、それらの国では教員養成の拡大路線を見直さざるをえなくなっていった（Reimers 1994）。

　こうした中、タイのジョムティエンにおいて1990年に開催された「万人のための教育世界会議」では、「初等教育の完全普及（Universal Primary Education: UPE）」を含む「万人のための教育（Education for All: EFA）」が国際目標として掲げられ、2000年にセネガルのダカールで開催された「世界教育フォーラム」で採択された「ダカール行動の枠組み（Dakar Framework for Action）」でもその路線が踏襲された。また、同年の国連総会で「国連ミレニアム開発目標（Millennium Development Goals: MDGs）」が採択され、国際開発目標においても初等教育の完全普及（UPE）が揚げられた。こうした国際的枠組みの中で、1990年代後半以降、多くの国が初等教育の無償化政策などの施策を講じ、国や地域によって差はあるものの、総じて過去15年間あまりの間に開発途上国における初等教育へのアクセスは飛躍的に改善した。しかし就学者の急増に対し教員供給が追い付かず、多くの学校では教員一人当たりの児童数が急増し、初等教育段階では教師一人当たり100人以上の児童を抱えるクラスもあるなど、教育の質は危機的状況を迎えている。また、ガーナなどでは構造調整以降、待遇の悪化に伴い有資格教員の海外流出も相次いだと報告されている（Anarfi et al. 2003）。さらに、1980年代からのアフリカ地域におけるHIV／エイズの蔓延は、教員の死亡率や疾患率を上昇させた（Bennell et al. 2002）。

　2015年5月に韓国の仁川で開催された「世界教育フォーラム」においては、ダカール行動の枠組を引き継ぐものとして「仁川（インチョン）宣言」が採択され（UNESCO 2015）、同年9月には、国連総会で、「仁川宣言」の内容をほぼ踏襲する形で「持続可能な開発目標（Sustainable Development Goals: SDGs）」が

採択された。SDGsでは、17の国際目標のうち、教育分野に関し、目標4（以下、SDG4）として、「すべての人に対して、インクルーシブかつ公正で質の高い教育を保障し，生涯学習の機会を向上させる」ことが盛り込まれた。そして、目標達成のための実施手段として、4.3c「資格教員の供給を大幅に増加する」ことが掲げられた。さらに、SDG4では、対象とする教育段階を、初等教育だけでなく、中等教育、高等教育、職業教育・技術訓練へと拡大し、「生涯にわたる学び」を重視している。つまり、ポスト2015年の国際教育目標は、教員不足解消を国際目標として掲げただけでなく、すべての教育段階で実現すべきこととする極めて野心的なものとなっている。

第2節　公正な教員配置

　途上国においては、教員の絶対数不足の解消だけではなく、教員配置の公正性の確保も大きな課題である。多くの国で、農村部や僻地、貧困地域、少数民族の居住地域等において慢性的に教員が不足していると報告されている。その要因として、勤務校の選定に関し教員本人の意思が優先されたり、本人の希望以外の勤務地に配置することは政治的、社会的にセンシティブであると捉えられ、配置の権限を持つ国や地方教育行政局が執行力を発揮できないといった事情が指摘されている（Mulkeen 2013）。また、生活条件や家庭の事情により、女性教員の農村・僻地学校への配置率は特に低い傾向にある（Bennell and Akyeampong 2007）。

　教員配置の地域格差やジェンダー格差の解消のため、僻地手当や教員住宅整備等の対策が取られている。しかし、僻地手当は額が少なすぎたり、対象者や地域の選定が不適切であれば、期待された効果は発現しないと報告されている（Mulkeen 2010）。

　また、地元出身者の教師登用を推進することで、地域住民との言語文化的共通項が多く当該地域の教育開発に意欲を持つ人物を採用し、離職防止を図ろうとする取り組みも見られる。しかし、住民の学歴レベルが低い農村校では、低

資格・無資格の教員しか雇用できない場合があり、こうした施策は教員の質の地域間格差の拡大につながるリスクも秘めている（同上）。

第3節　教員の量的拡大と質的確保のジレンマ

教員不足解消のためには、教員養成校の受け入れ能力を拡大し、新規教員を大量養成することがまず検討されうる。しかし、そうした施策は当然のことながら膨大な公的支出をともなう。

一方、教員の質的確保のためには、優秀な人材を教職に登用し、彼ら・彼女らに教職に就き続けてもらうことが重要である。そのためには、教員の給与水準を同等の教育レベルを必要とする他の職業や公務員と同等レベルに設定する等を通じ教職の魅力を高めることが求められる。しかし、教員給与は途上国の教育経常経費の大部分を占めるため、こうした施策も途上国に大きな財政的な負担を要請する。

教員給与の改善に加え、教員養成課程への入学要件の高度化、教員養成の修業期間の長期化、大学や大学院レベルでの教員養成、教員免許や資格試験制度の導入、採用試験の厳格化などの施策も優秀な人材確保のための選択肢となる。しかし、採用の入口を狭める政策は、厳しい要件を満たす人材の層が薄い国々においては教員数の拡充政策との間でのジレンマをもたらす。また、これらの施策は、貧困層や農村部出身の若者、女性等、多様な社会文化的背景を持つ人材の教職への登用を困難にするという側面もあり、農村部や僻地での教員不足を一層加速化するおそれもある（UNESCO 2014）。

つまり、Mulkeen（2010）が述べるように、「教員供給」「教員配置」「教員の質」「費用」の各要素は相互に強い関連性を有している（図0.1）。そのため、各国は、個別の状況に応じて、これらの施策間でのトレードオフを最低限にとどめるため、限られた予算のなか、様々な現実的な選択を迫られることになる。

歴史を振り返れば、1966年に、76か国の代表が参加したユネスコ特別政府

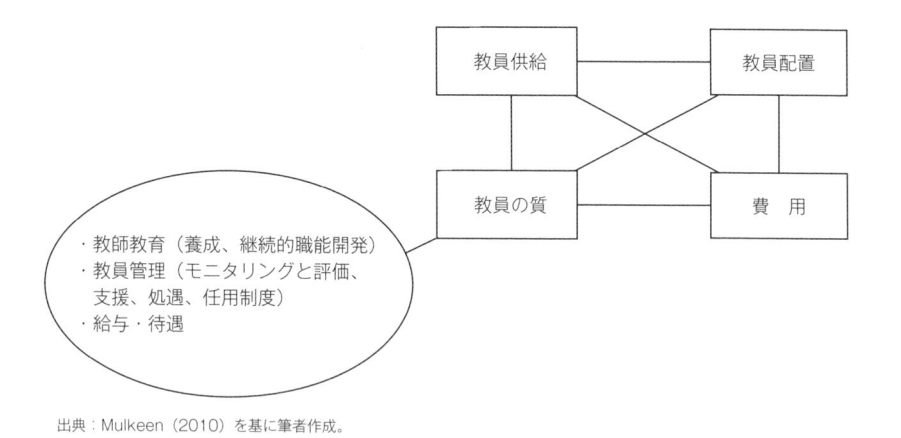

出典：Mulkeen（2010）を基に筆者作成。

図0.1　教員政策における4つの領域の相互関連性

　間会議にて、ユネスコと国際労働機関（ILO）により提案された「教師の地位
に関する勧告」が採択され（ILO・UNESCO 1966）、教職を専門職としてみなす
方向性が国際基準として確立された。この勧告は、途上国においても教員の経
済的・社会的地位を向上させることへの関心が高まる契機となった。勧告は、
教員の専門的自律性や学問の自由について幅広く認め、加盟各国に教師の専門
性と地位向上のための継続的な教師教育と待遇及び権利の改善を提案してい
る。翌1967年には、勧告の適用を監視・促進する機関である「共同専門家委
員会（CEART: the Joint ILO/UNESCO Committee of Experts on the Application
of the Recommendation concerning the Status of Teachers）」が設立されている。

　しかし、多くの途上国では、教員不足解消を優先して、ユネスコ・ILO勧告
が提案した専門性と地位の高い教師の雇用を相対的に軽視してきた。とりわ
け、1990年代以降、EFA達成に向け、初等教育の無償化により児童数が急増
する中、給与水準の低い契約教員や無資格・低資格教員を採用したり、教員養
成の修学期間を短縮化するなどの施策がとられてきた（Leu 2005; Schwille and
Dembélé 2007）。この背景には、大学やカレッジにおける教員養成は、高コス
トで、卒業生の教職入職率も低いなど効率性に深刻な問題があるとの見解が示

されたことがある（例えば、Lewin and Stuart 2003; Lewin 2008）。世界銀行等の国際援助機関も、無資格教員の雇用と、現任訓練（OJT）を通じた教員資格化といった施策を積極的に推し進めてきた。そもそも中等教育修了者の絶対数が不足している国においては教員養成校の入学要件資格を満たす人材を必要数確保できない場合もあり、現実的方策として無資格・低資格教員を雇用せざるを得ないという事情もあった（Mulkeen 2010）。

EFA世界会議の10年後の2000年4月にセネガルのダカールにおいて開催された「世界教育フォーラム」においては、教員を教育の質向上のための中核（「変化の触媒（catalysts of change）」）であると位置付け、教員養成（pre-service）と現職教員訓練（in-service）の両方を通じて教員が「十分に訓練」される必要があることを強調している（UNESCO 2000）。また、ユネスコが2002年から刊行している「EFAグローバル・モニタリング・レポート（Global Monitoring Report、以下GMR）」の2004/2005年度版では、教育の「質」を取り上げ、教員はその質を左右する重要な要素の一つであると述べている（UNESCO 2005）[2]。しかし、ダカール枠組みやGMRで謳われたこととは反対に、2000年代は、多くの国で教員の低資格化と雇用の不安定化、教員養成期間の短縮化が進められた。

2000年代は、また、「2015年までの初等教育の完全普及」という目標実現のため、国際機関、二国間援助機関、NGO、民間セクターなど多様なアクター間による多国間協調（マルチラテラリズム）が進み、途上国の教員の地位や待遇が国際的な力学により大きく規定されていった時代でもある。2002年に、世界銀行が主導して国際的な資金供与の枠組みとして設置された「EFAファスト・トラック・イニシアティブ（Fast Track Initiative: EFA-FTI）」では、すべての児童が初等教育を修了することを目標に掲げ、そのための数値目標として、教員給与を一人当たりGDPの3.5倍にとどめ、最低でも経常経費の33%を教員給与以外の支出に充てるべきといった複数の「規範（norm）」が掲げられた（World Bank 2002）[3]。そして、途上国側がこれらの指標を参照し「適切な」教育セクター計画を作成すれば、その見返りにドナー側が必要な資金を供与することが約束された。このように、本来、教員組合との政治的対話を通じ

て各国ごとに決められるべき教員の待遇や給与水準についても、グローバルな枠組みで決定される傾向が強まっていった（北村 2015）。

　無資格・低資格教員の雇用や教員養成の短縮化といった施策は、当然の成り行きとして教員の質に悪影響を及ぼす（Mulkeen 2013）。また、これらの施策は、教員養成の高度化や養成期間の長期化といった教員の専門職化のための施策と逆行するものである。同じ仕事を受け持つ教員の地位や身分、待遇が多様化することは、そもそも教員資格とはいったい何なのかという問いを突き付ける（油布 2009）。また、こうした政策は、実際に様々な国で、教員の社会的地位を低下させ、教員間の連帯や同僚性に悪影響を及ぼすことも懸念されている（例えば、川口 2010）。

第4節　教師教育に関する課題 ―教員養成と継続的職能開発―

4.1　教員養成

　近年、生徒の学習成果を決定付ける最も重要な要素の一つは、教員の知識、スキル、心構えなど教職としての専門職性の養成にあるというエビデンスが数多く示され、教員養成のあり方が世界中で大きな関心事項となっている（例えば、Darling-Hammond 2000）。欧米諸国を中心とする先進諸国では、1966年のILO・ユネスコ勧告を契機として、教員の専門職化と高度化の議論が高まり、多くの国で教員養成システムがカレッジレベルから大学レベルへ、さらに大学院修士レベルへと格上げされていった。1980年代の財政危機を契機として無資格・低資格教員の雇用や教員養成の短縮化等を行ってきた途上国の中でも、近年、教員養成の大学レベル化に舵を切る国も見られるようになっている。

　ただし、単に教員養成の学位レベルを上げたり、修業年限を長期化すれば、必ず優秀な人材が確保できるわけでもない。2007年の教育の質調査のための南東部アフリカ諸国連合（Southern and Eastern Africa Consortium for Monitoring Education Quality: SACMEQ）による調査によれば、大卒の教員とそれ以外の教員との間に読解力と算数の成績に有意な差は見られなかったという（UNESCO

2014）。教員養成の学位レベルが上がるにつれ、養成カリキュラムの内容が理論に偏重し、実践力に乏しい教員を輩出することになるリスクも指摘されている（Mulkeen 2010）。

　これらのことは、教員政策を検討する上で、教員養成のレベルや修業期間をどうするかという議論のみではなく、教員養成を通じて入職時までにどのような質の教員を輩出すべきか、そのためにどのような教員養成を展開すべきか、そしてそれは教員のライフサイクルを通じた継続的職能開発の中でどう位置付けるべきか、という問いを深めることが何よりも重要であることを示唆している。

　そうした観点において、近年、途上国でも「教職スタンダード」「教員のコンピテンシー」「教員スタンダード」などの様々な呼び名を持つ、教員の専門的職能基準あるいは教員養成の到達目標の導入が進んでいることが注目される。これらは、専門職としての教員の資質の確保と向上のために欠かせないものとされ、日々の授業改善のためのガイダンスとなるだけでなく、教員養成、教員資格付与、継続的職能開発、教員の昇進・昇給、教員評価の検討の際のガイドラインとして機能することが望ましいとされている（OECD 2005; World Bank 2013）。途上国では、契約教員や無資格・低資格教員が増加し、公立校だけではなくNGOなどが運営する学校や低学費私立校（LFPS: Low fee private schools）など、多様な学校が台頭し多種多様な教員が存在する現実を踏まえ、教職スタンダードを通じて国家として「専門職」としての教員の質保証を行いたいという期待も高まっている。

　ただし、途上国における「教職スタンダード」が、専門職としての教員の自律性や創造性を担保した柔軟性を確保し、当事者である教員自身の主体的な参加と協議を踏まえて作成されているのか等、作成の経緯や妥当性については検証が必要であろう。

　途上国における教員養成の中身に関する課題も指摘されている。一般的に、教員養成カリキュラムの構成要素は、「教育内容の専門性や特定の教科・教材に関する知識（PCK）」（コラム1参照）、「教育方法の専門性」「学級運営技能」

「子どもの発達とその社会的背景に関する理解の方法」等が含まれるといわれる（OECD 2005; World Bank 2013）。途上国においては、これらに加え、「少数言語など多様な教授言語での指導技術」「複式学級指導法」「HIV/AIDSへの知識」等も要求され、近年は、「教育におけるインクルージョン」「ICTスキル」「多様な学習者（障害を持つ児童生徒、貧困家庭・少数民族出身者、多様な年齢の学習者、等）を指導する技能」「指導におけるジェンダー平等に関する知識やスキルの習得」も重視されている（Mulkeen 2010; UNESCO 2014）。

コラム1　教科内容と教授方法に関する知識（PCK）

　教科内容と教授方法に関する知識（PCK: Pedagogical Content Knowledge）は、シュルマン（Shulman 1987）によって提唱された教師教育の研究に大きな影響を与えた概念である。各科目に関する学術的知識と連動して、個別内容の指導時に利用する知識を指し、教員の専門的知識の中核と位置づけられた。シュルマンは、PCKの概念により、「教育内容に関する知識（content knowledge）」「教授法に関する知識（pedagogical knowledge）」「学習者についての理解」を切り離して別々に扱うのではなく、一体として活用する知識に意識を向けることに貢献した。PCKは、例えば学習材の活用においては、その教材に対する指導目的に関する知識、指導の系統に関する知識、教材における生徒の理解の仕方等に関する知識、教材を教える際の教具などの手段に関する知識、指導過程に関する知識などを指す。PCKは指導の反省によって深められるものであり、主に教員がその職の実践を通して獲得していく知識である（磯田 2007: 85）。

　しかし、途上国では、初等・中等教育の質が低いこともあり、教員養成の学生が本来教員養成課程入学前に習得しておくべき十分な教科知識を得ていない場合も少なくない。そのため、教員養成段階での補習授業や、教員養成課程入学の前段階に位置付けられる中等教育レベルでの教科知識習得強化策が必要となる（Lewin and Stuart 2003; Mulkeen 2010; UNESCO 2014）。サブサハラアフリ

カ諸国の教員の教科知識の低さは様々な形で指摘されており、UNESCO (2014) によれば、ケニアにおいて2010年に6年生を受け持つ担任に対し生徒用に用意された試験を受けさせたところ、平均して6割しか解答できなかったという。このように途上国では、教員養成段階で学習すべき事項が非常に広範にわたっており、限られた修業年限の中、どのように何を重視して効果的に養成教育を行うかが大きな課題である。

また、途上国の教員養成課程では、シュルマンが提唱した教科内容と教授方法 (PCK) を学ぶ機会も限られ、その質も低いと指摘されている (Akyeampong et al. 2013)。

教育実習についてみると、先進諸国においては、養成段階における実践的能力強化重視の潮流の中、教育実習期間が長期化する傾向にある。多くの途上国でも、教育実習が教員養成コースに組み込まれているが、それが効果的に行われるための条件が整っていない場合が多い。実習生が何の指導も受けずに、単なるマンパワーとして担当学級を全面的に任されているケース（例えばザンビアやガンビア）や、反対に実習校当たりの実習生の数が多すぎて授業実践の実質的機会がほとんど得られないケース（ウガンダやエリトリア）などが報告されている (Mulkeen 2010)。

さらに、教員養成課程の講師の不足や資質能力・モラルの低さも指摘されている。途上国では、講師一人当たりの学生数が多く、双方向の学びを阻害する要因の一つとなっている (Akyeampong et al. 2013)。教員養成段階で、講師からの一方通行の授業が行われれば、そうした授業を受けた学生が入職後学習者中心の授業が行えない可能性が高まることは想像に難くない (Lewin and Stuart 2003; Akyeampong et al. 2006)。

途上国の養成課程の講師は、一般的に、教員養成課程の講師としての専門的教育を受けておらず、成人である学生に対する教授法に関する知識や技能も不足する傾向にある (Mulkeen 2010)。また、教員養成課程の講師には、中等教員出身者が登用されることが多く初等教員出身者が少ないため、学齢の若い学習者の指導に関する知識や経験に乏しく、多様な背景を持つ学習者を教えなけ

ればならない小学校現場の実情やニーズも十分に把握・認識していない場合もあるとも言われている（Mulkeen 2010; UNESCO 2014）。

4.2　教員の継続的職能開発（CPD）

応用力、思考力、想像力などを重視する近年の新しい学力観の下で、教員は、学習の「ファシリテーター」として、様々な専門性やスキルを駆使し、自律的な判断や選択を行う専門家であることが求められている。こうした文脈において、教員は、日常の実践の中で円滑に問題を解決するための実践的知識を発達させ、生涯にわたって様々な継続的職能開発（CPD: Continuous Professional Development）を通じて「成長し続ける教員」となることが期待されている（Villegas-Reimers 2003; Darling-Hammond and Bransford 2005; OECD 2005）。

前述の通り、多くの途上国では教員不足解消のため無資格教員の大量雇用が行われ、教員養成期間も短縮されてきた。そのため、教員の資質向上にとって入職後の継続的職能開発の機会や、無資格教員の資格化や資格アップグレードのためのCPDは何よりも重要である（UNESCO 2014）。しかし、途上国では、教員のライフコースと職能開発を一体的に捉えた体系的な教員教育政策や戦略がないまま、様々な教員研修プログラムが開発援助機関の支援の下に個別バラバラに行われている状況が見受けられる（Leu and Ginsburg 2011）。

CPDの方法はOff-JT型（大学・民間企業・行政が行う研修プログラムやオンライン研修）とOJT型（校内研修やクラスターレベルの研修）など多様である。途上国では、様々な援助機関の支援の下に、カスケード方式という、何らかの新しい知識やスキルを、まず、少数の専門家やマスタートレーナーか習得した後、その内容をその受講者がサブトレーナーとなって、数段階に分けて、最終的に授業を担う一般教員に広く伝授していく方法が広く取り入れられてきた。しかし、こうしたカスケード型の行政研修は、中央官庁からのトップダウン構造のため、現場の教員自身のニーズを汲んだ研修内容になっていなかったり、複数の層にわたりメッセージが伝授されるため、伝達・訓練内容がねじれてし

まうことなどが問題視されてきた（McDevitt 1988）。そのため、近年は、教員自身の主体性と能動性に基づく、学校やクラスター（県レベルでの学校群）での主体的な学び、あるいは教員同士の学び合いによる授業改善が特に重視される傾向がある。

　日本の教育現場（特に小学校）で広く実践されている「授業研究」というアプローチは、日本の政府開発援助組織である国際協力機構（JICA）が積極的に協力を展開してきたこともあり、インドネシア、ザンビア、バングラデシュなどの国々で様々な形で展開されている（馬場・中里　2016）。「授業研究」は、授業の質を高めるために、授業を対象として教員同士が互いに批判・検討しながら効果的な教授方法や授業のあり方などを研究するアプローチであり、日本では明治時代より行われてきた（同上）。しかし、日本では「教師文化」ともいわれ、学校現場に定着している授業研究であるが、授業を他人に見せること、同僚からのフィードバックに耳を傾けること、自分の技術を他の教員と共有することといった授業研究の主要な活動が、途上国の教師社会や教師文化に受容されがたいことがある。馬場・中里（2016）は、授業という文化性を有するものを変容させていくことは不可能ではないが難しいと述べ、授業研究についても日本における歴史的展開を十分に理解した上で、他国へ導入することが大切であると説いている。

　教員の研修受講や大学（院）での単位取得が昇進や昇給の条件となる場合もある。その場合、研修参加率が高まることは期待されても、研修受講自体が目的化したり、本来授業や授業準備にあてるべき勤務時間を犠牲にしてしまうという負の側面がある。また、上位資格を取得した多くの初等教員が給与水準の高い前期中等教育学校に流出してしまい、初等段階での資格教員が不足するという皮肉な事例も報告されている（Mulkeen 2010, 2013）。

コラム2　省察的実践力

　「省察的実践 (reflective practice)」とは、哲学者ドナルド・ショーン (Donald Schön) が、1980年代に看護師や教員などの専門職の職能に関して打ち出した概念である。ショーンによれば、伝統的な専門職モデルは、「技術的合理性」モデルであった。このモデルによれば、「専門家の活動は、科学的な理論と技術の（実践場面における）合理的適用」(Schön 2001: 19) にあり、専門家はそれに熟達することが掲げられ、その習得が専門性の内実を構成してきた。それに対して、ショーンは、そうした従来の「技術的合理性」モデルの限界を指摘し、不確実であいまいな予測しがたい問題状況に対して、それとの絶えざる対話を通して、自己の経験から蓄積した〈実践知〉を用いて探りを入れ、そうした介入的活動への自省 (reflection)（注：「反省」や「振り返り」と訳されることもある）を基本にして自己の専門的力量を開発していくことを「省察的実践」と呼び、そうした専門職のことを「自省的実践家 (Reflective practitioner)」と呼んだ。教員に求められる役割が、単に知識の伝達だけではなく、問題解決能力や思考力などを伸ばすことへと変化する中、教員は、学校や教室内の多様な状況を踏まえて、指導法や学級運営に係る手法の中から様々な指導法に精通し、専門家としてどの指導法が最もふさわしいかについて自らが主体的に考え、多様な指導法のなかから最適な指導法を選択することができる「自省する専門家」となることが求められている (Leu 2004)。

第5節　カリキュラム改革と途上国の教員

　近年、「コンピテンシー」や「21世紀型学力」などと称される新しい学力観が世界を席巻している。新しい学力観が台頭してきた背景には、経済協力開発機構（OECD）の DeSeCo (Definition and Selection of Competencies: Theoretical and Conceptual Foundations) プロジェクト（1997-2003年）による「キー・コン

ピテンシー（key competencies）」の概念が、OECD生徒の学習到達度調査（PISA）をはじめとする国際的な学力調査に取り入れられたことや、情報通信技術（ICT）の進展とグローバル社会の深化等が影響している（OECD 2005）。コンピテンシーを重視する学習観では、"何を知っているのか"から、"何ができるのか（アウトカム）"という実生活・実社会における知識の「活用」に重点が置かれている。

　新しい学力観の下では、教師による一方通行の講義形式の授業ではなく、より能動的な学習手法（アクティブ・ラーニング）が必要であるとされ、生徒中心・学習者中心の学習アプローチが推奨されている。こうした授業法の転換は、学習理論において、絶対的な真理や知識が存在することを前提とし、学習とはそれを効率的に伝達することと捉えた客観主義（行動主義アプローチ）から、より構成主義（人間主義的アプローチ）や社会構成主義に根差した考えが主流となってきたことと深く関係している。構成主義に基づく学習理論の下では、学ぶという行為は学習者の知識、態度、興味を出発点とし、学習者自らが個人的な特性と個々人の経験の間の相互作用から知識を見いだし構成する過程において生じるものと捉える。さらに、デューイやヴィゴツキーらの思想を受け継ぐ社会構成主義的な学習観に基づくと、学習とは知識を活用し周りの他者と関わる中で価値を選択したり、新しい価値を創出する過程で生起するものを意味する。こうした学習観の下では、授業は一斉授業などにより教師が一方的に教え込むスタイルではなく、生徒が自らの理解を構成するために、学習者の能動的、主体的な参加が不可欠とされる。一方、途上国の授業は、しばしば「チョークアンドトーク（Chalk and Talk）」と称され、教員による一方的な語りと板書から成り立つ「教師中心型授業」と捉えられるなど、学習者中心の授業とは対極に位置付けられてきた（Akyeampong et al. 2006）。

　世界的な学力観の転換は、途上国のカリキュラム再編にも大きな影響力を及ぼしてきた（Tabulawa 2003; Courtney and Gravelle 2010; Smail 2014）。とりわけ、2000年に採択された「ダカール行動の枠組み」において「学習者中心」のペダゴジーの重要性が明確に唱えられると、様々な援助機関により「進歩

的」な教授法の途上国への導入が積極的に進められてきた。

　加えて、2015年に採択されたSDGsにおいては、目標4のターゲット7として、「2030年までに、学習者が持続可能な開発を促進する上で必要とされる知識やスキルを身に付ける」とともに「持続可能なライフスタイル、人権、ジェンダー平等、文化の多様性などに関する教育を促進する」と謳い、「持続可能な開発のための教育（Education for Sustainable Development: ESD）」[4] と「地球市民教育（Global Citizenship Education: GCED）が欠かせないと指摘している（UN Assembly 2015）。これを受けて、現在ESDとGCEDをどのように各国のカリキュラムに取り入れていくかという議論も盛んに行われている。

　しかし、途上国で新しいカリキュラムが導入され、それに対応する現職教員研修が行われても、実際の授業で学んだことが実践されるとは限らない。あるいは、学んだことを実践しているように見受けられても、それは授業におけるグループ・ワークなどの形式の導入に留まり実質的な探求型学習を行うことにはなっておらず、子どもたちが実際に躓きやすい箇所を認識し指導法を精選する等の意識改革にはつながっていないこと等が指摘されている（例えば、Chisholm and Leyendecker 2008）。

　カリキュラムを三層構造として捉える考え方によれば、カリキュラムは、①意図されたカリキュラム、②実施されたカリキュラム、③達成されたカリキュラムの三層として捉えられる（Mulliset al. 2009）。意図されたカリキュラムで学習者中心型が志向され、それに沿った研修が行われても、実施されたカリキュラムとしての実際の授業行動が変わらないのはなぜであろうか。

　まず、第一に、授業とは、馬場・中里（2016）や小野（2012）が指摘する通り、文化的営みそのものであるからであろう。小野（2012）は、授業とは「何よりも教師の間で広く共有されている価値観・信念（授業観・教師観・生徒観）に深く根差している」（p. 213）と述べている。教員と児童・生徒との上下関係を重んじる社会では、教員は尊厳が失われることを恐れ生徒からの自由な発問を促すことを躊躇したり、発問に適切に対応したりすることを行わない傾向がある。また、伝統的に、知識は不変でありそれは年長者が与えるものと考える

社会もある。このような社会では、学習者中心型アプローチが既存の社会通念・文化的思考になじみにくいために、新しい授業法についての研修を受講してもその理解や実践が技術的側面にとどまってしまう。また、教員の教育実践の進め方には、正規の養成や訓練よりも、教員自身の初等・中等教育における教育経験が大きな影響を及ぼしていると言われる。多くの途上国においては、教員養成課程に入学するまでに、あるいは教員養成段階においても「教師中心の授業法」に慣れ親しんでいるため、学習者中心の教授法や教員像のイメージから脱却することが困難な場合がある（Schwille and Dembélé 2007; Akyeampong et al. 2013）。

第二に、途上国の実際の授業環境が、新しいカリキュラムの実践を現実的に困難にすることもある（例えば、Barrett 2007）。学費無償化により教員一人当たりの児童生徒数が急増する中、一クラスに100人以上もの多様な家庭や言語背景を持つ児童生徒が在籍し、二部制、三部制での授業編成を取らざるを得ないケースも多い。そうした環境の下では、教員は、板書や全体への問いかけを中心とした一斉授業の方が教科書に書かれている内容を「伝達」するのに効率が良いと判断することもあるであろう。

これらのことは、学習者中心アプローチなどの新しいカリキュラムを学習環境、教育行政の仕組み、社会文化的な文脈が異なる国に適用する際の難しさを物語っている。新しいカリキュラムの実現には、また、教員自身の価値観の変革と、校長、先輩・同僚教員、視学官、地方教育行政官など、教員をとりまくステークホルダーの間での意識変化と支援、学習環境の整備も不可欠である（Tabulawa 1997）。

第三に、カリキュラムが改訂されても、進級や次の教育段階に進むための選抜試験の内容が知識偏重型である場合には、教員は試験対策のために知識偏重型の教育を重視し、新たな教育方法を実践する意欲を持ちにくいことも指摘されている（Akeyampong et al. 2013）。

馬場（2002）は、教員には、単に理想的な「意図されたカリキュラム」を「実施されたカリキュラム」に単純転化することではなく、教材・教具不足、

授業時間不足といった現実を踏まえ、授業研究などを通じて、限られた環境の中で柔軟に学習者のニーズに合った授業を独自に展開できる力が求められている、と述べている。

　学習や授業という複雑な行為は、そもそも、Barrett（2007）が指摘するように、教員中心型、学習者中心型という二元論で語られるほど単純なものではない。Croft（2002）はマラウイの小学校の授業は「教師中心」であるとのステレオタイプで語られることが多いが、西欧の研究者が批判の対象としてきた教師と児童が授業中に「歌う」という行為は、実際には、一クラスに200人もの児童を抱える学級の中で、児童を飽きさせることなく、タスクとタスクの切り替えのサインとして使われたり、家庭や村での生活とはかけ離れた「学校」という場で緊張している子どもたちの気持ちを和らげるなどの効果を意図したものであったと明らかにしている。つまり「歌う」という行為は、限られた環境の中で、子どもたちが学習に取り組みやすくするために教師が自律的に選びとった「戦略」であり、Croft（2002）は、それもある意味での「学習者中心」ではないかと問うている。西欧で発展してきた「学習者中心」の授業こそが学習者中心でそれ以外は「教師中心」だとする画一的で二分論的な西洋中心主義的視点から脱却しなければ、多様な文化的文脈と学習環境の中での多様な授業実践の試みを見過ごしてしまうかもしれない。

第6節　教員を取り巻く「ガバナンス改革」

　1990年の「EFA世界会議」以降、多くの途上国で目覚ましい就学率の向上が見られたが、学習の質に深刻な課題を抱えていることが明らかになるにつれ、その要因として途上国の教員の資質やモラルの低さが指摘されてきた。とりわけ、教員の欠勤率や遅刻率の高さ、副業や汚職、勤務態度などが批判の対象となってきた（Bennel and Akyeampong 2007; Guajardo 2011）。そうした中、近年、途上国の教員政策の研究と実践においても教員のアカウンタビリティ（説明責任）の確保が重要な関心事項となっている。

例えば、世界銀行は、2000年代初頭より、教員の勤務態度を向上させ欠勤率を減らすために、終身雇用を見直して教員の雇用を契約ベースにし、勤務態度に応じて契約更新の可否を検討する仕組みの導入を推奨してきた（例えば、World Bank 2003; Bruns et al. 2011）。特に、新自由主義的な価値観に基づき保護者を教育サービスの「顧客」と捉える立場からは、教師の任免や業績に応じて報酬を支払う権限を保護者や地域住民に直接委譲することにより、教員のアカウンタビリティが向上し、児童生徒の学習成果も向上するとの論理が展開されてきた（World Bank 2003; Bruns et al. 2011）。こうした考え方は、学校基盤型運営（School Based Management: SBM）を重視する流れとも関連して発展してきた。

　しかし、契約教員の方が、解雇リスクを恐れるため勤務態度が良く、生徒の成績向上にも熱心に取り組む、という主張とは反対に、契約教員の方が欠勤率が低く児童生徒の成績もよいという一貫した研究結果は示されていない（Westhorp et al. 2014; Carr-Hill et al. 2015）。多くの国において、契約教員の給与は正規教員よりも大幅に低く、かつ教員資格を持たない場合も少なくないことに鑑みれば、このことは当然の結果ともいえよう。

　「教員評価」のあり方についても、近年様々な議論が展開されている。世界的な成果主義の潮流を受け、教員のアカウンタビリティは生徒の学習成果（アウトカム）に対して求められるべきであり、全国学力テストの結果を教員の人事評価に活用し、定期昇給などの処遇に連動させるべきとするとの論調の高まりが見られる（Hanushek and Rivkin 2010）。またOECDによる学習到達度調査（PISA）等の国際学力比較調査や国際教員指導環境調査（TALIS）で好成績を収めた国の実践に関するデータを解析し、「児童生徒の学習成果を上げられる」教員を「質の高い教員」と位置づけ、その具体的授業実践や特性を抽出することにも各国の関心が集まっている（LeTendre and Wiseman 2015）。こうした考え方の背景には、教育の質は生徒の試験の結果によって把握されるべきものであり、教員の教育活動の成果を生徒の試験結果によって把握することを前提とする新自由主義の思潮を受け継ぐ新公共経営論的（NPM: New Public Management）な考え方が根底にあると考えられる（米村 2013）。

　しかし、生徒の成績に基づき学校や教員の業績を評価する方法については、様々な問題点も指摘されている。そもそも、学習成績の要因をどの程度教員の質に求めることができるかを精緻に捉えることは難しい（UNESCO 2014; 大桃2016）。また、学習成績と教員の人事評価を連動させることは、授業内容が試験対象科目に偏重するなどの教育活動の狭隘化を招いたり、成績の悪い生徒を試験に参加させない、教員が僻地校や成績下位校での勤務を厭うようになる、教員間の同僚性が失われる、などの副作用に対する懸念も挙げられている（UNESCO 2014）。さらに、能力給の導入により教員間に差異をつけていくことは、教員間の競争意識を増加させ、教員の協働性を失わせるというマイナス面も指摘されている（同上）。そして、こうした施策は、Apple（1989）が教員の「プロレタリア化」と鋭く批判したように、教員を、専門職ではなく、国家が定めた学習水準の達成を担う単純労働者と見なすものにつながりかねない難しさも秘めている。

　教えるという行為がテストの結果によって測られ、国家やクライアントに対して自律性を大きく低下させられた教員は、意欲を減退させ、教職の魅力は一層低下し、結果として優秀な人材を教職から遠ざけているという指摘もある（加野 2010; 油布他 2010; Verger et al. 2013）。

　また、カリキュラムが知識を問うものからそれを活用する力や自ら課題を見つける力へと再編されている今日、そもそも教育の質や学習成果の評価とは何かが改めて問われている。

　何よりも、途上国の学校や教員が置かれている劣悪な勤務条件や環境を考慮せずに、生徒の成績の良し悪しを教員個人の責任に帰することは、大きな問題を孕んでいる（Mulkeen 2005）。教員の副業や欠勤の背景には、教員の「やる気のなさ」の問題だけではなく、低い給与水準と遅配等の「致し方ない事情」もある（Bennell and Akyeampong 2007）。また、教材や授業環境が整っていない中、多様な家庭背景、学習ニーズ、言語、障害、年齢層の児童生徒を教えなければならないという現実的要請のもと、途上国の教員の「負担感」も一層増している。そもそも、教員が実際に日々行っている仕事の内容は多岐にわた

る。筆者がザンビアで行った調査でも、教員たちは、空腹で授業に集中できない子どもや欠席がちな子どもへの対応、早期婚のため娘を中退させようとしている親の説得、PTA会費の督促、割れた窓ガラスや劣化した机・椅子の修理、学校収入向上のための学校菜園の管理など、実に様々なことに日々苦慮していた（Okitsu 2011）。しかも、政府から配分される学校補助金は不足しており、遅配も続く中、教師たちはこれらの問題を自立的に解決することを期待されていた。

　教員に教育の質の低さの責任を一方的に押し付けるのではなく、こうした途上国の教員を取り巻くリアリティを認識した上で、各国の教育システムが個々の教員に対して果たすべきアカウンタビリティをきちんと果たしているのか、という観点も強調されるべきではないだろうか。

　もちろん、子どもの学習権の保障という観点からは、閉鎖的で独善的な専門性ではなく、より開放的な専門職性が求められている。専門的自律性の濫用を自ら、また教員集団として倫理綱領等を用いて律していく制度づくりや取り組みを行っていくことも重要であろう。そして、すべての子どもの学びの向上に向けた共通の目的の下に、保護者や同僚、地域住民などの諸アクターとどのように協働していくべきか、途上国においても教職の専門職性のあり方が改めて問われている。

おわりに

　本章では、途上国の教員政策と実践の分析視角について、理論的、実践的、歴史的な観点から考察した。

　本章で考察した通り、教員政策においては、教員採用、養成、継続的職能開発、給与・待遇、社会的地位、勤務環境、教員評価等の各領域が極めて密接に連関しており、個別の領域を超え全体をシステマティックに俯瞰する視点が欠かせない。優れた専門性と高いモチベーションを持つ人材を教職に確保・定着させるためには、各国の状況に応じ、これらの施策の最適な組み合わせを検討

し、各施策間の整合性と一貫性を確保することが重要である。これは何も途上国だけでなく先進国にも同様に言えることである。しかし、途上国では、財政的な制約が大きく、財政が脆弱であればある程、援助機関への依存度が高くなり、政府が教員政策の包括的なグランドデザインを描かぬまま、異なる援助機関が教員養成、教員研修、教員評価、などの個別領域の支援を実施していることが少なくない。そのためこうした視点を意識して持つことが何にもまして重要となる。

　本章では、また、途上国の教員政策が、戦後の国際教育開発の潮流により大きく影響を受けてきた状況も描き出した。グローバル化が一層進展する中で、途上国の教員政策は、国際的な政策論議にますます大きな影響を受けつつある。そうした中、新しい教育観に基づく教師教育改革をはじめとして、各国で、政策意図と実践にズレが生じている例も枚挙にいとまがない。こうした「ズレ」の要因を解明するためには、政策の実践主体である各国の教員の行為の実態を理解することが欠かせない。援助機関や研究者が設定した分析枠組み（機能主義的なカテゴリー）により教員の行為を分析するというアプローチから、途上国の教師たち自身の意味世界から、その教育行為を解明するというアプローチがますます重要となるのではないだろうか。

　もとより、途上国の教員といっても彼らを取り巻く文化的、政治的、社会的背景は国ごとに大きく異なっており、途上国の教員政策を読み解く際には、そうしたグローバルとローカルの相互作用の状況をつぶさに検証していくことが求められる。

付記

　本章は、興津（2014a, 2014b）に大幅な加筆修正を行ったものである。

謝辞

　本稿の執筆にあたっては、独立行政法人国際協力機構（JICA）教育ナレッジメント・ネットワークによるプロジェクト研究「途上国における効果的な授業実践のための教員政策と支援の在り方」、並びに、科研費挑戦的研究（萌芽）JP18K18623「アジ

ア・アフリカにおける教員政策の国際比較研究」（平成30〜33年度、研究代表者　川口純　筑波大学人間系教育研究科　助教）の助成による研究会における議論から多大な示唆を得た。また、本科研プロジェクトのメンバーの先生方から多くの有益な御助言を頂いた。この場を借りて，心より御礼申し上げる。

注

(1) 第二次世界大戦以前、植民地支配下にあった国々では、近代学校教育は、宗主国への同化、忠誠、「文明化（civilization）」を目的とした教育、ミッショナリーなどによる宗教教育などを中心に展開されていた（例えば、Carnoy 1974; Ball 1983）。サブサハラアフリカ地域では近代学校教育を享受できた人はごく一部の特権層（特に男子）に限られ、教員の多くが外国人（expatriate）で占められ、アフリカ人を対象とした教員養成機関は限定的であった（Diallo 1997）。

(2) EFAグローバル・モニタリング・レポート（GMR）2004/2005年度版では、教育の質を、学力調査などで測られる読み書き計算能力といった認知的能力と、価値や創造性、情緒的発達、社会性などの側面を重視する非認知的能力の2つの側面から捉え、そうした教育の質を理解するための枠組みの構成要素として、学習者、授業（teaching and learning）、教育行財政や社会文化的環境などの環境要因、学習達成度（outcomes）を挙げた。Sayed and Rashid（2015）は、GMR 2004/2005年度版が提示した教育の質の概念枠組みについて、学校効果研究（school effectiveness study）に依拠した機能主義的解釈に基づくもので、学習成果を生み出すプロセスを単純化していると批判している。しかし、この概念枠組みはその後国際教育開発の実務と研究の様々な側面で参照されることとなった。

(3) これらの指標は、初等教育の完全修了（UPC）達成に向けて順調に推移していると評価された国々の実績を取り纏めた研究（Bruns et al. 2003）を踏まえて算出された。

(4) ESDは、1987年の国連ブルントラント委員会報告書で示された「世代間・世代内の公正」という理念に基づき、「将来の世代が自らのニーズを充足することを損なうことなく、今日の世代のニーズを満たすような開発（国連「環境と開発に関する世界委員会」による定義）を実現するために、「環境、貧困、人権、開発」といった様々な複雑な事象を自らの課題として捉え、学際的・体系的に思考し、今日の未来のために行動する力を育むための教育」である。またGCEDは、2012年に潘基文・国連事務総長（当時）の呼びかけによって立ち上げられた「世界教育推進活動（Global Education First Initiative: GEFI）」の中で、平和で持続可能な

開発を実現するため、国際社会において共通する価値観、態度、コミュニケーション・スキルを育むための教育である（北村 2015）。

参考文献・資料

［和文］

磯田正美（2007）「途上国と日本の理数科教育」JICA調査研究『理数科教育協力にかかる事業経験体系化―その理念とアプローチ―』国際協力機構国際協力総合研修所, 65-124頁.

大桃敏行（2016）「ガバナンス改革と教育の質保証」『学校のポリティクス（岩波講座教育変革への展望6）』岩波書店, 101-128頁.

興津妙子（2014a）「世界銀行の政策文書における教職の専門職化の進行・後退過程に関する考察―教員の資質向上策と教員の専門的自律性に着目して―」『国際教育協力論集』17（1）: 45-62.

―――（2014b）「第7章 先行研究の示唆」JICA教育ナレッジマネジメントネットワーク編『プロジェクト研究 途上国における効果的な授業実践のための教員政策と支援のあり方報告書』独立行政法人国際協力機構, 202-257頁.

小野由美子（2012）「教師教育とジェンダー」菅野琴・西村幹子・長岡智寿子編『ジェンダーと国際教育開発―課題と挑戦―』福村出版, 205-220頁.

加野芳正（2010）「新自由主義＝市場化の進行と教職の変容」『教育社会学研究』86: 5-22.

川口純（2010）「マラウイにおける教員養成課程の変遷に関する研究―教員の社会的地位とモチベーションに注目して―」『比較教育学研究』41: 138-157.

北村友人（2015）『国際教育開発の研究射程―「持続可能な社会」のための比較教育学の最前線―』東信堂.

馬場卓也・中里春菜（2016）「学校と教育開発」小松太郎編『途上国世界の教育と開発―公正な世界を求めて―』上智大学出版, 97-112頁.

油布佐和子（2009）「教師の養成と成長、その変化」油布佐和子編『教師という仕事（リーディングス日本の教育と社会15）』日本図書センター.

油布佐和子・紅林伸幸・川村光・長谷川哲也（2010）「教職の変容―『第三の教育改革』を経て―」『早稲田大学大学院教職研究科紀要』2: 51-82.

米村明夫（2008）「メキシコの1990年代の基礎教育改革と新自由主義」『ラテンアメリカレポート』25（2）: 42-54.

[欧文]

Akyeampong, K., J. Pryor and J. G. Ampia（2006）A Vision of Successful Schooling: Ghanian Teachers' Understanding of Learning, Teaching and Assessment, *Comparative Education*, 42（2）: 155-176.

Akyeampong, K., K. Lussier, J. Pryor and J. Westbrook（2013）Improving teaching and learning of basic maths and reading in Africa: does teacher preparation count?, *International Journal of Educational Development*, 33（3）: 272-282.

Anarfi, J., S. Kwankye, O-M. Ababio and T. Richmond（2003）*Migration from and to Ghana: A Background Paper*, Development Research Centre on Migration, Globalisation and Poverty, Brighton: University of Sussex. [http://www.urbanlab.org/articles/Ghanaians%20in%20London_background.pdf（2017年9月8日最終閲覧）]

Apple, M. W.（1989）*Teachers and Texts: A Political economy of class and gender relations in education*, New York and London: Routledge and Kegan Paul.

Ball, S.（1983）Imperialism, Social Control and the Colonial Curriculum, *Journal of Curriculum Studies*, 15（3）: 237-263.

Barrett, A. M.（2007）Beyond polarization of pedagogy: models of classroom practice in Tanzanian primary schools, *Comparative Education*, 43（2）: 273-294.

Bennell, P., K. Hyde and N. Swainson（2002）*The Impact of the HIV/AIDS Epidemic on the Education Sector in Sub-Saharan Africa- A synthesis of the findings and recommendations of three country studies*, Brigton: Centre for International Education, University of Sussex Institute of Education.

Bennell, P. and K. Akyeampong（2007）Teacher Motivation in Sub-Saharan Africa and South Asia, *DFID Educational Paper*, 71, Essex, United Kingdom.

Bruns, B., D. Filmer and H. A. Patrinos（2011）*Making Schools Work-New Evidence on Accountability Reforms*, Washington, D.C.: World Bank.

Carr-Hill, R., C. Rolleston, T. Phereli and R. Schendel（2015）The effects of school-based decision making on educational outcomes in low and middle income contexts. A Systematic Review, *3ie Grantee Final Review. International Initiative for Impact Evaluation*（*3ie*）, London. [http://r4d.dfid.gov.uk/pdf/outputs/SystematicReviews/61233_dfid-funded-decentralisation-review.pdf（2016年6月1日最終閲覧）]

Carnoy, M.（1974）*Education as Cultural Imperialism*, New York: David McKay Co..

───（1995）Structural adjustment and the changing face of education, *International Labour Review*, 134（6）: 653-673.

Chisholom, L. and R. Leyendecker（2008）Curriculum Reform in Post-1990s Sub-Saharan Africa, *International Journal of Educational Development*, 28（2）: 195-205.

Courtney, J. and M. Gravelle（2010）Switching Sides: The Battle between Globalised Pedagogy and National Identity in the Development of an Early Literacy Programme in Cambodia, *London Digest*, 7, Autumn: Citizenship.

Croft, A.（2002）Singing under the tree: does oral culture help lower primary teachers be learner-centred?, *International Journal of Educational Development*, 22（3/4）: 321-337.

Darling-Hammond, L.（2000）Teacher quality and student achievement: A review of state policy evidence, *Education Policy Analysis Archives*, 8（1）: 1-44.

Darling-Hammond, L. and J. Bransford（2005）*Preparing Teachers for a Changing World: What Teachers Should Learn and Be Able to Do*, Chapter 10., Jossey-Bass.

Diallo, A.（1997）Basic Education in Sub-Saharan Africa – Its History and Prospects, *Keynote speech, International Seminar on Basic Education and Development Assistance in Sub-Saharan Africa*, December 1997, Institute of International Cooperation, Japan International Cooperation Agency.

Guajardo, J.（2011）*Teacher Motivation: Theoretical Framework, Situation Analysis of Save the Children Country Offices, and Recommended Strategies*, Save the Children.
［http://www.teachersforefa.unesco.org/tmwg/blog2/wp-content/uploads/2015/03/Save-the-Children-Teacher-Motivation-Report.pdf（2017年9月5日最終閲覧）］

Hanushek, E. A. and S.G. Rivkin（2010）Generalizations about using value added measures of teacher quality, *American Economic Review*, 100（2）: 267-271.

ILO・UNESCO（1966）*Recommendation concerning the Status of Teachers*, Paris: ILO and UNESCO.

Johnston, S., M. Hodges and M. Monk（2000）Teacher Development and Change in South Africa: A critique of the appropriateness of transfer or northern/western practice, *Compare*, 30（2）: 179-192.

LeTendre, G.K. and A. W. Wiseman（2015）Promoting and Sustaining a Quality

Teacher Workforce, G. LeTendre and A.W. Wiseman (eds.) *Promoting and Sustaining a Quality Teacher Workforce (International Perspectives on Education and Society, vol.27)*, Emerald Group Publishing, pp. 511-515.

Leu, E. (2004) The Patterns and Purposes of School-based and Cluster Teacher Professional Development Programs, *Working Paper #1 under EQUIP1's Study of School-based Teacher In-service Programs and Clustering of Schools*, USAID, EQUIP1.

———— (2005) *The Role of Teachers, Schools, and Communities in Quality Education: A Review of the Literature*, AED Global Education Center, Academy for Educational Development (AED).

Leu, E. and M. Ginsburg (2011) *Designing Effective Education Programs for In-Service Teacher Professional Development – Compedium*, EQUIP1.

Lewin, K. M. (2008) Strategies for Sustainable Financing of Secondary Education in Sub-Saharan Africa, *World Bank Working Paper*, 136, Africa Human Development Series.

Lewin, K. and J. Stuart (2003) *Researching Teacher Education: New Perspectives on Practice, Performance and Policy, Multi-Site Teacher Education Research Project (MUSTER) Synthesis Report*, London: Department for International Development.

McDevitt, D. (1998) How effective is the cascade as a method for disseminating ideas? A case study in Botswana, *International Journal of Educational Development*, 18 (5): 425-428.

Moon, B. and F. Wolfenden (2012) Teacher Education in Sub-Saharan Africa: issues and challenges around teacher resources and practices, G. Rosarii (ed.) *Teacher Education in Sub-Saharan Africa: closer perspectives*, Symposium Books, pp. 37-53.

Mulkeen, A. (2010), *Teachers in Anglophone Africa: Issues in Teacher Supply, Training, and Management, Development Practice in Education*, Washington, D.C.: World Bank.

———— (2013) *Teacher Policy in Primary and Secondary Education in Development Cooperation: Discussion Paper*, Deutsche Gesellschaft für Internationale Zusammenarbeit (GIZ) GmbH.

Mullis, I. V. S., M. O. Martin, G. J. Ruddock, C. Y. O'Sullisan and C. Preuschoff (2009)

TIMSS 2011 assessment frameworks. ChesnutHill, MA: TIMSS PIRLS International Study Center, Boston College.

OECD（2005）*Teachers Matter: Attracting, Developing and Retaining Effective Teachers*, Paris: OECD Publishing.

Okitsu, T.（2011）*Policy and Practice of Community Participation in the Governance of Basic Education in Rural Zambia*, Unpublished doctoral thesis, University of Sussex.

Pacharopoulos, G.（1994）Returns to investment in education: a global update, *World Development*, 22（9）: 1325-43.

Reimers, F.（1994）Education and structural adjustment in Latin America and Sub-Saharan Africa, *International Journal of Educational Development*, 14（2）: 119-124.

Sayed, Y. and A. Rashid（2015）Education quality, and teaching and learning in the post-2015 education agenda, *International Journal of Educational Development*, 40: 330-338.

Schwille, J. and M. Dembélé（2007）*Global Perspectives on Teacher Learning: Improving Policy and Practice*, Paris: UNESCO: International Institute for Educational Planning.

Shulman, L.（1987）Knowledge and teaching: Foundations of the new reform, *Harvard Education Review*, 57: 1-22.

Smail, A.（2014）Rediscovering the teacher within Indian child-centred pedagogy: Implications for the global Child-Centred Approach, *Compare*, 44（4）: 613-633.

Tabulawa, R.（1997）Pedagogical Classroom Practice and the Social Context: The Case of Botswana, *International Journal of Educational Development*, 17（2）: 189-204.

────（2003）International Aid Agencies, Learner-Centred Pedagogy and Political Demoratisation: A Critique, *Comparative Education*, 39（1）: 7-26.

UNESCO（2000）*Dakar Framework for Action: Education for All Meeting our Collective Commitments*, Paris: UNESCO.

────（2005）*EFA Global Monitoring Report 2004/2005: Education for All: The Quality Imperative*, Paris: UNESCO.

────（2014）*EFA Global Monitoring Report 2013/2014: Teaching and Learning: Achieving quality for all*, Paris: UNESCO.

――― (2015) *Incheon Declaration - Education 2030: Towards inclusive and equitable quality education and lifelong learning for all*, Paris: UNESCO.

UN General Assembly (2015) *Transforming Our World: 2030 Agenda for Sustainable Development. A/Res/70/1*, New York: United Nations.

UIS (2016) *UIS Fact Sheet*, October 2016, Montreal, Canada: UNESCO Institute of Statistics.
[http://uis.unesco.org/sites/default/files/documents/fs39-the-world-needs-almost-69-million-new-teachers-to-reach-the-2030-education-goals-2016-en.pdf (2017年6月18日最終閲覧)]

Verger, A., H. K. Altinyelken and M. Koning (eds.) (2013) *Global Managerial Education Reforms and Teachers: Emerging Policies, Controversies and Issues in Developing Contexts*, Education International.

Villegas-Reimers, E. (2003) *Teacher professional development: an international review of the literature*, Paris: UNESCO International Institute for Educational Planning.

Westhorp, G., B. Walker, P. Rogers, N. Overbeeke, D. Ball and G. Brice (2014) *Enhancing Community Accountability, Empowerment and Education Outcomes in Low-and Middle-income Countries: A Realist Review*, London: Institute of Education, University of London.
[https://assets.publishing.service.gov.uk/media/57a089f140f0b652dd0004a2/Community-accountability-2014-Westhorp-report.pdf(2016年1月14日最終閲覧)]

World Bank (2002) *Education for Dynamic Economies: Action Plan to Accelerate Progress Towards Education for All*, A revised report submitted to the Development Committee, DC2002-0005/Rev 1, April 9, 2002.

――― (2003) *The World Development Report 2004*, Washington, D.C.: World Bank.

――― (2013) *What Matters Most for Teacher Policies: A Framework Paper*. SABER Working Paper Series, Washington, D.C.: World Bank.

World Commission on Environment and Development (1987) *Report of the World Commission on Environment and Development: Our Common Future*, Geneva: Oxford University Press.

途上国の教員政策

第 1 章

カンボジアの教員政策

―変わる教職―

荻巣 崇世

顕微鏡を使って植物の観察をする養成校の学生（筆者撮影）

はじめに

　21世紀に入り、教員・教職は国際的な教育政策議論の中心に位置付けられるようになった。国際比較に基づく指標やベンチマークの開発により（例えばOECDによる国際教員指導環境調査（Teaching and Learning International Survey: TALIS）や世界銀行による教員版SABER（Systems Approach for Better Education Results）など）、もはや各国の教員政策や教員養成政策を国際的な潮流抜きに語ることはできなくなっている。こうした国際的な潮流は国際機関だけでなく、大学・企業・慈善団体などの多様なアクターの参加によって形作られ、より強力な、しかも多方面からの圧力となって各国の教員政策に影響を与えている（Paine and Zeichner 2012）。

　1970年代から90年代初頭まで内戦状態にあったカンボジアでは、教育制度全体が現在もその「負の遺産」を背負っている[1]。特に1975年から79年のクメール・ルージュ期には、教員を含む知識階級が虐殺の対象となり、全教員のおよそ8割が亡くなったとされる[2]。内戦後の復興期には教員不足への応急処置として教員資格要件が緩和されていたため、現職小学校教員の約3割は高校を卒業していない[3]。こうした文脈で教師教育分野への国際協力は増大し、あわせてカンボジア側から外国——主に国際学力テストの上位国——の教員政策を参照する動きも加速しており、カンボジアの教員政策もやはり国際潮流の影響抜きに語ることができなくなっている。では、グローバルな教員政策の潮流は実際にはどのようにカンボジアのナショナル／ローカルな教員制度・政策や教員文化に影響を及ぼしているのだろうか。

　本章では、国際的潮流の影響を受けて劇的に変化しつつあるカンボジアの教員政策と、その中で生きている教員たちの現実を検討することで、これからの教師教育分野における国際協力のあり方について考察する。まず、カンボジアの教員制度が抱える様々な課題と、現在外国を参照しつつ行われている改革について、特に教職の高度化、待遇と教員配置、教員評価の3つの分野に焦点を

当てて整理する。次に、こうした改革の当事者であるはずの教員たちが改革の議論から置き去りにされている状況を検討しながら、学校現場で奮闘する教員たちを下から支える国際協力のあり方について考えてみたい。

第1節　激動の教員政策

　世界に広がる教育のスタンダード化の流れを受けて、カンボジアも近年になって教員政策（2013年施行）及び教員スタンダード（2010年施行）を定め、教員を「生涯学び続ける専門家」として位置付け、それに相応しい労働条件や支援体制の整備に乗り出した。以下では、カンボジアの教員関連政策の概要を整理しつつ、学校現場で教員たちが生きている多様な現実に照らして、その意義を検討する。

　教員を取り巻く制度設計の方向性を示した教員政策（Teacher Policy）は、「高い質と力量を備え、倫理綱要に則った責任感を有する教員を養成するとともに、職務を効果的・効率的に全うできるような労働条件を整える」ことを目的とする。①やる気のある優秀な人材の確保、②質の高い教員養成の実現、③定期的な職能開発及び現職教員研修の保障、④職務を効果的・効率的に全うできるような労働条件の整備、の4つの政策を掲げ、これまでの教員制度を抜本的・包括的に変革する一大プロジェクトとなっている（Ministry of Education, Youth and Sport 2013: 3）。教員政策を具体化した実施計画（Teacher Policy Action Plan: TPAP）は、これら4つの政策の実施に当たって、以下の9つの戦略ごとに予算を配分するとしている[4]。

　戦略1：教員政策に係る法整備
　戦略2：優秀な人材の確保
　戦略3：教員養成制度の基準の設定
　戦略4：教員養成校の整備
　戦略5：教員と教育機関のニーズのマッチング

戦略６：現職教員研修と職能開発機会の提供

戦略７：教員の動機付けと定着

戦略８：学校におけるリーダーシップの効率性強化

戦略９：教員のモニタリングと評価システムの強化

　次節以降、国際的な教員政策潮流の主流を占めている教職の高度化、待遇と
教員配置、教員評価の3つの分野に焦点を絞って、カンボジアにおけるそれぞ
れの従来の仕組みと課題及び新たな制度の特徴を、学校現場に生きている教員
たちの現実に即して考えてみたい。

第2節　教職の高度化

　教職の高度化とは、国際労働機関（ILO）・ユネスコによる「教員の地位に関
する勧告」に端を発する教員を専門家として捉え直そうという動きの中で、教
員により高度で専門的な教育を受けさせることを指す。教職の高度化というと
通常は教員養成の学士レベルから修士レベルへの引き上げを指すが、カンボジ
アでは専門学校レベルから学士レベルへの引き上げを意味する。この高度化が
TPAP戦略3「教員養成制度の基準の設定」の中で述べられている基礎教育教
員の学士化である。この学士化を実現するために企図されたのが、教員養成大
学の設立である。

2.1　教員養成の仕組みと課題

　2017年時点では、教員養成は教育段階ごとに設置された国立の機関が担っ
ている。具体的には、初等教育段階は、全国18の州と特別市に設置された州
教員養成校（Provincial Teacher Training Center: PTTC）において、前期中等教
育段階は全国で6校設置されている地域教員養成校（Regional Teacher Training
Center: RTTC）において、それぞれ行われている。その他、就学前教育段階の
教員養成校と、後期中等教育段階の教員養成を行う国立教育大学（National

Institute of Education: NIE）が各1校、首都プノンペンに設置されている。NIE
で行われる後期中等教育段階の教員養成は学士号取得後の学生に対して1年間
実施されるが、PTTCやRTTCでの教員養成は高校卒業後の学生に対して2年
間かけて行われる。カンボジアは教員免許制度をとっておらず、PTTC、
RTTC、NIEなどの教員養成機関に入学した学生は「教員候補生」の立場で訓
練を受けることになる。つまり、養成機関の入学試験が教員採用試験を兼ねて
いると言うことができ、養成機関の修了試験さえパスすれば、学生には教員と
しての将来が約束されるのである[5]。関連して、カンボジアには教員免許が存
在しないので、「有資格教員」などの指標では各教員の教育年数を見る。例え
ば現行の制度では、小学校から高校までの12年間の普通教育と2年間の養成教
育という意味で12＋2の教育年数を満たせば、小・中学校段階の有資格教員と
考えられる。

　カンボジアの教員養成の課題は多く指摘されているが、ここでは優秀な学生
の確保に関する課題とプログラムの質に関する課題に分類して考えてみたい。
優秀な学生の確保は、教員給与や待遇の問題とも関わる課題である。教育省教
員養成局は、教員養成機関への入学者数を調整することで教員の需給バランス
をとっている。しかし、養成校の入学試験が大学の入学試験の後に行われるこ
とから、志願者の多くは大学進学が叶わなかった学生になる。最も優秀な学生
は大学に進学するので、教員養成校は残りの高校卒業試験合格者の中から選抜
を行わなければならないのである（Williams, Kitamura, Ogisu and Zimmermann,
2016）。教員養成校に進学すれば早い段階で将来が約束されるため、これまで
は社会経済的地位の比較的低い層出身の学生を取り込んできたが、めざましい
経済発展の中にあっては教員給与や社会的地位の低さが目立ち、その魅力は色
褪せつつある。また、学歴社会化によって資格がますます重要な意味を持つよ
うになり、学士号が取得できないことから教員養成校を「最後の選択肢」と位
置付ける若者は多く、相対的な魅力が低下していると言える。

　一方、プログラムの質に関しては、主に教員養成校の教員の質が低いことが
指摘されている（JICA 2009; Tandon and Fukao 2015）。JICAの調査では、共通

の理科テストを用いて養成校の教員と学生の点数を比較すると、PTTCでは教員の方が若干点数が高かったものの、RTTCでは学生の方が良い成績を修めたという衝撃的な結果が報告されている（JICA 2009）。同様の調査を数学科で行った世界銀行の調査では、PTTCとRTTCを合わせても教員の方が点数が低いことが明らかになった（Tandon and Fukao 2015）。つまり、養成校教員の多くが、養成課程で教えるために必要な教科の知識を十分に有していないことが明らかになっている。PTTC及びRTTCの教員になるには、国立教育大学（NIE）で1年間の訓練を受けることが求められる。言い換えれば、高校の教員になる資格があれば養成校の教員にもなれるのである（千田 2012）。さらに、養成校教員の10％は自身が教員養成プログラムを修了しておらず、大学で勉強したことのある教員は――修了したかどうかや専攻は問わない―― PTTCで66.7％、RTTCで93.3％であったといい（Tandon and Fukao 2015）、教員の質の向上は喫緊の課題となっている。

　カリキュラムの問題もある。現行の教員養成カリキュラムは、卒業後すぐに教壇に立てる教員を養成する非常に実践的なカリキュラムになっており、教育実習に全体の20％強、学校で教える教科内容の復習（PTTCであれば小学校の内容）と教授法の学習には44.4％もの時間が割かれている（MoEYS 2010a)[6]。その一方、教職に必要な教養や教科に関する専門的な知識の獲得に割かれる時間は15.6％に過ぎず、キャリアを通して教養や知識・スキルをアップデートし続ける素地を養うカリキュラムではない（表1.1）。そこには「養成校を出たら

表1.1　PTTC（12＋2）のカリキュラム（2010年版）

科目	時間数（単位：時間）	割合（単位：％）
（1）心理学・教育学等	524	19.22
（2）教養・専門知識	425	15.59
（3）初等レベルの知識と教授法	1,209	44.35
（4）教育実習	552	20.24
（5）教育研究	16	0.58
合計	2,726	100

出典：MoEYS（2010a）を基に筆者作成。

一人前」という前提があり、長期的な職能開発を見据えたデザインにはなっていない点が問題である。このようなプログラムの質に関する課題を解消するには、カリキュラムの抜本的な改革と合わせて、それを担う養成校教員の知識やスキルを向上することが不可欠である。

2.2　教員養成大学の設立

　以上のような課題を解消し、教員政策で打ち出された「生涯学び続ける専門家」としての教員像を実現するための一歩として、教員養成大学（Teacher Education College: TEC）の設立が企図されている。TECは、これまでの教育省教員養成局の管轄から外れ、高等教育局が管理する高等教育機関としての地位を獲得し、4年間のプログラム修了者には学士号（B. Ed）が授与されることになる。2018年末までにプノンペンと東北部の都市であるバッタンバンの2か所にTECモデル校を開校し、その後全国に6校の教員養成大学を展開していくという。TECモデル校の立ち上げにはJICAの無償資金協力及び技術協力が入っており、制度づくりにおける日本の貢献が期待されている。

　国際協力及び教員政策の国際潮流の文脈で興味深いのが、このTECのカリキュラムである。内容は未定であるものの、カリキュラムの枠組みは国際学力調査で上位の常連であるシンガポールのモデルを参照している。カンボジア教育省からシンガポールの教員養成機関であるシンガポール国立教育大学に研修員を送るなど、国際競争力を意識した積極的な制度参照が行われている[7]。同時に、このカリキュラムの方向性を示すのが次節で述べる教員スタンダードであり、TECのカリキュラムを履修することで教員スタンダードを満たせるような仕組みが想定されている。さらに、教員スタンダードに則って作成されたカリキュラムは、各国ドナーの援助協調によってシラバスに具体化されるという。例えば数学・理科系の科目については長年プロジェクトを実施してきた実績から、ICT、外国語と合わせて日本のJICAが担当し、教授法はVVOB（ベルギー国フランダース自治政府教育省）が担当する。これらの過程は国際潮流の影響を直接的に受けるものになっていて、潮流がどのようにローカライズされ

るのか、カリキュラムとシラバスの完成が待たれる。

　養成校の教員の質が課題であったのと同じく、TEC教員の質をどのように担保するのかという課題や、これまで養成校の学生受け入れ数で調整してきた教員の需給バランスを今後どのようにコントロールするのかなど、中央での政治的・制度的な課題は山積している。現場レベルでは、内戦後の混乱により小学校さえ修了していない教員が存在する中で、学士化はさらにシステム内の多様性・階層化を促す可能性もある。筆者が実施した調査では、同じ学校内でも年齢層、すなわち養成課程の違いによってはっきりと教員が分かれてしまい、同僚として学び支え合う関係が築けないという問題が散見された（Ogisu 2014）。これまでは教員養成校が教員を結びつける土台として存在してきたが、近い将来、学士号を持つ教員が教壇に立てば、今ある教員内の階層化に拍車がかかることも予想される。そればかりか、TECを出た教員と養成校を修了しただけの教員との溝は、今ある教員間の溝とは比べものにならないほど大きいのではないか。そうした違いを子どもたちはどのように受け取るのだろうか。TECが本格稼働する2020年以降、さらに多様化する教員のバックグラウンドが教職全体にどのような影響を及ぼすのか、注視したい。

第3節　待遇と教員配置

　すべての子どもに質の高い教員のもとで学ぶ権利を保障するためには、十分な数の資格基準を満たす教員を養成することと同様に、適切な教員配置の制度をデザインし運用すること、また、一旦教職に就いたものが継続して教員であり続けられるような待遇や労働環境を整えることが不可欠である（Zeichner 2003）。これらの制度が扱うのは教員自身の生活や人生そのものに密接に関係する領域であると同時に、教育の経常支出の大部分を占める領域でもあり、政治的・経済的な制約を受けやすい繊細な領域である。

3.1　教員給与・教員配置の仕組みと課題

　カンボジアの教員給与及び福利厚生は、公務員の給与体系を基準としている。加えて、教育省は教職員特別手当を設定しており、教員は公務員としては比較的優遇されていると言える。また、基本給の引き上げも継続して行われている。しかし、他の職業との比較を見ると、2011年のカンボジアの教員給与の平均は同等の資格を要する他の専門職の60％程度であった。同じ指標を近隣国と比較すると、ベトナムでは88％、タイでは144％であったという（Tandon and Fukao 2015）。給与水準の上昇率は近年の急速な物価の上昇に追い付いておらず、教員が塾や私立学校の講師などの副業を持たざるを得ない状況が続いている。さらに、都市部の学校では始業前や終業後の時間を使って教員が子どもたちに有料の補習授業を行っているケースも多く（Brehm 2016）、低賃金が職業倫理にも大きな影響を及ぼしている。

　教員配置に関しては、先述した通り養成校の受け入れ数によって教員数を調整しているものの、配置のまずさや離職率の高さなどの理由から、現在も資格を満たす教員を全国の学校に公正に配置するまでには至っていない。カンボジアには定期的な配置換えの制度がなく、教員は長期に渡って一つの学校に勤めることが多い。多少の僻地手当はあるものの、副業機会が少ない僻地や農村部の学校に赴任を希望する教員は少なく、そうした学校では教員不足が深刻である。都市部の学校には教員が余っている状況でも、農村部では、有資格教員が新任者たった一人という学校や、新任教員が校長や教頭などの管理職についている学校も珍しくない。私の友人でもある若手の高校教員は、実家に近い都市部の学校への配置換えを希望し、人事を担う州教育局の担当者に毎年約1,000ドルの心づけを支払っているという。彼女の給与が毎月約200ドルというから、それだけの犠牲を払ってでも田舎の学校から抜け出したいと思うほど孤独で劣悪な労働環境なのであろう。教員の配置換えに明確な基準がなく、往々にして政治的な決定がなされることも問題である。

　また、教員の離職率については教育省発表のデータがなく、現状が明らかになっていないが、ある調査によれば、教員養成校の学生のうち25％程度の学

生は数年後に転職することを希望したという（Williams, Kitamura, Ogisu and Zimmermann 2016）。養成校卒業後すぐの時期に先輩教員から十分なサポートを得られず孤軍奮闘を強いられるような場合、早期での離職傾向に拍車がかかることは想像に難くない。また、職能開発とそれによるキャリアアップの機会が限られていることも、早期の離職を後押しする要因になっている可能性がある。2017年時点では、カンボジアには全国の教員を対象とした定期的な職能開発のプログラムが存在しないため、職能開発の大部分は週末を利用して個人的に大学や大学院に通って学位を取得するなどの自発的な取り組みが担っている。ただし、専攻する分野は必ずしも担当教科や教育学に関する分野ではなく経営学や会計学が人気のようで、教員以外の職業へのキャリアアップも視野に入れた職能開発になっている場合が多い（千田 2012; Williams, Kitamura, Ogisu and Zimmermann 2016）。千田（2012）の報告でも、プノンペンの私立大学の修士課程で学ぶ高校教員が、純粋な向学心のために勉強を続けているとしながらも、一方で教員以外の仕事への転職の可能性を探っている様子が描かれている。

　現状では、教員になること、及び教員であり続けることの動機付けが、給料等の外的報酬（extrinsic reward）ではなく、教えることによる充実感等の内的報酬（intrinsic reward）や転職しやすいといった担保的報酬（collateral reward）に偏っていることで、教員のモチベーションやモラルなどの質の問題に決定的な影響を与え、離職につながっていると考えられる。いくら教員を養成しても、この「穴の空いたバケツ状態」が解消されない限り、教員不足の問題を解消することは不可能である。

3.2　教員キャリアパスの設定

　これらの問題に対する教員キャリア・給与制度改革として、教員キャリアパス（Teacher Career Pathway）が設定されることになっている。これまでは一旦教員になると勤続年数によって俸号が上がっていくだけで、例えば主任、教頭、校長などの役職に就くための基準などの明確なキャリアパスが示されていなかった。キャリアパスを提示することは、教員が長期的なキャリアの見通し

をもとに目標を持って職能開発に取り組む動機となり、ひいては早期での離職を防ぐ意味でも非常に重要である。加えて、教員の昇進や配置換えから政治性をできるだけ排除し、人事の透明性や公平性を確保するためにも役立つと考えられる。実際の教員キャリアパスは教育省内での最終化のプロセスにあり内容の分析ができていないが、昇進や昇給に必要な知識やスキルを明示して、それに基づく職能開発プログラムを組むなどの使い方が可能であろう。こうして職能開発・キャリア・給与の枠組みを一本化することで、「生涯学び続ける専門家」としての教員像はさらに具体的に想起されるようになるだろう。

　ただし、これまでにカンボジア以外の国・地域で実施された同様の政策のレビューによれば、キャリアパス（キャリアラダー）の導入自体が教員のモチベーションやパフォーマンスを向上させるとは言い切れない（Rowan and Raudenbush 2016）。むしろ、キャリアパスに基づいて定期的に臨床的なフィードバックをすることが、モチベーションやパフォーマンスの向上に繋がるのだという。次に述べる教員評価とも関わるが、政治的な人事が横行しているカンボジアの学校でどのように教員査定から政治性を排除し、客観的で有益なフィードバックを提供していくのかが最大の課題であろう。

第4節　教員評価

　教育に新自由主義の理論が持ち込まれて以降、教員がどれほど効果的に仕事をしているかを問う説明責任論が世界的に台頭している。往々にして教員の仕事は子どもの学習成果を生み出すことに矮小化され、米国ではついに、1年間の子どもの学力の伸びによって教員の説明責任を問う「value-added model」と呼ばれる評価も導入され始めている（Grossman et al. 2010）。カンボジアではデータの使用可能性や分析能力の問題もあり厳密な意味での教員評価は実施されていないが、TPAP戦略9「教員のモニタリングと評価システムの強化」では明らかにこの方向に向けた制度が想定されている。

4.1　教員評価の仕組みと課題

　2017年時点で、カンボジアには給与や職階と結び付いた厳密な教員評価の仕組みはなく、形成的なフィードバックを目的とした教員スタンダード（Teacher Professional Standards: TEPS）によるモニタリングが行われている。TEPSは教員が身に付けているべき資質を設定している。教員の資質は、専門知識、専門家として相応しい実践、専門家としての学び、専門家としての倫理観の4つに分類され、それぞれが表1.2のようにさらにカテゴリー化され、定義されている。教員スタンダードは、教員養成校修了時や現職教員のモニタリングに用いられ、教員の資質に見合う研修プログラム等を計画する際の資料として活用するという。前述した教員養成大学のカリキュラムやシラバス作成時の指針としても使用される。

表1.2　カンボジアの教員スタンダード

知識	実践	学び
・児童生徒について ・教科について ・児童生徒がどのように学ぶか	・計画・評価 ・学級経営 ・教授法	・自己研鑽 ・教職への貢献
倫理観	・社会の利益に沿うよう常に児童生徒への関心や愛情を示すこと ・教職に献身しまい進すること ・児童生徒やコミュニティに対し、モラルや人間性の規範となること ・公平で不正のない態度で児童生徒やコミュニティの人々と接すること	

出典：MoEYS（2010b）より訳出・作成。

　現在の教員評価制度の課題は、先にも述べたように有益なフィードバックを提供できていない点にある。これはモニタリングが行われる環境によるものでもあるし（Tan and Ng 2012）、モニタリング・ツールのデザインによるものでもある（Courtney 2008）。TanとNgは、教員のモニタリングが実施される際の関係性に着目し、カンボジアのように教員間の信頼に基づく同僚性が育まれていない中では自由な意見交換ができず、有益なフィードバックをもらったり与えたりすることができない点を強調している（Tan and Ng 2012）。筆者がこれまでに訪問した学校では、教員の多くがモニタリングを管理職からの監視と捉

え、モニタリングを受けることを必要以上に嫌がっている様子が観察された。これはフィードバックが建設的なアドバイスではなく批判として受け取られていることによると思われる。フィードバックに基づいて建設的に議論できる土台として、教員どうしや教員と管理職との間の同僚性の構築は不可欠である。また、Courtney（2008）はカンボジアでモニタリングに用いられている評価票の分析から、その文言の分かりにくさやチェックリスト式のデザインが、管理職間での「良い授業」イメージの共有を阻害し、結果的に教員に対する有益なフィードバックの提供を阻害している事態を明らかにしている。評価票のようなツールは、何を質の高い授業とするのかという判断基準を具体化し明示化する働きをする重要な政策ツールであり、そのデザインが学校現場での政策メッセージの受け取られ方を左右すると言ってよい。教員スタンダードであれ後述するパフォーマンス査定であれ、メッセージをどのように具体化・言語化してツールに落とし込むのかが鍵を握ると考えられる。モニタリングによって有益なフィードバックを提供すると同時に、それが受け入れられる信頼関係を築くことが今後の課題である。

4.2　教員パフォーマンス査定の開発

　TPAP戦略9では、給与・職階と直接結びついた教員評価システムを導入するとしている。これは、教員パフォーマンス査定（Teacher Performance Appraisal）と呼ばれ、2020年までに試案を作成することになっている。現時点では役割や内容が不明であり、その意義を議論することは困難だが、誰が（管理職が評価するのかピア評価や子どもからの評価も含むのか）、何を（授業実践だけを見るのか子どもの達成度も考慮するのか）、どれくらいの頻度で評価し、結果をどのように用いるのか（昇給・昇進とどの程度結びつけるのか、公開するのか）など、デザインによっては個々の教員や教職全体に非常に大きな影響を与えるものになると予想される。これについても今後3年間の動きが鍵となろう。

第5節　カンボジアの教員と国際協力

　以上では、カンボジアの教員政策の動向を概観してきたが、ドナーの意向はもとより、国際学力調査上位国の参照やASEAN諸国との比較によって教員政策が形作られているという事実が浮き彫りになった。では、国際的な潮流の影響を受けて形成される教員政策において、その当事者である教員自身はどのような役割を果たしているのだろうか。教育の国際的な枠組みである「Education 2030」では、教員が政策プロセスにおいて積極的な役割を果たす必要があることを以下のように述べている。

　　教員とその組織は、それ自体必須の［政策］パートナーであり、政策立案、計画、実施のすべての段階に参加しなければならない。教職員には以下のことが期待される。
　　● 専門家意識を持ち、子どもの学びを保障するよう努めること、
　　● 政策や戦略に実践者としての経験や集積された知見と専門性を活かすため、政策議論、立案、計画の前面に教室の現実を持ち込み、政策と実践を橋渡しすること、
　　● インクルージョン、質、公正を促進し、カリキュラムや教授法を向上させること。
　　　　　　　　　　　　　　　　　　　　　　　(World Education Forum 2015 2015: 15)

　しかし、Paine and Zeichner（2012）は、教員が中心に置かれているはずの教員政策の中でさえ、教員は主要な政策アクターとしては位置付けられていないと述べている。カンボジアでも、政策プロセスにおいて教員は政策主体（subject）としてではなく政策の対象（object）として位置付けられているし、教員の声を政策議論の中心に届ける仕組みはないに等しい（Kim and Rouse 2011）。これまで述べてきた教員政策においては、ドナーや政府主導の一方的な「専門職化（professionalization）」が進み、教員たちに課せられる説明責任は拡大している。その一方、教員たちの内からの専門家意識（professionalism）

の涵養は見落とされ、教員の自律性や自発性は個人の中に押し込まれてしまっている。「Education 2030」で示された教員の積極的な役割は具体的には指標化されていないが、このビジョンを国際協力の中でどのように実現していくのか注目し続ける必要があろう。

　しかし、カンボジアの教員たちは一連の改革の激流に飲み込まれているだけでなく、中には「子ども一人ひとりの学びの権利を保障する」という挑戦に挑み続けている者もいる。こうした教員たちが果たそうとしているのは、必ずしも政府やドナー、納税者に対する説明責任ではなく、目の前の子ども一人ひとりの学習ニーズに対する応答責任（responsibility）である（佐藤 2006）。カンボジアの多くの学校は、学習以前の社会福祉に関する問題を抱えたまま登校してくる子どもを対象としており、そうした状況で教室に学びを成立させ、一人残らず子どもの学ぶ権利を保障するというのは途方もない挑戦であろう。しかも、外部からのサポートもほとんどなく、孤軍奮闘を強いられているのである。そうでありながら、説明責任論に基づいた評価では、中央からの指示を正確に実施していないとして、フィードバックと称する指導を受けている教員も少なくない（Ogisu 2014）。これでは、教員たちがこうした地道で孤独で終わりのない挑戦から手を引いてしまうのも時間の問題なのではないか。現在行われている教員政策・制度改革でも、教員たちの挑戦を支えるという視点が欠けているように思えてならない。

　では、「子ども一人ひとりの学びの権利を保障する」という教員の挑戦を支えていくためにどのような国際協力が考えられるのか。まずはカンボジアの教員に対する我々の認識を転換することが必要だろう。カンボジアの教員は受け身でやる気がないという一般的な認識とは異なり、実は非常に主体的で創造的なアクターである（荻巣 2013）。この認識に立てば、教員に足りないものや問題点を特定して介入する、いわば減点法に基づいて行われてきたこれまでの教員関連分野における国際協力が、どうして教員を疎外してしまうのかという問題の答えは明白だろう。国際的なスタンダードからすれば一見質の低い授業実践の中でも、教員たちが工夫を凝らして子どもたちと向き合っているのである

（荻巣 2016）。その事実を丁寧に拾い上げ、そうした革新的な実践を認めて引き上げるような国際協力のあり方が求められよう。それは、教員間の自発的な学びと成長を促して専門家意識を涵養し教職全体の質を底上げする近道なのではないだろうか。

　もちろん、上から・外からの制度設計や条件整備は必須であり、この分野については引き続き国際機関や各国援助機関の貢献が望まれる。しかし同時に、教員と信頼関係を築き「外部者」であるからこその視点を入れながら学び合うような、草の根レベルの継続的な国際協力・国際交流も望まれる。例えば現職教員同士による国際交流・国際協力は、互いに対等の立場で学び合う絶好の機会になるだろう。こうした新しい形の国際協力は、カンボジアでは現職教員による視察団の派遣やテレビ会議システムを活用した授業交換など、特にASEAN加盟国との交流を通して実現しつつあるようである。世界の教員が抱えている課題を共有し支え合う国際的な教員文化が形成され、教員たちが団結して政策議論の中心で闘う姿を見られる日も近いかもしれない。

注

(1) 現在のカンボジアの教育制度は、6年間の初等と3年間の前期中等の計9年間を無償の基礎教育とし、3年間の後期中等教育と続く。後に述べるように、現在の教員養成は後期中等教育修了後の2年間となっている。

(2) Ayres（2000）.

(3) Williams, J. H., Y. Kitamura, T. Ogisu and T. Zimmermann（2016）.

(4) 第8章の世界銀行による8つの教員政策目標と見比べてみると、その相似には驚かされる。グローバルな言説がナショナルな文脈で再生産されている現実を垣間見ることができる。

(5) これには教員の需給バランスを保つという重要な意味がある一方、将来の選択肢が固定されてしまうため優秀な学生が集まりにくい、キャリアを通して学び続ける教師像が育まれにくい、などの問題もあり、今後改革が望まれる領域である。

(6) いずれもPTTCの場合。

(7) 教育省教員養成局での聞き取り。

参考文献・資料

［和文］

荻巣崇世（2013）「カンボジアの『子ども中心』の教授法改革に対する教師の反応―改革が内包する矛盾と教師の主体性に注目して―」『比較教育学研究』47: 79-99.

─── （2016）「教育実践を統べる学びの論理―カンボジアの児童中心の教授法改革への示唆―」『比較教育学研究』52: 3-25.

佐藤学（2006）『学校の挑戦―学びの共同体を創る―』小学館.

千田沙也加（2012）「第8章 カンボジア―国際援助に支えられる未熟な専門職―」小川佳万・服部美奈編『アジアの教員―変貌する役割と専門職への挑戦―』ジアース教育新社, 193-213頁.

［欧文］

Ayres, D. M.（2000）*Anatomy of a crisis: education, development, and the state in Cambodia, 1953-1998*, University of Hawaii Press.

Brehm, W. C.（2016）The structure and agents enabling educational corruption in Cambodia: Shadow education and the business of examinations, Y. Kitamura, B. D. Edwards, C. Sitha, and J. Williams（eds.）*The Political Economy of Schooling in Cambodia: Issues of Quality and Equity*, Palgrave Macmillan, pp. 99-119.

Courtney, J.（2008）Do monitoring and evaluation tools, designed to measure the improvement in the quality of primary education, constrain or enhance educational development?, *International Journal of Educational Development*, 28 (5)：546-559.
[https://doi.org/10.1016/j.ijedudev.2007.07.002]

Grossman, P., S. Loeb, J. Cohen, K. Hammerness, J. Wyckoff, D. Boyd and H. Lankford (2010) Measure for Measure: The relationship between measures of instructional practice in middle school English Language Arts and teachers' value-added scores, *National Bureau of Economic Research Working Paper Series*, 16015.
[http://www.nber.org/papers/w16015]

Japan International Cooperation Agency（JICA）（2009）Cambodia Science Teacher Education Project（STEPSAM2）Baseline Survey Report, PADECP and Hiroshima Univ.

Kim, C.-Y. and M. Rouse（2011）Reviewing the role of teachers in achieving Education for All in Cambodia, *PROSPECTS*.
[https://doi.org/10.1007/s11125-011-9201-y]

Ministry of Education, Youth and Sport (MoEYS) (2010a) *Curriculum for Teacher Training Primary Education "12 + 2"*, Royal Government of Cambodia.

―――― (2010b) *Teacher Professional Standard*, Royal Government of Cambodia.

―――― (2013) *Teacher Policy*, Royal Government of Cambodia.

―――― (2015) *Cambodia Education Statistics and Indicators 2014/2015*, Royal Government of Cambodia.

Ogisu, T. (2014) *How Cambodian pedagogical reform has been constructed: A multi-level case study*, Michigan State University.
[http://gradworks.umi.com/36/34/3634055.html]

Paine, L. and K. Zeichner (2012) The local and the global in reforming teaching and teacher education, *Comparative Education Review*, 56 (4): 569-583.
[https://doi.org/10.1086/667769]

Rowan, B. and S.W. Raudenbush (2016) Teacher evaluation in American schools, Gitomor D. H. and A. B. Courtney (eds.) *Handbook of Research on Teaching (5th edition)*, Washington, D.C.: American Education Research Association, pp. 1159-1216.

Tan, C. and P. T. Ng (2012) A critical reflection of teacher professionalism in Cambodia, *Asian Education and Development Studies*, 1 (2): 124-138.
[https://doi.org/10.1108/20463161211240106]

Tandon, P. and T. Fukao (2015) *Educating the Next Generation: Improving Teacher Quality in Cambodia*, Washington, D.C.: The World Bank Group.

Zeichner, K. M. (2003) The Adequacies and Inadequacies of Three Current Strategies to Recruit, Prepare, and Retain the Best Teachers for All Students, *Teachers College Record*, 105 (3): 490-519.
[https://doi.org/10.1111/1467-9620.00248]

Williams, J. H., Y. Kitamura, T. Ogisu and T. Zimmermann (2016) Who Wants to Teach in Cambodia?, Y. Kitamura, B. D. Edwards, C. Sitha and J. Williams (eds.) *The Political Economy of Schooling in Cambodia: Issues of Quality and Equity*, Palgrave Macmillan, pp. 187-204.

World Education Forum 2015 (2015) Framework for Action Education 2030: Towards inclusive and equitable quality education and lifelong learning for all (DRAFT).
[http://www.uis.unesco.org/Education/Documents/wef-framework-for-action.pdf (2017年5月18日最終閲覧)]

第2章

タイの教師教育改革
―混迷する政局下の革新的な取り組み―

牧 貴愛

教育実習生による授業とそれを見守る教育実習校の指導教員（実習校の副校長提供）

はじめに

　タイにおける近代的な学校教育の歩みを俯瞰すると、今日の学校教育や教師が国家の政策課題の一つとして力点を置かれるようになったのは、およそ1950年代末以降のことである[1]。時の首相、サリット・タナラット陸軍司令官は、1960年9月、教育政策の立案やそれにかかる調査研究を使命とする国家教育審議会の開会式典の演説で次のように説いた。「タイという国を創る際に、天の神は二人の天使を地上に遣わされた。ひとりは、知識の神（クン・クルー）、もうひとりがまつりごとの神（クン・クローン）である。前者は、田畑・織物・家の作り方を教え、後者は悪者を平定して、すべての人々が幸福に暮らせるようにした。この言い伝えにあるように、タイでは昔から、教育は国家統治に並ぶほど重要」（末廣 1993: 41）である。また、折に触れて「国家建設にとって最も重要な資源は人である」（末廣 1993: 41）と教育の重要性を強調してきた。以降、タイの初等教育、高等教育は急速な量的拡大を遂げた[2]。他方、中等教育は、世界銀行の『東アジアの奇跡』（1993年）においてその普及が遅れているとの指摘を契機として、初等学校に前期中等教育課程を附設した機会拡大学校が設置されたり、授業料、教科書、給食の無償化や国内外からの奨学金援助、学校教員による保護者や児童に対する進学指導が実施されたりしたことにより、1990年から1997年の短期間のうちに進学率が39.7％から74.2％に急上昇した（牧 2012a; 箕浦・野津 1998）。教育段階ごとに、量的拡大のプロセスに違いは見られたものの、1997年時点での教育段階別就学率（粗就学率）は、初等教育（92.3％）、中等教育（57.5％）、高等教育（23.0％）となっている[3]。なお、タイの学校教育制度は、日本と同じ6―3―3制をとっており、12年間の無償基礎教育（うち義務教育は9年間）となっている[4]。

　1992年の軍事政権の崩壊以降、タイでは民主的な国家づくりを目指す動きが加速し、1997年に、タイ憲法史上最も民主的な憲法と評される「タイ王国憲法（1997年版）」が制定された。同憲法は、教育関係条文を多く含むことか

ら、タイ教育関係者の間では「教育に重きを置いた憲法」[5] と評されている。1999年8月には、同憲法第81条に基づき「国家教育法」が制定された。同法は、日本の「教育基本法」に相当するもので、タイにおける教育の根本理念や改革施策の原理・原則を明示したものである。同法を契機として、タイの教育改革は、従来の教育の量的拡大から教育の質的向上へと大きく舵を切ることになる（牧 2012b）。

　対外的な動きとしては、1997年7月に発生したタイ・バーツ暴落に端を発するアジア経済危機も醒めやらぬ同年12月、第2回非公式首脳会議においてアセアンの長期目標を広範囲にわたって謳った「アセアン・ヴィジョン2020」が採択された。同ヴィジョンは、2003年に安全保障共同体、経済共同体、社会・文化共同体の3つからなるアセアン共同体の構築を目指すと具体化され、2009年に策定された第三次中期計画「アセアン共同体ロードマップ（2009–2015年）」では、3つの共同体のブループリントが示された（外務省アジア大洋州局地域政策課 2017: 3）。タイでは、こうした地域レベルでの動きや、グローバル化を受けて、アセアン諸国についての理解を深める「アセアンネス教育」を行うスピリット・オブ・アセアン・プロジェクト（Sprit of ASEAN Project）や（森下・平田 2016）、英語を教授言語とする学級を設置するイングリッシュ・プログラム（English Program: EP）に力点が置かれるようになった（プラソンポーン 2016）。また、同年、プラユット暫定政権の下で、タイが長期的に目指す経済・社会像として「タイランド4.0 (Thailand 4.0)」が示された。「タイランド4.0」は従来の外資主導の自動車、電子電機、石油化学等を中心とした経済（タイランド3.0）から離れて、付加価値の高い商品を持続的に生み出す経済社会モデルであり「イノベーション」「生産性」などをキーワードとし、今後20年間の間に先進国入りを目標とする長期計画である（大泉 2017; 大田 2018）。教育分野においても『教育4.0 (Kansueksa 4.0)』という名を冠した書籍が発行されている。それによれば「タイ教育4.0」の中核的内容はクリティカル、クリエイティブ、プロダクティブ、レスポンシブルの4つであるとされる[6]。また、2013年頃からタイ教育省科学技術教育振興研究所（The Institute for the

Promotion of Teaching Science and Technology: IPST）のイニシアチブにより、科学、技術、工学、数学の合科教授・学習を通した問題発見・解決学習に重きを置いたSTEM教育への取り組みも見られるようになった[7]。タイは、アセアンというリージョンならびにグローバルを意識した革新的な教育に精力的に取り組んでいる。

第1節　「聖職者教師」と「専門職的教師」の調和を目指す改革

　タイにおいて教師は尊い存在である。タイでは、公立私立を問わず、すべての教育段階の教師に対して敬意を示すための記念日が年に2回、公的に定められている。一つは新学期が始まってすぐの5月下旬から6月にかけての木曜日に行われる学校行事「ワイ・クルー」であり、もう一つは毎年1月16日に行われる「ワン・クルー」である。「ワイ・クルー」は、タイの日常的な挨拶の作法で、尊敬の念を込めて合掌する動作を指す「ワイ」と教師を指す「クルー」からなり、直訳すれば教師に敬意を表す「教師拝礼」という意味になる。もう一つの「ワン・クルー」は、「〜の日」を指す「ワン」と教師を指す「クルー」からなり、文字通り「教師の日」という意味になる。「教師拝礼」では、園児・児童・生徒・学生が、それぞれにフラワーアレンジメントを作り教師を訪ね、教師の「慈悲と思いやり」に「感謝と恩義」を示す[8]。「教師の日」は、教育専門職免許状を所掌するタイ教員審議会の創設記念日でもあり、当日は、首相が自らの学校時代の恩師を招き、感謝と恩義を示す式典が執り行われ、その様子は、全国に報道される。併せて、タイの教育発展に多大な貢献をしたと讃えられる優秀教師（故人）の伝記を綴った小冊子『教師列伝（*Prawat Khru*)』が配付される。『教師列伝』（写真）は式典の出席者に配付されるにとどまらず、全

タイ教員審議会編刊
『教師列伝（1999年版）』

国の学校図書館等に送付される（牧 2016）。

　タイの学校教員は、このように尊い存在として認識される一方で、多額の負債を抱えているとして国内メディアを賑わす存在でもある。2003年時点の学校教員一人当たりの負債総額は51万6,727バーツ（約155万円）であり、負債を抱える教員は約30万人、教職全体の7割強を占めていた[9]。当時の教員の初任給は6,210バーツ（約1万8,630円）であり、毎年一定の昇給を得たと仮定した場合、勤続年数10年、年齢にしておよそ33歳の時点で2万2,910バーツ（約6万8,000円）、年収が27万4,920バーツ（約82万円）、勤続年数17年、およそ40歳時点の年収は49万2,240バーツ（約148万円）になる。40歳の教員にとって年収とほぼ同額の負債は大きいとみてよいだろう。負債の使途は、自宅・土地の購入、自家用車・バイクの購入が上位を占めており、いわゆる近代的な生活水準を保持することを望んでいることが窺える。このように、タイの教員が近代的で快適な生活を志向することは国家公務員という教員の身分と関係している。国家公務員は、タイ語で「カー・ラチャガーン」、直訳すれば「王事を行う下僕」（村嶋 1996）であり、王様に仕える国家官僚として、社会的にも身分が高いのである。確かに、近代的な生活水準を保持することは、尊い存在としての教員の社会的地位の高さや教職の威信の維持に一定程度貢献しうる。しかしながら、負債問題の核心は、負債を抱えることで、国から支払われる給与以外の収入が必要になり、副業に従事し、学校を欠勤しがちになったり、本務が疎かになったり、結果的に、学校教育の質の向上を図ることができない、という悪循環が生じてしまうところにある（牧 2012a: 49-50）。さらに、1990年代以降、グローバル化の影響を受けて、TIMSS（国際数学・理科教育動向調査）、PISA（OECDの生徒の学習到達度調査）、IMD（国際経営開発研究所）などの国際比較が盛んに行われるようになり、学校教育の質を左右する教員の質の向上は焦眉の改革課題として認識されるようになる（牧 2012a: 35-36）。

　そして、本章の冒頭で述べたように、1999年に「国家教育法」が制定され、教育の質的向上を目指す教育改革の火蓋が切られたのである。教師教育分野の改革施策は「国家教育法」第52条が定める「高い評価を受ける専門職として

の教員（wichachip chang sung/ a highly respected profession）」すなわち「高度専門職としての教員」を理念として、2003年から2004年にかけて矢継ぎ早に制定された諸法規に基づいて整備が進められ、図2.1に示すように大きく4領域にわたって実施されている。これらの施策は、聖職者的教師の威信の回復・維持を図りつつ、先に述べた悪循環を断ち切り、国際比較に耐えうる学校教育の質の向上に資する「高度専門職としての教員」の質的向上を目指したものである[10]。

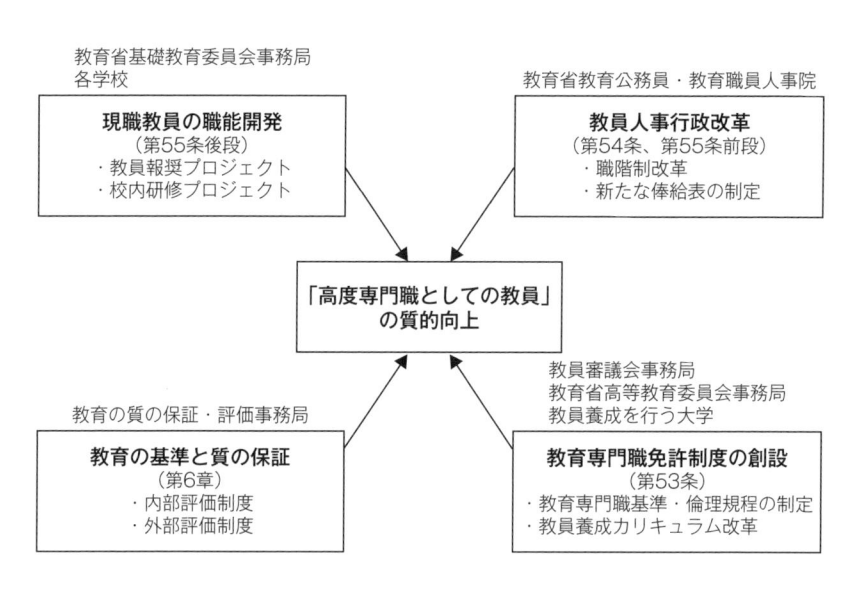

注1：丸括弧内の条文番号は「国家教育法」の条文と対応。
注2：各施策の囲み上部は、各施策の実施主体を指す。
出典：Puntumasen, Pattanida, "Teaching Profession Reform in Thailand" Paper Presented in the meeting with Tokyo Gakugei University Staff at the Office of the Education Council, Ministry of Education, Thailand（March 1, 2006）を参考に筆者作成。

図2.1　タイにおける教師教育改革施策の構造

第2節　不安定な政治と複数の教育改革案

　2001年1月に行われた第21回総選挙においてタクシン・チンナワット率いるタイ愛国党が圧勝した。以来、タイの政治は、タクシン派と反タクシン派の対立という構図が徐々に鮮明になり、従来の「不安定な政権、安定した政治」から「政権の絶対的安定、政治（もしくは体制）の不安定」へ、そして「政権、政治ともに不安定」へと変貌を遂げ、今日のプラユット首相率いる軍事政権に至っている（末廣 2009: 4-5, 179-216）。こうした混迷する政治を反映して、教育改革は、遅々として進んでいない。例えば、2008年11月に、黄色のシャツをまとう群衆が、スワナプーム国際空港を封鎖した出来事は多くの読者の記憶に新しいだろう。その翌月に首相に任命されたアピシット・ウェーチャーチーワ（先の「国家教育法（1999年版）」起草委員会の副議長）は、教育改革の必要性を説き、翌2009年2月に教育改革案の起草委員会を設置した[11]。同委員会は、同年11月に「第二期教育改革案」の起草を終えているが、不安定な政治の影響を受けて改革は進まず、2011年7月の総選挙で、タクシンの妹であるインラックを首相とする政権が誕生した。しかし、兄タクシン元首相の恩赦や人事をめぐる職権乱用などで失職し、タクシン派と反タクシン派の衝突による政治的混乱の中、2014年5月のクーデターにより、プラユット・チャンオーチャー陸軍司令官を議長とする国家平和秩序維持評議会による統治が始まり、先に起草された「第二期教育改革案」は日の目を見ることはほとんどなかった。

　プラユット・チャンオーチャー陸軍司令官は、2014年8月国王の任命を受けて第37代首相に就任、同年10月「仏暦2557（西暦2014）年 タイ王国憲法（暫定版）」第27条に基づき国家改革議会が設置された。同議会は、（1）政治、（2）国家行政、（3）法令及び司法手続き、（4）地方行政、（5）教育、（6）経済、（7）エネルギー、（8）福祉及び環境、（9）マスコミ、（10）社会、（11）その他、の11分野の改革のための調査研究を実施し、改革案をまとめることを任務としており、教育分野に関する改革案は、2015年8月提出されている。

2015年10月には、上述の国家改革議会の後継組織として、国家改革推進会議が設置され、教育大委員会による改革案（学習制度改革、学習運営制度改革、教育水準・質保証制度改革、イノベーションのための科学・テクノロジー・研究制度改革の4分野）の検討が進んでいる。

　他方、教育審議会（旧・国家教育審議会）事務局は、2014年11月に、教育大臣から教育改革運営委員会設置の通達を受けて、同委員会を設置するとともに、2015年1月に、その下位組織として、(1) 教育資源・財政改革小委員会、(2) 教育データ・情報改革小委員会、(3) 分権化改革小委員会、(4) 教育法規改革小委員会、(5) 学習改革小委員会、(6) 教師教育改革小委員会、という各分野の改革案を起草する6つの小委員会を設置した。その後、それぞれの小委員会は、調査研究を進め、教師教育改革小委員会は、2016年1月に、『教師教育改革戦略（2015-2029年）草案』[12] を取り纏めている。時を同じくして、同審議会事務局は「国家教育計画（2017-2036年）」の策定を進めている。さらに、教育省は、同計画に基づいて「教育省 教育開発計画（2017-2021年）」を策定済みである。しかしながら、政権も政治も不安定な現状で、これらの計画がどの程度実施に移されるかは未知数である。

第3節　『教師教育改革戦略（2015―2029年）』にみる改革の方向性

　前節で述べた通り、複数の改革案が存在しており、それぞれの実効性については未知数であるが、ここでは『教師教育改革戦略（2015-2029年）草案』に示される教師教育改革の全体像を紹介する。同戦略は「21世紀を生きる国民として相応しい質の高い市民の育成」を目指すこと。また、タイの教師教育は「世界的に見て、優れた資質・能力（コンピテンシー）を備えた専門職としての教員を育てる先進的なシステム」というヴィジョンを掲げ、それを達成するための戦略として、表2.1に示す5つの戦略が盛り込まれている。

　表2.1からは、タイの教師教育制度・施策の方向性として、次の3つの特徴

表2.1　教師教育改革戦略（2015-2029年）

上位目標	21世紀を生きる国民として相応しい質の高い市民の育成
ヴィジョン	タイの教師教育は、世界的に見て、優れた資質・能力（コンピテンシー）を備えた専門職としての教員を育てる先進的なシステム
戦略1	教員養成制度改革
方策1	教員の計画養成
方策2	教員養成機関のキャパシティ・ビルディング
方策3	奨学金制度の整備
方策4	教員養成制度の改良
方策5	教員免許制度の改良
戦略2	教員研修制度改革
方策1	現職教員の職能開発の制度設計
方策2	効果的な研修の整備
方策3	教員ネットワーク構築の促進・支援
戦略3	教員人事制度改革
方策1	最適な教員任用制度の設計
方策2	助教諭の実習制度の設計
方策3	現職教員、学校管理職の効率的な職務遂行にかかる制度設計
方策4	高度専門職としての教員に相応しい人事制度への改善
戦略4	教師教育機関の研究活動改革
方策1	教育学部における教員養成の質的向上に資する研究
方策2	学校教育の質的向上に資する研究
方策3	革新的な学習管理の開発と学術的な環境の創造
戦略5	教師教育改革戦略の推進方策の整備
方策1	教師教育を推進する政策・制度の整備
方策2	教員養成・研修ならびに教師教育研究を推進するCOE（Center of Excellence）の設置
方策3	教師教育関連法規の整備

出典：『教師教育改革戦略2015-2029年草案』を基に筆者作成。

を指摘しうる。

　第一に、戦略1から戦略3については、教員養成、教員研修、教員人事それぞれの領域における戦略が盛り込まれており、いわゆる教師教育の連続性を考慮していること（現代教職研究会 1989; Akiba 2013）。教師教育の連続性を加味した制度・施策は、1999年に制定された「国家教育法」に基づく現行制度・

施策の特徴の一つでもある。具体的な方策を見ると、教員養成制度改革については、高齢化による大量退職や教員養成課程の大幅な増加にともなう供給過多といった問題を反映して、計画養成が盛り込まれている。また、教員養成課程への優秀な学生のリクルートは、積年の課題であり、そのための方策として奨学金制度の整備が盛り込まれている。教員研修ならびに教員人事については、従来の方策から大きな変化は見られない。

　第二に、新たに、戦略4として教員養成機関、すなわち大学の教育学部における研究活動を促進することが盛り込まれていること。「国家教育法」の起草にかかる調査研究においても大学教員、より正確には教師教育者の質の向上について指摘されていたが、具体的な制度・施策が整えられることはなかった[13]。昨今、教師教育研究では、世界的にも教師教育者の質の向上についても取り上げられるようになってきており、そうした状況に呼応して盛り込まれたと考えることができる[14]。特に、タイの初等中等教員の約6割を輩出する「地域総合大学（ラチャパット大学）」の質の向上は喫緊の課題であるとされる。同大学は、旧師範学校にルーツをもつ由緒ある大学ではあるが、バンコク都内のチュラーロンコーン大学、シーナカリンウィロート大学、カセサート大学といった四年制大学の教育学部ならびにコンケン大学、チェンマイ大学、ソンクラーナカリン大学といった各地方の拠点大学の教育学部に比べると「二流」といった印象が強い（玉田 2003）。また、1995年に師範大学から総合大学化が図られ、複数の学部が設置された結果、教育学部担当教員は必ずしも自らの専門性に合致した科目の教授にあたっておらず、十分な教育を行うことができていないといった指摘もある[15]。こうした現状に鑑みて、教員養成機関における研究活動の促進を通して、教員養成の質の改善を図るという戦略4の意義は大きい。

　第三に、戦略5として教師教育改革を進めるための方策が盛り込まれていること。方策の具体的内容は、教師教育に直接関わるというよりは、教師教育全体を管理・運営する組織の設置ならびに制度、法規の整備など間接的な内容が盛り込まれている。教員養成・研修及び教師教育研究を推進するCOE（Center of Excellence）すなわち研究拠点の設置については、現在、教育省内外の複数

の部局・機関が関与し、相互の連携が希薄であるという現状の改善を意図したものである。現在のところ、上述の図2.1に示したように、教員養成は高等教育局（旧大学庁）ならびに各大学の教育学部、教員研修は基礎教育局や地方の教育行政機関、教員人事は教育公務員人事院、教員免許状は教員審議会、といったように所掌する部局が複数存在しており、相互の連携・協力は円滑ではない。また、関連法規の整備は、先に述べたような政権、政治ともに不安定な状況が続く中、改革を進めるためには、一定の法的拘束力が不可欠であるという認識に基づいていると考えられる。換言すれば、種々の改革案が起草されているけれども、現行の制度・施策のよりどころは、1999年に制定された「国家教育法」ということである。今後、さらなる改革を進めるためには、関連法規の整備が不可欠である。

第4節　研究に重きを置いた教員養成

　タイにおける教員養成改革の際だった特徴は、従来の4年課程から5年課程へと1年間年限が延長されたところにある。この延長された1年の間、教職を志す学生は、現職教員と同じように授業実践を行ったり、校務分掌を担当したりするのみならず、授業実践の改善に寄与するアクション・リサーチに取り組むことが求められるようになった。教員養成カリキュラムに盛り込まれるべき教育内容は「仏暦2556（西暦2013）年 教育専門職基準に関するタイ教員審議会規則」によって定められている。同規則に示されている基準は、(1) 教職の意義、(2) 教育哲学、(3) 言語・文化、(4) 教育心理学、(5) 教育課程、(6) 学習指導・学級経営、(7) 学習改善に資する研究、(8) 教育革新・情報技術、(9) 教育測定・評価、(10) 教育の質保証、(11) 道徳・倫理、(12) 教職体験、(13) 教育実習の全13基準である。これらのうち、アクション・リサーチに関する基準は、特に (7) 学習改善に資する研究、(13) 教育実習の2つであり、それぞれの基準に盛り込まれた具体的内容を訳出すると次の通りである。すなわち学習改善に資する研究（知識基準7）では、研究の原則と動向、学習改善

に資する研究成果の産出と活用、といった知識ならびに教授学習に研究成果を活用することができる。教授学習の改善ならびに学習者の発達に資する研究を遂行することができる、といったコンピテンシーが定められている。また、教育実習（経験基準2）では、学習者の発達に資する研究、といった知識ならびに学習者の発達に資する評価・改善、研究を遂行することができる、といったコンピテンシーが定められている。

　教員養成課程の修学年限の1年延長の内容が、1年間の教育実習に充てられたこと、また、その間、アクション・リサーチに取り組むことが求められるようになったことは、タイにおける教員養成改革が「実践研究者としての教員（Teachers as Researchers）」の養成を目指す「研究に重きを置いた教師教育（Research-based Teacher Education）」を指向していることを端的に示すものである。「研究に重きをおいた教師教育」は、フィンランド、ノルウェーをはじめとする北欧諸国の教師教育において先駆的に実践されており、また、今日ではグローバルな教師教育改革の取り組みとして評価される特徴も有している（Kosnik et al. 2016）。しかしながら、実際の運用上は、課題がないわけではない。例えば、教育実習期間中であることに起因する時間的な制約が筆頭課題であり、それに加えて、適切な研究課題の設定、問題解決のための適切な手法（教授法）の選択、教員養成課程におけるアクション・リサーチ関連科目では実践的な内容ではなく理論的な内容が教授されていること、教育実習校の指導教員にアクション・リサーチの経験がなく十分な指導が受けられないこと、といったような課題が明らかにされている（例えばFaikhamta and Clarke 2015参照）。

第5節　革新的な学校教育の取り組み

5.1　アセアンネス教育 —Sprit of ASEAN プロジェクト—

　アセアン諸国についての理解を促進することを目的とするSprit of ASEANプロジェクトは、教育省基礎教育委員会事務局の主導により2010年に着手された。同プロジェクトの下で、アセアン諸国についての学習内容や学習活動の

開発、アセアン市民としての態度形成や英語、アセアン諸国の言語の習得、ICT活用能力の育成、地域におけるアセアンネス教育の拠点となることなどを目標とするパイロット校が設置されている。パイロット校は、基幹的な遠隔型協定校（sister school、初等学校15校、中等学校15校）と国境を接する県に所在する隣

パイロット校に設置されているアセアン・スタディ・センター（筆者撮影）

接型協定校（buffer school、初等学校12校、中等学校12校）の2種類がある。また、これらのパイロット校にはアセアンについての学習教材等を整えた「アセアン学習センター」（写真）が設置されている。また、パイロット校は、近隣に9校以上のネットワーク校をつくり、アセアンネス教育を広めることとされている。タイの大手の教科書出版社ワタナパニット社ほか、いくつかの出版社からアセアンネス教育のための教科書が出版されている（森下・平田 2016）。

5.2　イングリッシュ・プログラム

タイでは、初等教育段階から後期中等教育段階まで、外国語として英語を学習することが「2008年基礎教育コア・カリキュラム」[16]により定められている。授業時数は、初等学校の第1-3学年がそれぞれ年間40時間、第4-6学年がそれぞれ年間80時間、前期中等学校の第1-3

イングリッシュ・プログラムの授業の一コマ（水津ありさ氏撮影）

学年がそれぞれ年間120時間、後期中等学校では第4-6学年を通して240時間である。ここに紹介するイングリッシュ・プログラムは上述のコア・カリキュラムが定めるタイ語、数学、理科、社会科・宗教・文化、保健・体育、芸術、

職業・テクノロジー、外国語のうち、タイ語と社会科・宗教・文化のうち「タイらしさ」、タイの法律、伝統、文化に拘わる内容を除いてすべて英語を教授言語としていること[17]、外国人教員が指導にあたっていることに最大の特徴がある。また、イングリッシュ・プログラムが週18時間以上の英語を教授言語とする授業を開設しているのに対して、週15時間以上の英語を教授言語とする授業を開設するミニ・イングリッシュ・プログラム（Mini English Program、通称MEP）を設置する学校も多い[18]。なお、開設当初は、外国人教員のみであったが、近年では英語運用能力の高いタイ人教員も指導にあたっている[19]。また、英語を教授言語とする教科は、学校によって多少ばらつきが見られるが、英語科、数学、理科は、ほぼ共通している。1998年に試行的に導入され（当時33校）（森下・平田 2001）、2017年には、EP、MEPを開設している学校数は合わせて219校まで拡大している[20]。グローバル化に対応する意欲的な取り組みではあるが、筆者が訪問したEPを開設している学校では、例えば、外国人教員の教師としての服装、立ち居振る舞いがタイの学校に勤務する教師としては相応しくなく、保護者からクレームが届くといったような問題があるということであった。また、タイ人教員と外国人教員の協働も一つの課題である。

5.3　STEM教育

　2013年にIPSTが中心となり開催された「科学・数学・技術教育国際会議（International Science, Mathematics and Technology Education Conference: ISMTEC）を一つの契機として、タイにおけるSTEM教育の取り組みが本格化した（大隅 2016）。IPSTでは、STEM教育推進のためのカリキュラム開発に加

バンコク都内の中等学校におけるSTEM教育
（実施校の副校長提供）

えて、全国レベルのNational STEM Education Center（NSEC）、全国に13の

STEMセンター（Regional STEM Center）を設置している[21]。各センターでは、学校教員向けの研修や生徒、広く一般を対象とした啓発活動も行われている[22]。しかしながら、特に地方部ではSTEM教育を実施できる力量を備えた学校教員の不足という問題を抱えている[23]。こうしたSTEM教育と関連して、日本のスーパーサイエンス・ハイスクール（Super Science High Schools: SSH）に相当するチュラポーン王女サイエンス・スクールが全国で12校設置されている。同校は、日本のSSHと協定を結び交流を進めている（俵 2015）。

おわりに

　タイにおける教師教育改革、広く教育改革は、近代化を始めた当初から海外の動向に敏感であったタイ人の気質をよく反映した革新的な取り組みが多く見られる。他方、アセアンネス教育という新しい教育内容は、アセアン・コミュニティの一員である個々の教師自身がまずもってアセアン諸国について深く理解することが求められる。STEM教育についても同様のことが言える。しかしながら、STEM教育については、特に地方部においてSTEM教育の実践にかかる十分な知識や技術を持った教員が不足していることが指摘されていることは先に触れた通りである。また、英語を教授言語とする学級を設置するイングリッシュ・プログラムは、外国人教員との協働という点において、タイ人教員に異文化理解、異文化コミュニケーション能力を求めるものである。

　よりよい教育のために世界各国の優れた教育実践に目を向けて、借用ないし移植する取り組みそれ自体は否定されるべきではない。しかしながら、革新的な取り組みを矢継ぎ早に導入することは、教育改革の最前線に立つ学校教員に求められる資質・能力ないし力量の肥大化をもたらしていることも事実である。求められる役割の多様化に「実践研究者としての教員」が応えられるか否かについては、本章で紹介した教師教育改革戦略の実現、ひいてはタイの政局の安定がまずもって不可欠である。

付記

　本稿は、日本学術振興会「平成27−29年度科学研究費補助金（若手研究（B）・課題番号15K17385）（タイにおける「実践研究者としての教員」の養成・研修に関する研究・研究代表者：牧　貴愛）の交付を受けて実施した研究成果の一部である。なお、イングリッシュ・プログラムについては、広島大学大学院国際協力研究科の水津ありさ氏から最新情報の提供を受けた。STEM教育については、IPSTの安宅理恵氏から提供を受けた。また、章扉の写真ならびにSTEM教育の授業風景の写真は、ソーンプラパー・シリパタラウィット氏から提供を受けた。ここに記して感謝したい。

注

(1)　タイにおける近代的な学校教育の導入は、日本の明治時代にあたる19世紀後半のチュラーロンコーン王の治世まで遡ることができるが、近代的学校教育が本格化した「国民教育の開始期」は、1950年代末からの「開発の時代」である（野津2005）。

(2)　初等教育の量的拡大については、野津（2005: 71-73）参照。高等教育については、末廣（1993: 43, 2009: 129-130）参照。

(3)　The World Bank, Data Bank, World Development Indicators.
　　〔http://databank.worldbank.org/data/reports.aspx?source=world-development-indicators〕

(4)　タイの学校教育制度については、平田（2014）参照。

(5)　Kaewdeng, Rung（2000）*Rathathamanun kap kansueksa khong chati*, Kurungtep: Samnakngan khanakamakan kanseksa haengchati, 2543, p. 3.（ルン・ゲオデーン（2000）『タイ王国憲法と教育』国家教育委員会事務局）

(6)　Sinlarat, Paitoon et al.（2016）*Kansueksa 4.0: pen yingkwa kasueksa*, Rongphimhaeng Chulalongkorn mahawithiyalai, 2559.（パイトゥーン・シンララットほか（2016）『教育4.0—教育を超えたもの—』チュラーロンコーン大学印刷局）

(7)　タイにおけるSTEM教育については、大隅（2016）を参照。

(8)　「慈悲と思いやり」と「感謝と恩義」は、タイ人の重要な価値観の一つである「ブンクン」の構成要素であり、教師に限らず遍くタイ社会に浸透している心の絆である（ホームズ／タントンタウィー 2000: 62-68）。

(9)　Krasuang sueksa thikan（2007）*Paengyuthasat kan kaekai panha nisin khru lae bukalakon than kan sueksa*, 2550.（タイ教育省（2007）『教員および教育職員の負

債問題解決のための方策』)。

(10) 具体的内容については、例えば牧（2012b, 2012c）を参照。

(11) Samnakngan lekhathikan saphakansueksa（2009）*Khosanue kanpatirupkansueksa nai thasuanthisong*（*Pho. So. 2552-2561*）, Prikwarn graphic co. Ltd., 2552.（タイ教育省教育審議会事務局（2009）『第二期教育改革案（2009-2018年）に関する提案』）

(12) Khana anukamakan kanpatirup rabop kan palit lae pathana khru（2016）,（rang）*Yuthasat kan palit lae pathana khru*（*Pho. So. 2558-2572*）（教師教育改革小委員会『教師教育改革戦略（2015-2029年）草案』2016年1月）

(13) Phonsima, Direk lae Khana（1998）, *Rainganwichai Phrakopkanrang Phrarachabanyat Kansueksa Haengchati, Pho. So...* Samnakngan khanakamakan kanseksa haengchati, 2541.（ディレイ・ポンシマー他（1998）『国家教育法の起草に関わる研究―教員の専門職的発達―』国家教育委員会事務局）

(14) 例えば、近年編纂された2巻組（全29章）の『教師教育国際ハンドブック（*International Handbook of Teacher Education*）』は4部構成であるが、その第3部の7章は教師教育者がテーマとなっている（Loughran and Hamilton 2016）。

(15) 前掲、教師教育改革小委員会、6頁。

(16) タイ語版は、Krasuang sueksa thikan, *Laksut kaen klang kansueksa khanphunthan Pho. So. 2551.* 英語版はThe Ministry of Education, Thailand, *The Basic Education Core Curriculum B.E. 2551（A.D. 2008）.*

(17) Sathaban phasa angkrit, Samnakngan khanakamakan kasueksa khanphunthan, krasuangsueksathikan（2016）*Neothang kandamnoengkan khrongkan catkanriangkanson tam laksut krasuwangsueksathikan pen phasa anrit*［*English Prgoram/Mini English Program*］［*Chabap praprung*］, 2559, p.3.（タイ教育省基礎教育委員会事務局英語教育インスティテュート編刊（2016）『イングリッシュ・プログラム／ミニ・イングリッシュ・プログラム・ガイドライン（改訂版）』3頁）

(18) 同上。

(19) タイ教育省基礎教育委員会事務局英語教育インスティテュート担当者への水津ありさ氏による聞き取り調査による。

(20) タイ教育省基礎教育委員会事務局英語教育インスティテュート内部資料「EP／MEP評価対象校一覧（2003-2016年）」（タイ語）水津ありさ氏提供資料。

(21) IPST（2015）*STEM Education*［Booklet］. 安宅理恵氏提供資料。

(22) 大田敏雄「タイにおける科学技術政策の動向」海外学術動向ポータルサイト。

［http://www.overseas-news.jsps.go.jp/wp/wp-content/uploads/2017/04/2016ken
shu_13bkk_ota.pdf（2018年2月5日最終閲覧）］

(23) 同上.

参考文献・資料
［和文］

大泉啓一郎（2017）「『タイランド4.0』とは何か（前編）—高成長路線に舵を切るタイ
　　—」『Rim：環太平洋ビジネス情報』17（66）: 91-103.

大隅紀和（2016）「STEM教育の動向と検討—タイ国状況とアユタヤ地域総合大学
　　ARUにおける現地協力活動から—」『日本科学教育学会研究会研究報告』30（9）:
　　25-30.

外務省アジア大洋州局地域政策課編（2017）『日本とASEAN（2017年改訂）』国内広
　　報室.

現代教職研究会編（1989）『教師教育の連続性に関する研究』多賀出版.

末廣昭（1993）『タイ—開発と民主主義—』岩波書店.

───（2009）『タイ—中進国の模索—』岩波書店.

玉田芳史（2003）「タイ政治の変容」『アジア遊学No. 57』勉誠出版, 23-33頁.

俵幸嗣（2015）「科学者を育てる学校（サイエンス・スクール）づくりの試み（タ
　　イ）」日本学術振興会バンコク研究連絡センター活動報告『バンコクの風』2014
　　年度, 1-20頁.

　　［http://jsps-th.org/letter/kiko_TawaraKoji.pdf（2018年2月8日最終閲覧）］

野津隆志（2005）『国民の形成—タイ東北小学校における国民文化形成のエスノグラフ
　　ィー—』明石書店.

平田利文（2014）「Chapter 20　グローバル化時代を生き抜く人材の育成学校—タイ
　　—」二宮皓編著『新版 世界の学校—教育制度から日常の学校風景まで—』学事
　　出版, 204-213頁.

プラソンポーン, ポーンピモン（2016）「タイの初等段階での英語教育」平成27年度教
　　育改革国際シンポジウム初等教育段階における英語教育を考える—グローバル人
　　材の育成に向けて—平成28年1月19日発表資料.

　　［http://www.nier.go.jp/06_jigyou/symposium/i_sympo27/pdf/J03.pdf（2018年2
　　月5日最終閲覧）］

ホームズ, ヘンリー／スチャーダー・タントンタウィー（2000）『タイ人と働く—ヒエ
　　ラルキー的社会と気配りの世界—』末廣昭訳・解説, めこん.

牧貴愛（2012a）「機会拡大学校」日本比較教育学会編『比較教育学事典』東信堂，103頁．

───（2012b）『タイの教師教育改革─現職者のエンパワメント─』広島大学出版会．

───（2012c）「タイ─『聖職者的教師』と『専門職的教師』の調和を目指す国─」小川佳万・服部美奈編著『アジアの教員─変貌する役割と専門職への挑戦─』ジアース教育新社，216-236頁。

───（2016）「タイにおける優秀教師群像（2）─『Prawat Khru（教師列伝）』の内容分析─」『国際開発学会第27回全国大会報告論文集』1-4頁．

箕浦康子・野津隆志（1998）「タイ東北部における中等教育普及過程と機会拡大中学校─中学進学率急上昇のメカニズムを中心に─」『東南アジア研究』36（2）: 131-148.

村嶋英治（1996）「タイの官僚制─競争試験制度を中心として─」岩崎育夫・萩原宜之編『ASEAN諸国の官僚制』アジア経済研究所，163-191頁．

森下稔・平田利文（2001）「第5章 タイ」『アジア諸国における教育の国際化に関する総合的比較研究』九州大学大学院人間環境学研究院（平成10–12年度科学研究費補助金基盤研究（B）（2）10041025研究成果報告書）93-114頁．

───（2016）「タイ・ラオス・カンボジアにおけるASEAN共同体の基礎教育へのインパクト」九州教育学会第68回大会（熊本大学）自由研究発表第4分科会，発表資料，2016年11月26日．

［欧文］

Akiba, M.（ed.）（2013）*Teacher reforms around the world: Implementations and outcomes*, Bingley, UK: Emerald Publishing.

Faikhamta, C. and A. Clarke（2015）Thai pre-service science teachers engaging action research during their fifth year internship, *Asia Pacific Journal of Education*, 35（2）: 259-273.［doi: 10.1080/02188791.2013.860011］

Kosnik, Clare, Clive Beck and A. Lin Goodwin（2016）Reform Efforts in Teacher Education, John Loughran and Mary Lynn Hamilton（eds.）*International Handbook of Teacher Education: Volume 1*, Singapore: Springer Singapore, pp. 267-308.

Loughran, J. and M. L. Hamilton（eds.）（2016）*International Handbook of Teacher Education Vol.1 & 2*, Singapore: Springer.

第3章

インドにおける学習者中心教育と教員養成をめぐる課題

―求められる教員の学びの支援―

小原　優貴

教員が1人しかいないインドの農村の公立学校。インドにはこうした single-teacher school が10万校存在する。(筆者撮影)

はじめに

　インドにおける学習者中心教育の歴史は、画一的教え込みの授業、教員と教科書中心の教育、子どもたちの発達や関心を無視した公教育制度への批判として、世界的に広まった新教育運動の興隆期（19世紀末）にまでさかのぼる（神尾 2005）。この運動の発展に貢献した人物の中には、モンテッソーリ、ピアジェ、デューイなどの欧米を中心とする教育学者・心理学者・哲学者らに加え、東洋ではじめてノーベル文学賞を受賞したインドの文学者タゴール（1861-1941）もいる[1]。タゴールは、当時のイギリス植民地政府による英語を教授言語とするエリート主義的・知識偏重型の学校教育制度[2] のあり方に疑問を抱き、探求による自己実現、自然や社会生活とのつながりや精神的・道徳的発達も重視した学習者一人ひとりの全人的発達を目指し、農民の子どものための学校や国際大学を開設した。タゴールの思想と実践は、インドの独立運動を指導したガンディー（1869-1948）やオーロビンド（1872-1950）などの活動家や宗教家にも影響を与えた[3]。

　しかし、学習者中心教育がインドの政策アジェンダとして明示的に取り上げられるのは、国家教育政策（1986年）とその実施計画である行動計画（1992年）策定以降である（Government of India, Ministry of Human Resource Development (GoIMRD) n.d.）。国家教育政策では、教育の質向上を図るため、教員中心・教科書中心の権威主義的な教育を学習者中心の「楽しく、創造的で、やりがいのある学習活動」に転換していくことが目指された。1990年代に入り、「万人のための教育（EFA）」目標や国連ミレニアム開発目標（MDGs）など初等教育の質向上に向けた国際的合意形成がなされると、インド政府は世界銀行やユニセフ等の国際機関の支援を得て学習者中心のカリキュラムや教授法を取り入れた教育プログラムを展開してきた[4]。2005年には国家教育政策（1986年）を基礎とした初中等教育のカリキュラム枠組み、「国家カリキュラム枠組み（National Curriculum Framework: NCF）」が国立教育研究訓練協議会（NCERT）によって

策定され、従来の教育における知識や学習の捉え方を転換させる構成主義に基づく学習者中心教育の推進が目指された。そして2009年には、NCFの学習観を継承した教員養成のビジョンを示す「教員養成のための国家カリキュラム枠組み（National Curriculum Framework for Teacher Education: NCFTE）が国立教員養成協議会（NCTE）によって策定された。

　本章では、学習者中心教育がインドの政策アジェンダとして明示的に取り上げられるようになった1980年代後半以降のインドの学習者中心教育と教員養成をめぐる課題を、教員の置かれた状況の分析を通じて明らかにし、インドの学習者中心教育の今後のあり方を検討する。なお本章では初中等教育を考察対象としているため、初等教育段階の学習者である「児童」と中等教育段階の学習者である「生徒」を中心とする教育の総称として「学習者中心教育」を用いる。

第1節　インドにおける教育のパラダイムシフト

1.1　インドの学校教育制度

　インドにおける学習者中心教育について論じる前に、まずはインドの学校教育制度について簡単に説明する。インドでは、前期初等教育、後期初等教育、前期中等教育までを10年、後期中等教育を2年とする「10－2制」の教育段階区分が統一されている。ただし、最初の10年の構成は各州によって異なり、5－3－2制、4－3－3制、5－2－3制、4－4－2制を採る州がある。したがって、初等教育を第7学年までとし、第8学年からの3年間を前期中等教育とする州と、初等教育を第8学年までとし、第9学年から2年間を前期中等教育とする州とがある。義務教育の期間については、連邦教育省である人的資源開発省が2010年に施行した「無償義務教育に関連する子どもの権利法（2009年）」において、6歳から14歳までの8年とすることが定められている[5]。今日のインドの学校教育制度は、植民地時代に端を発するエリート主義的性質を維持しながら拡大・発展しており、富裕層や中間層の子どもの通う英語を教授言語と

する初中等一貫の私立学校を頂点とし、貧困層の子どもの通う地方語を教授言語とする公立初等学校を底辺に置く階層的構造をもつ。1990年代以降には、後述する公立学校の質の低下を背景に、公立学校よりも質が高い教育を低コストで提供する新しいタイプの私立学校「低額私立学校」が貧困層の支持を得て急速に増加しているが、これらの学校はインドの学校教育制度の階層的構造に変容を迫るものではない（小原 2014）。

1.2　インドにおける学習者中心教育の推進の背景

　階層間格差の著しいインドでは、エリート主義的教育制度の恩恵にあずかる富裕層や中間層もいる一方で、経済的理由によって就学の困難な子どもが多く存在してきた。こうした状況を打開するため、インドでは公立学校を中心に、教育施設の拡充、教育の無償化が進められてきた。その結果、公立学校では、これまで学校に通うことの困難であった貧困層の子どもが多く就学するようになった。しかし、教員中心・教科書中心の学校教育は、貧困層の子どもの学習意欲を高めるものではなく、ドロップアウトや低い学習到達度が問題化するようになった。

　一方、中等教育段階では、よりよい大学への進学はより高い社会的地位の保証につながるという社会的期待の高まりを背景に、（希望する）大学への進学を左右する中等教育修了試験で高成績を取るための試験重視・暗記中心の教育が行われてきた。1990年代以降、受験競争が過熱化するようになると、こうした教育は、生徒に過度の不安やストレスを与えているとして見直しを迫られるようになった[6]。しかし、試験重視・暗記中心の教育は今日もなおインドの中等教育の特徴となっている。中等学校の前を通ると、修了試験で高成績を収めた生徒の名前と得点を大々的に掲げた看板をよく見かけるが、こうした看板にも象徴されるように、中等

高成績取得者の名前と写真を示す学校前の看板

教育修了試験の結果は、学校の評判やステータスを左右し、生徒のみならず教員にもストレスやプレッシャーを与えてきた。

　1980年代後半以降のインドの学習者中心教育は、以上のような従来の教員中心・教科書中心の教育では対処しきれない貧困層の子どものドロップアウトや生徒の学習ストレスの問題を解決するものとして推進されてきた。この点をふまえて、以下では、初中等教育のカリキュラムを教員中心・教科書中心から学習者中心に転換することを目指したNCFに示される学習観と教員の役割について詳しくみていく。

1.3　NCFにおける学習観と教員の役割

　NCFでは、「知識や概念は個人の経験を通じて構成される」という構成主義の学習観に基づき、「児童中心教育」や「活動型学習」の導入が推奨されている。教員中心・教科書中心の教育では、知識は教員や教科書を通じて「与えられるもの」と捉えられ、教授―学習プロセスは教員から学習者へと一方向で固定的なものとなる。これに対して、NCFが提唱する学習者中心教育では、学習者は教員や他の学習者との双方向のやりとりを通じて主体的・協同的に学び、そうしたプロセスを通じて、新しい概念と既知の概念を関連付け、自身の知識を主体的に構成していくことが期待される（National Council of Educational Research and Training: NCERT 2005）。一方、教員には、学習者が自ら知識や概念を柔軟に構成できるように、自分の言葉や経験に基づき説明させるなど、多様な刺激を与えて学習を促す「ファシリテーター」の役割が求められる。

　またNCFでは、何を学んだかと同じくらい、どのように学び、どのように知識を再構成するのかといった学習プロセスの評価（形成的評価）を重視する「継続的・総合的評価（Continuous and Comprehensive Evaluation: CCE）」が奨励されている（NCERT 2005）。CCEは、単元・学期の開始時及び学習プロセスで生徒の理解度や学習進度を確認し、単元・学期の最後に生徒の学習到達度を評価することで、生徒の学びを継続的・定期的に評価するものである。教員は、学習者が何を学び、何が理解できていないのか、どうすればより理解が深

まるのかについて、適宜、学習者に確認したりフィードバックしたりしながら学習プロセスを評価する。こうした評価は、学習者の学びを促すだけでなく、学習意欲の向上や教員と学習者間の関係深化につながる。

　以上のように、NCFに示される学習観は、教員中心・教科書中心の教育における知識や学習の捉え方、教授―学習プロセス、試験重視の評価のあり方に見直しを迫ると同時に、従来の教員の役割に大きな変化を迫るものとなっている。NCFに示された学習者中心教育が実際どのように実践されているのかをみる前に、次節ではインドの教育改革の担い手となる教員をめぐる状況について理解を深めることにしたい。

第2節　インドの教員をめぐる状況

2.1　変化するインドの教員の社会的評価

　インドでは教員は知識・道徳的・精神的知恵をもち大衆に知を授ける指導者「グル」として尊敬の念をもって敬われてきた。しかし、第3次産業の発展にともなう高学歴・高技術を要する威信の高い職業の増加や、教育の大衆化にともない、教職（とりわけ資格と給与の低い初等学校教員）の社会的地位は低下傾向にある。また学校を欠勤して副業に勤しんだり、出勤しても教室を離れて団欒したりする公立学校教員の実態や、就学児童の約41％が初等教育を終えるまでにドロップアウトしていること（UNICEF 2017）、公立学校の第5学年の児童の約50％が第2学年のレベルの学力にしか到達していないこと（Anonymous 2015）が研究者やメディア等によって明らかにされ、教員（とりわけ公立初等学校の教員）は社会的信頼を失っている。

　しかし、教員だけに教育の質の問題の原因を求めるのは短絡的であり、教員の置かれた状況をより俯瞰的に捉える必要がある。以下では、インドの学習者中心教育を担う教員の置かれた状況について理解を深めるため、教員が身を置く教室環境の変化と教員養成プログラムについて確認する。

2.2　教室環境の変化と教員養成プログラムの問題

　インドの教員が身を置く教室環境は、教育の普遍化によって大きく変化した。インドでは急速な就学人口の増加に教員の育成・増員が追いつかず、120万人の初等教員が不足しており（Kohli 2015）、教員が1人しかいない学校や複式学級を有する学校が増加し、教室が過密化した。こうした学校では教室に子どもが入りきらず、授業が教室外で行われることも珍しくない。またインドでは国立教員養成協議会が教員に必要な最低限の資格のガイドライン[7]を定めているが、教育後進州とされる州では有資格教員の育成が間に合わず、州政府の要請に基づき資格が緩和されたり[8]、無資格教員が採用されたりしている。

　さらに教育の普遍化は、これまで学校に通うことの困難であった貧困層の子どもの就学を促し、教室を多様化させた。彼らの多くは、親が教育を受けたことのない「学習第一世代」の子どもたちであったが、教員の間では中間層としての意識が強く、貧困層の子どもと保護者との経済的・心理的距離は教員の学習者理解の妨げになっている。また、インドでは、宗教的・言語的マイノリティ、障害のある子どもをはじめとする弱者層の学校参加を促すインクルーシブ教育の推進が目指され、学校の教室は一層、多様化傾向にある。インドの教員は、書類作成業務や、選挙活動、国勢調査、ポリオキャンペーン等の政府の活動にも協力しており（Mooij 2008）、学校の教員の負荷は増加傾向にある。

　こうした教員の負担を軽減するためにも教員の育成・増員は急務となっているが、教員の育成を担う教員養成者の育成自体が追いついていないのが現状である。国立教育研究訓練協議会は、調査を実施した教員養成機関[9]では講師の定員の約5割が欠員状況にあり、中には、欠員を埋めるために教員養成者に求められる教育学修士号（Master of Education）[10]をもたない中等学校の教員を講師として採用しているところもあったことを明らかにしている（NCERT 2009）。インドの教員養成機関[11]については、カリキュラムが学校現場のニーズと一致していない、設備や研究資金が不十分で教員養成に必要な研究や教員研修が十分にできていないといった問題も指摘されている。またインドでは初等教員よりも地位と給与が高い中等教員になるために必要な教育学学士号を授

与する教員養成カレッジが急増しているが、その9割は「学位販売店」（授業料
さえ支払えば学位を入手できる）と揶揄される私立の養成カレッジであり、これ
らのカレッジで教育学学士号を取得した教員の質の問題も懸念されている
（Government of India, Ministry of Human Resource Development 2012）。

　続いて以下では、初中等学校の教員が教職に就いてから経験した最高の出来
事と最低の出来事について調査したムージ（Mooji 2008）の研究を手がかり
に、教員の目線から教員をめぐる状況をみていくことにしたい。

2.3　教員の目線からみた教員をめぐる状況

　ムージは、初中等学校の教員（大多数が公立学校教員）127名を対象に、教職
に就いてから経験した最高の出来事と最低の出来事は何であったかを調査して
いる（表3.1）。最高の出来事と最低の出来事のいずれにおいても上位5位にラ
ンクインしているのは、行政官からの評価と保護者の学校や教育に対する関
心・理解で、これらは教員のモチベーションに大きく影響していると考えられる。

表3.1　教職に就いてから経験した最高の出来事と最低の出来事

	最高の出来事	回答者数（人）	最低の出来事	回答者数（人）
1	行政官からの評価	31	保護者が教育を十分に重視しない	25
2	就学者数の増加	24	行政官が教員の努力を評価したり支援しない（教員を虐待する）	17
3	教職を得たこと	24	学校が遠隔地にある（交通設備が不十分）	16
4	生徒の良い学業成績	23	勤務条件に関する問題	12
5	学校に対する保護者やコミュニティの関心	15	教員不足（1つの学校に教員が1人しかいない、複式学級等）	9

出典：Mooji（2008: 511-512）を基に筆者作成。回答者数の多かった上位5位までを示した。複数回答あり。

　行政官による教員の評価は、賞の授与や学校視察などを通じて行われるが、
行政官は多くの学校を視察するため、視察は必要最低限に効率化された儀式的

なものとなっている。ムージ（Mooji 2008）によると、視察では、教員—児童生徒間のインタラクションなどといった教室実践の質的側面は無視され、教員が行政官から有意義なフィードバックを得ることはほとんどないという。それどころか、常に教員のあら探しをして、教員を萎縮させ、自尊心や自信を失わせる行政官もいるという。こうした行政官の態度は、教育の質改善に向けて取り組もうとする教員の意欲をそぐものとなっている。

　保護者の教育に対する関心・理解は、児童生徒の学びの継続や質に大きな影響を及ぼすため、教員が自身の役割を遂行する上でも重視されていると考えられる。しかし、ムージの調査結果は、教員と教育経験の乏しい貧困層の保護者との間で学校や教育に対する意識のズレが生じており、保護者の教育軽視の姿勢は教員のやる気を失わせるものとなっていることを示している。

　この他に最高の出来事として上位5位にランクインしているのは、就学者数の増加、児童生徒の良い学業成績といった教員の役割達成に関わる出来事や、教職に就くという自身の地位達成に関わる出来事である。ここには、インドの教育政策の優先課題とされてきた初等教育の普遍化に貢献し、成果を求める社会の期待に応えているという教員の自負が反映されているものとみてとれる。一方、最低の出来事については、学校が遠隔地にある（交通設備が不十分である）、勤務条件に関する問題、教員不足など待遇に関する出来事が上位5位にランクインしている。インドの教員給与は上昇傾向にあるが、勤務条件に関する問題があげられているのは、教室の過密化や多様化による負担増加に見合った待遇ではないことへの不満があらわれているものと考えられる。

　インドの教員をめぐる状況からは、インドの教育の問題は、教員だけでなく、教育の普遍化による教室環境の変化やそれにともなう教員負担の増加、不十分な教員養成プログラム、教育行政の権威主義的体質、保護者の教育への理解不足、待遇上の問題といった様々な要因を考慮して検討すべきものであることがわかった。次節では、こうした教員を取り巻くインドの教育制度の問題をふまえた上で、インドにおける学習者中心教育の理念が、どのように教員養成機関や学校現場で実践されているのかをみていく。

第3節　学習者中心教育の理念と実態との乖離

3.1　NCFの学習観に基づく教員養成

　本節ではまず、NCFの学習観を継承するNCFTEにおいて、教員養成のビジョンがどのように説明されているのかを確認する。NCFTEでは、知識は外部に存在するのではなく、個人の経験を通じて主体的に構成されると捉えるNCFの学習観に基づき、教員自身も、カリキュラム・シラバス・教科書の内容を無批判に受け容れるのではなく、実地経験を通じて学ぶことが重要であるとしている（National Council for Teacher Education: NCTE 2009）。教員中心・教科書中心の教育に慣れ親しんできた教員が、NCFの学習者中心教育の理念を理解し、実践するためには、教員自身も活動・発見・観察・理解を通じた学びを体験する必要がある。そのため、NCFTEでは、教員養成においては指導型活動を詰め込むのではなく、自身の活動や児童生徒の学びを振り返りながら学習者中心の活動型・参加型学習経験をデザインするなど、自主的な学びの機会を与えることが重要であるとされている。こうした経験を通じて、教員が自分にとって理想的な学習観を発展させ、児童生徒の多様な学習形式や学びの文脈に応じられるような力量を身に付けることが目指されている。

　しかし、これらの教員を教える立場にある教員養成機関の講師の多くは、教員中心・教科書中心の教育しか受けておらず、同様の方法でしか教えることができずにいる。またその内容は理論的で、断片的知識しか提供せず、教員が自身の経験を振り返ったり、学習者の社会文化的環境、発達段階、身体的・心理的変化、これらが学習者の学習形式に与える影響などを深く理解したりする機会を提供できていない（Pandey n.d.）。以上のことが示すように、現在実施されている教員養成プログラムは、教員が児童生徒との関係を築き、児童生徒による主体的な知識構成プロセスをファシリテートするための力量を形成することに失敗している。

　それでは、学校現場では、NCFとNCFTEの理念はどのように実践されて

いるのであろうか。以下では、学習者中心教育の現職教員研修をおこなっている初等学校を調査したスメイル（Smail 2014）、スリプラカーシュ（Sriprakash 2010）と、NCFの提唱するCCEを導入する中等学校について論じるヤグナムルティー（Yagnamurthy 2015）の研究を手がかりに、インドの学校現場における学習者中心教育の現状と課題についてみていく。

3.2　学校現場における学習者中心教育の現状と課題

　スメイル（Smail 2014）とスリプラカーシュ（Sriprakash 2010）によると、学習者中心教育はそのための研修を受けた教員にとっても実施が困難なものとして考えられている。その要因の一つに、時間的制約がある。学習者の考えや経験を共有する学習活動は、一定のまとまった時間を要するため、授業に取り入れるとカリキュラムをカバーできなくなるという問題がある（Smail 2014; Sriprakash 2010）。またグループ学習等を取り入れた新しい学習活動のデザインや評価を行うためには、そのためのスキル習得はもちろん、授業時間外にもかなりのコミットメントが求められる（Sriprakash 2010）。

　もう一つの要因として、学習者中心教育に特有の難しさがある。学習者中心教育では、あらかじめ決まった知識を教えるのとは異なり、ファシリテーターとして、状況に応じて学習者に即興的に反応する必要がある。これには児童生徒の多様な学習スタイルや児童生徒のもつ知識を理解した上で、テーマに関する周辺知識を活用しながら知を柔軟に構成する力量が求められる。こうした力量は、研修期間だけで形成されるものではなく継続的な鍛錬を要する。

　また教員養成者同様、教員自身が、教員中心・教科書中心の教育しか受けておらず、その教育イメージから脱却できないことが、児童生徒の主体的・自律的学習の範囲を規定してしまうこともある。自らの知識でもって教室を統制することを自身の役割と認識してきた教員にとって、児童生徒に自分の席を離れたり学習活動を選択したりする決定権を与えることは、教員の力量不足を露呈するものとみなす教員もいる（Smail 2014）。中には、学習者中心教育を教員が教えない学習活動と誤って理解し、学習プロセスの観察やフィードバックをす

ることなく、児童生徒に何らかの活動に取り組ませさえすればよいと勘違いして いる者もいる（Sriprakash 2010）。以上の点は、先進国においても学習者中心教 育の問題点として指摘される点であり、学習者中心教育の普遍的課題といえる。

　教員が教科書やマニュアルに示された内容を超える学習活動を試みる場合に は、校長からの「許可」を求める必要があるなど（Smail 2014）、教員本人では なく、改革を進めるべき学校の体制が教員の主体的・自律的探求の制約になる ケースもある。こうしたインドの教育制度にみられる官僚体質の問題は、多く の先行研究で指摘されており（Ramachandran, Bhattacharjea and Sheshagiri 2008; Kumar 2005ほか）、NCFが提唱するCCEの実施においても垣間みられる。以 下では、NCF策定後、先駆けて評価改革に取り組み、前期中等教育修了時（第 10学年）に実施していた修了試験を2011年より任意化し、その代わりに前期 中等教育（第9学年）からCCEを導入している中央政府管轄下の中央中等教育 委員会（CBSE）の取り組みを取り上げる。

　NCFでは、教員は、「多様な領域における学習者の学びの範囲や特質を理解 するために様々な評価手法を用い彼らのパフォーマンスに関する情報を収集・ 分析・解釈する」ことが期待されている（NCERT 2005: 72）。ただし、同時 に、CCEが意義のある形で実施されるためには、かなりの時間と力量を教員 に求めることになるため、体制が整わないようであれば、限定的な形でもよい ので学習者の学びに役立つ記録となるような評価を実施すべきことが述べられ ている（NCERT 2005: 76）。しかし、CBSEは児童生徒の行動観察結果をかなり 詳細に記録することをCBSE加盟校[12]に義務付けており、教員に自身の教育 実践を振り返りそれを学習プロセスの改善につなげさせるような余裕が与えら れていない（Yagnamurthy 2015）。またCCEのねらいは、試験とは異なる方法 の評価を学習プロセスに取り入れることで、教員にクリエイティブな教育実践 の余地を与えることにもあったが、CBSE加盟校の中には、各中等教育段階の 最後に総括的評価として用いる共通試験の出題問題を形成的評価に用いている ところもある。こうしたCBSE加盟校の取り組みは、生徒に過度の不安やスト レスを与える試験重視の教育からの脱却を図るというNCFのねらいに反し、

試験や詳細な記録による評価を通じて教員と児童生徒の教授—学習プロセスを一層管理するものとなっている。

　以上のように、学校現場における学習者中心教育の実施状況からは、学習者中心教育がNCFやNCFTEの本来の意図から離れて実践されていること、またその要因となっているのは、時間的制約や教員の力量不足の問題に加えて、教員を指導する立場にあるはずの校長、教員養成者、政府関係機関等の学習者中心教育に対する理解不足にあることがわかった。学習者中心教育の推進の担い手となる当事者がその目的や理念を理解できていなければ、学習者中心教育は形骸化するか、目的を見失った儀式的・事務的な手続きに陥ってしまう。学習者中心教育の目的である学習者の学びの深化を実現するためには、学習者中心教育の推進を妨げる教育行政の権威主義的な官僚体質を変えると同時に、教員養成者、行政官、政府関係機関等の関係者の学習者中心教育への理解を促し、教員自身が専門家としての自己像を形成できるように彼らの自律的学びを支援していくことが不可欠である。

おわりに

　本章では、1980年代後半以降のインドにおける学習者中心教育と教員養成の課題について検討してきた。インドの教員を取り巻く状況の分析から、権威主義的な官僚体質の教育制度の中で教員の専門性・自律性が軽視され、教員養成プログラムをはじめとする支援体制が十分に整備されない中、学習者中心教育の推進が目指されていることがわかった。

　本章で明らかとなった学習者中心教育の課題の中には、先進国の学習者中心教育に共通する課題が多く確認された。このことからも示唆されるように、1980年代以降インドで提唱された学習者中心教育のアプローチは、先進諸国で取り組まれている学習者中心教育のアプローチと同様のものであった。グローバル化の進展によって教育においても国際競争に向けた戦略が求められる中、国際的に通用する型や手法は途上国が国際社会と足並みを揃える上で都合

が良い。しかし、ローカルな文脈や実態を考慮しない模倣や借用による改革は、当事者の動員を困難なものとし、定着しない。

　インドにおける学習者中心教育の推進において考慮されるべきローカルな文脈とはすなわち、イギリス植民地政府が構築した学校教育制度の権威主義的・官僚主義的・エリート主義的性質が、今日のインドの児童生徒の学びに支障をきたしており、またそうした性質が学習者中心教育の推進を妨げる要因になっているという点である。インドにはこうした植民地教育のあり方に疑問を抱き、外的権威を不要とする学習者中心教育（自己訓練）を目指したタゴール、ガンディー、オーロビンドなどの思想家・活動家たちが存在した。インドの児童生徒及び教員の学びの質向上に向けた改革は、教育改革の世界的な潮流としての「学習者中心教育」を無批判に取り入れるのではなく、インドの学習者中心教育の歴史的ルーツを辿りながら慎重に検証することによって、その新たな方途を見出すことができるのではないだろうか。

注

(1) モンテッソーリ、ピアジェ、デューイ、タゴールらは、新教育の実践家や実践校をまとめる世界新教育連盟（当時の新教育連盟）に参加していた。同連盟は、神智学教育同胞会の事務局長であったベアトリス・エンソアが設立し、タゴールは同連盟の全インド会議の初代会長を務めている。

(2) イギリス植民地政府の教育は、「血と肌の色はインド人だが趣向や考え方や知性はイギリス人」の行政官を育成することを目的としていた。それは、権威主義的・官僚主義的・エリート主義的性格を帯び、権威に対する従順さや知識の暗唱・暗記を重視する教員中心の教育であった。

(3) タゴール同様、ガンディーやオーロビンドもまた新教育運動の特徴のひとつである「外的権威を不要とする自己訓練」を重視する教育を提唱・実践しており、インドの学習者中心教育の実践者とみなされる。

(4) 世界銀行の支援を得て開始した初等教育の地方分権化を目的とする県初等教育プログラム（District Primary Education Program）の一環として実施された「楽しい学び（joyful learning）」プログラムや、ユニセフの支援を得て実施された「子どもに優しい学校（child-friendly schools）」プログラムなどがある。

⑸　この法律が施行されるまで、義務教育関連法については、それを制定するかどうかの判断も含めて各州政府に委ねられてきたため、財源確保の困難さや政治的意欲の欠落によって法を制定しない州もあった。

⑹　カリキュラム負担に関する国家諮問委員会の報告書「重荷にならない学び（Learning without Burden）」（GoIMRD, Department of Education 1993）では、過度の不安やストレスを誘発し、暗記学習を促す教科書中心・クイズ形式の中等教育修了試験の見直しの必要性が主張されている（National Council of Educational Research and Training: NCERT 2005）。

⑺　初等教育教員に求められる資格には、①初等教育準学士号（Diploma of Elementary Education）（後期中等教育と2年間の教員養成課程を修了した者に授与される資格）、②初等教育学士号（Bachelor of Elementary Education）（後期中等教育と4年間の教員養成課程を修了した者に授与される資格）、③教育学学士号（Bachelor of Education）（学士号をもち2年間の教員養成課程を修了した者に授与される資格）が、中等教育教員に求められる資格には、教育学学士号がある（NCTE 2017）。

⑻　したがって、インドでは州によって教員に必要な資格が異なる。

⑼　152の教員養成機関を対象にサンプル調査を行い、そのうち81の機関を対象に実態調査をしている。

⑽　①教育学学士号、②初等教育学士号、あるいは③初等教育準学士号と一般の学士号を取得後、教員養成に関する2年間のコースを修了した者に授与される資格。

⑾　インドでは、連邦—州—県—ブロック—クラスターの各行政区で、初中等教育の現職教員及び教員志望者を訓練する教員養成機関が整備されている。

⑿　インドでは、中央政府や州政府、民間の試験委員会が中等教育修了試験の実施やそれにあわせたカリキュラム制作をおこなっており、各学校はいずれかの委員会に加盟し、加盟する委員会のカリキュラムを用いて授業と修了試験をおこなっている。

参考文献・資料

［和文］

小原優貴（2014）『インドの無認可学校研究—公教育を支える「影の制度」—』東信堂.

神尾学編著（2005）『未来を開く教育者たち—シュタイナー・クリシュナムルティ・モンテッソーリ……—』コスモス・ライブラリー.

[欧文]

Anonymous (2015) Only 50% Class 5 Students Can Read Class 2 Text, Poor Mathematical Ability Serious Concern: ASER, *News18.com*, January 14, 2015. [http://www.news18.com/news/india/only-50-class-5-students-can-read-class-2-text- poor -mathematical-ability-serious-concern-aser-735838.html（2017年10月10日最終閲覧）]

Government of India, Ministry of Human Resource Development (GoIMRD) (n.d.) *National Policy on Education 1986, Programme on Action 1992*. [http://mhrd.gov.in/sites/upload_files/mhrd/files/upload_document/npe.pdf（2017年10月10日最終閲覧）]

GoIMRD, Department of Education (1993) *Learning without Burden: Report of the National Advisory Committee Appointed by the Ministry of Human Resource Development*, New Delhi: GoIMRD. [http://www.teindia.nic.in/files/Reports/ CCR/Yash%20 Pal_committe_report_lwb.pdf（2017年10月10日最終閲覧）]

GoIMRD, Department of School Education and Literacy (2012) *Restructuring and Reorganization of the Centrally Sponsored Scheme on Teacher Education*, New Delhi: GoIMRD. [http://www.teindia.nic.in/Files/Guidelines/ Guidelines-CSSTE-June-2012.pdf（2017年10月10日最終閲覧）]

Kohli, Namita (2015) Not in the Class: A Story of India's Missing Teachers, *Hindustan Times*, Apr 6, 2015. [http://www.hindustantimes.com/india/ not-in-the-class-a-story-of-india-s-missing-teachers/story-8HITtop9bbJbL18cGC5U7H.html（2017年10月10日最終閲覧）]

Kumar, Krishna (2005) *Political Agenda of Education: A Study of Colonialist and Nationalist Ideas*, New Delhi: Sage Publications.

Mooji, Jos (2008) Primary Education, Teachers' Professionalism and Social Class about Motivation and Demotivation of Government School Teachers in India, *International Journal of Educational Development*, 28 (5): 508-523.

National Council of Educational Research and Training (NCERT) (2005) *National Curriculum Framework 2005*, New Delhi: NCERT. [http://www.ncert.nic.in/rightside/ links/pdf/framework/english/nf2005.pdf

（2017年10月10日最終閲覧）〕

――――（2009）*Comprehensive Evaluation of Centrally Sponsored Scheme on Restructuring and Reorganization of Teacher Education: A Report*, New Delhi: NCERT.

〔http://www. teindia.nic.in/js/TE_Scheme_review_NCERT_Review.pdf（2017年10月10日最終閲覧）〕

National Council for Teacher Education（NCTE）（2009）*National Curriculum Framework for Teacher Education: Towards Preparing Professional and Humane Teacher*, New Delhi: NCTE.

〔http://ncte-india.org/ncte_new/pdf/ NCFTE_2010.pdf（2017年10月10日最終閲覧）〕

――――（2017）Regulation Notification.

〔http://ncte-india.org/ ncte_new/?page_id=910（Retrieved October 10, 2017）〕

Pandey, Saroj（n.d.）*Professionalization of Teacher Education in India: A Critique of Teacher Education Curriculum Reforms and Its Effectiveness*, New South Wales: International Congress for School Effectiveness and Improvement.

〔http://www.icsei.net/icsei2011 /Full%20Papers/0007.pdf（2017年10月10日最終閲覧）〕

Ramachandran, Vimala, S. Bhattacharjea and K. Sheshagiri（2008）*Primary School Teacher: the Twist and Turns of Everyday Practice*, New Delhi: Educational Resource Unit.

Smail, Amy（2014）Rediscovering the Teacher within Indian Child-Centred Pedagogy: Implications for the Global Child-Centred Approach, *Compare*, 44（4）: 613-633.

Sriprakash, Arathi（2010）Child-Centred Education and the Promise of Democratic Learning: Pedagogic Messages in Rural Indian Primary Schools, *International Journal of Educational Development*, 30（3）: 297-304.

UNICEF（2017）Latest Stories, Education.

〔http://unicef.in/Story/1122/Education（2017年10月10日最終閲覧）〕

Yagnamurthy, Sreekanth（2015）Continuous and Comprehensive Evaluation（CCE）: Policy and Practice at the National Level, *The Curriculum Journal*, 28（3）: 421-441.

第4章

マラウイの教員養成制度の改定にともなう課題

川口 純／中和 渚

教室に入りきらない子どもたちを木の下で教える教員（筆者撮影）

はじめに

　本章の対象国は東南部アフリカの中央に位置し、世界でも最貧国の一つとされるマラウイ共和国（以下、マラウイ）である。本章では教員政策の中でも特に、無償化政策導入の影響を受けた初等教育段階の教員養成制度に関する政策に焦点を当て、マラウイを事例として途上国の教員養成制度の移り変わりとそれにともなって生じた問題や教育現場への影響を明らかにする。特に、マラウイにおいて繰り返された教員養成制度の改定と教員養成課程の劇的な変更が教育現場へ与えた影響について、2013年から2015年にかけて複数回実施した現地調査のデータを示し、その一端を明らかにする。本章ではまず、マラウイの初等教員養成制度の変遷を確認する。次に、学校での調査結果を基に、初等教員養成制度の改定が教員や教育の質にどのような影響を与えてきたのかについて考察する。

　マラウイは1964年に英国から独立したが、独立後も英国の教育制度を踏襲し、8－4－4制を用いている。初等学校修了時に、初等教育修了資格試験（Primary School Leaving Certificate Examination: PLSXCE）を子どもたちは受験する。それに続き彼らは中等学校入学2年後には前期中等教育修了資格試験（Junior Certificate Examination: JCE）を、その最終年にはマラウイ中等教育修了資格試験（Malawi Secondary School Certificate of Examination: MSCE）を受験する。多くの初等教員は初等教員修了証明書は取得しているが、それ以降の証明書は取得していない。このように、試験の証明書の段階が異なるだけでなく、マラウイの学校には多様な教員が存在する。なぜなら、独立以降これまでに教員養成制度の改定が7度実施され、その度に養成課程、養成期間、養成機関、入学要件等を含む制度の内容や形式が大きく変更されてきたためである。本章では、このように教員養成課程が繰り返し変更されてきた経緯と影響を議論する。

第1節　マラウイの初等教員養成制度

1.1　初等教員養成制度の改定状況

　マラウイは1994年に初等教育の無償化政策を導入し、就学者数が急増した（1993年180万人、1994年290万人）。それまでも独立以降、初等教育の就学者数は断続的に増加し、教員数は十分とは言えなかったが、1994年の無償化政策導入にともない、教員不足が顕著になった。マラウイ政府は教員の量的拡大を目指して教員養成課程への入学要件の緩和、養成期間の短縮、課程内容の簡素化の3点を実施し、教員を供給してきた。この背景にはドナー側からの「マラウイのような貧困国には財源も時間も、人材など教員養成機関の受け入れ能力も不足しているため、費用対効果が最大になるよう、教員養成課程を改定すべきである」との指摘があった（Lewin 1999: Lewin and Stuart 2003）。

　何を教員養成制度がもたらす「効果」とするかを慎重に議論すべきであるが、量的な側面に注目すると、マラウイでは輩出可能な有資格教員数が最大になるような「見かけの効果」が最も高くなるような教員養成制度が1980年代後半から作られた。結果的に、7つの異なる教員養成制度を構築・実施し、教員数を増やした（図4.1）。

　1964年の独立直後には、初等教員養成のためだけに設立された2年制の教員養成大学で、教員養成は2年間実施された。本課程を修了した教員は、現在「2年制の教員」と呼ばれている。1980年代後半には、児童数が増加しこの2年制の教員養成制度で必要な教員数を供給できなくなった。そのため、同時期に複数の課程が同時に実施されるよう制度設計がなされた。1987年よりドマシ中等教員養成大学においても、補足的に初等教員養成課程が開講された。これはユニセフの支援で開始された1年制の養成課程である。対象者は、初等学校において5年間の教員経験がある無資格教員であった。特に中等教育修了資格（MSE）の保有者が、優先的に養成課程への入学を認められた。しかし、この養成制度は5年で対象者がほぼいなくなり、1992年に廃止された。

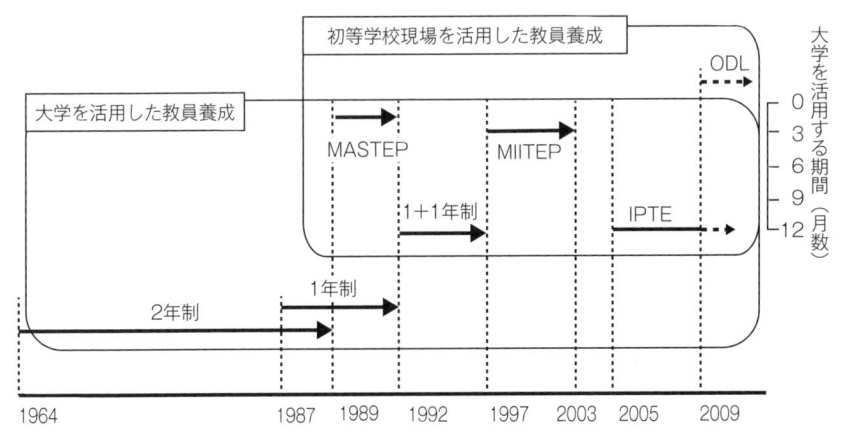

注1：MASTEP−Malawi Special Distance Teacher Program（数週間、大学で教授法を中心に学んだ後に、初等学校
　　　における教員実習を行い、修了試験を受ける合計3年間の遠隔教員養成課程）
注2：MIITEP−Malawi Integrated In-service Teacher Education Program（3か月間、大学で教授法を学んだ後に、
　　　20か月の初等学校における教育実習を行う遠隔教員養成課程）
注3：IPTE−Initial Primary Teacher Education（大学での養成後、1年間の初等学校における教育実習を実施する。
　　　現行教員養成課程）
注4：ODL−Open Distance Learning（2011年より導入された遠隔教員養成課程）

出典：川口（2012）を基に作成。

図4.1　マラウイの教員養成課程の改定状況

　1年制の教員養成課程とも並行し、初等教員養成大学において2年制の養成
課程が実施される計画であった。しかしながら、ドマシ中等教員養成大学での
養成が開始された2年後の1989年に2年制の養成課程が廃止され、英国連邦援
助機関（Common Wealth Secretariat）主導によるマラウイ特別遠隔教師教育プ
ログラム（MASTEP）という新規の教員養成プログラムが導入された。これは
初等学校で授業を実施する無資格教員を対象とした3年間の遠隔教員養成プロ
グラムである。本課程はドマシ中等教員養成大学で実施されていた1年制の養
成課程を補完する形で、導入された。本養成課程においては、数週間、大学で
のオリエンテーションと講義を受講した後、2年半、初等学校現場で教鞭を執
ることにより、教員免許が授与される制度である。大学での講義は基礎的な科
目教授法が開講される。2年半以上の初等学校での実習中には、大学の教員に
よる監督・指導が各学期2回、合計年4回実施される予定であったが、実際に

はほとんど実施されなかった（Domashi College of Education 2003）。

　マラウイ特別遠隔教師教育プログラム（MASTEP）が廃止となった1992年からは、1年間大学で講義を受講した後、1年間学校で授業を実施することで教員免許が授与される「1＋1」年制の教員養成制度が追加導入された。この導入により、2年制と1年制の養成課程が廃止され「1＋1」年制に一元化された。これは現行の教員養成制度の基礎となっている。1994年に教育の無償化がなされ、児童数が爆発的に急増した後は、1997年にマラウイ統合現職教師教育プログラム（MIITEP）が導入された。本制度は2005年まで続き、マラウイの教員養成制度にインパクトを与えた。2005年からは初等教師教育（Initial Primary Teacher Education: IPTE）が開始され、2017年現在も継続している。これは2年間を要する教員養成で、対象者は中等教育修了資格保有者である。しかし、マラウイ政府はこの制度のみでは不十分だとし、2010年より遠隔教育（ODL: Open Distance Learning）という教員養成課程を追加した。これは遠隔教育を活用し、初等教師教育（IPTE）で使用する教材と同様のものを使用して、教員養成を行うというものであった。

　このように教員養成制度や課程が変わっていく中で、教授法についても大きな変化があった。2008年に初等・中等教育段階における教師教育カリキュラムが改定になり、その教育課程においては「教師中心」から「学習者中心」のアプローチと変化した（Mizrachi, Padilla and Susuwele-Banda 2010: UNICEF 2008）。それにともない、教師たちは教室で知識を教授する存在ではなく、学習のファシリテーターの役割を持つ者として養成されるようになった（Chiphiko and Shawa 2014）。この変革はいうまでもなく、授業にて子どもたちを指導する際のアプローチの変更も同時に求めていた。2008年に出された「初等カリキュラム評価改革（Primary Curriculum Assesment Reform）」においても、全教科において児童が学習達成を行うことができるように「学習者中心」アプローチにより教授を行うこととされた（UNICEF 2008）。

　このマラウイの学習者中心主義への転換の背景には、国際的な影響もあった。Chiphiko and Shawa（2014）によれば、サブサハラ以南のアフリカ諸国に

111

おいて、初等教育無償化（Universal Primary Education: UPE）とも関わり、学習者中心のアプローチがドナーの支援を受けて広がっていった。2008年の教授アプローチの転換までに国際援助機関の影響を受け様々な言及がなされている。例えば、マラウイでは最初に2000年の「Policy and Investment Framework (PIF)」という教育政策文書において学習者中心のアプローチの実行が言及された（Chiphiko and Shawa 2014）。その後、2003年から2006年に実施されたマラウイ教育支援活動（The Malawi Education Support Activity）や2004年から2008年にかけて実施されたマラウイ教師養成活動（the Malawi Teacher Training Activity: MTTA）といった様々なドナーから支援を受けた取り組みにおいても、学習者中心のアプローチが推奨されたという経緯がある（Chiphiko and Shawa 2014; Mizrachi et al. 2010）。この教育課程の変更に関しても学校における影響を後述したい。

1.2　教員養成課程別にみた教員数

英国国際開発庁（DfID）と世界銀行の主導で1997年から実施されたマラウイ統合現職教師教育プログラム（MIITEP）は多数（約23,000名）の初等教員を養成した（MUSTER 2002）。ただしマラウイ統合現職教師教育プログラム（MIITEP）やマラウイ特別遠隔教師教育プログラム（MASTEP）は、無資格教員として一定期間以上の勤務経験を有する教員を対象として実施された現職教員研修であったため、実際の教員数自体は変わらない。実質的に無資格教員が有資格化された。当時、教員養成課程に入学するためには中等教育修了資格が要件の一つであったが、多くの無資格教員はその要件を満たしていなかった。前期中等教育修了資格（JCE）を持つ無資格教員が多かったため、これらの教員を有資格化する措置が取られたのである。

実際に、1990年代後期から2000年代の教育政策文書では、有資格教員を増加させることが重要政策であった（Malawi MoE 2008）。国際援助機関による影響によりこの政策が採用された。例えば、マラウイ政府が2001年より導入を目指した「万人のための教育：ファスト・トラック・イニシアティブ（EFA-

FTI: Education for All-Fast Track Initiative）プログラム」の例示的目標（Indicative Framework）においては、児童数と有資格教員数の比を40対1以下にすることが求められた。無資格教員を増やしても当該目標達成には関係ないため、無資格教員に資格を持たせ、有資格化することに意味があったのである。ファスト・トラック・イニシアティブは他の教育援助プログラムと異なり、教育の経常経費が支出されるという特徴があった。当時のマラウイの教育予算の9割以上が経常経費に費やされていたため、政府はファスト・トラック・イニシアティブに採択されるべく、無資格教員の有資格化は重要な教育政策として位置付けられた。

　結果的に、1990年代前半にマラウイの教員の半数以上存在した無資格教員は有資格教員となった。マラウイ統合現職教師教育プログラム（MIITEP）終了後の2008年における養成課程別の初等教員の割合を示したものが以下の表4.1である。

　表4.1より、2008年当時、マラウイ統合現職教師教育プログラム（MIITEP）やマラウイ特別遠隔教師教育プログラム（MASTEP）に参加した教員数の割合は、マラウイ教員全体の半数以上を占めている。さらに、2008年時点においても無資格教員は全体の10％は存在したことが確認される。2008年以降、大学の養成課程を修了した教員が増加しているものの、現在勤務する多数の教員は無資格教員としての勤務経験を有し、マラウイ統合現職教師教育プログラム（MIITEP）やマラウイ特別遠隔教師教育プログラム（MASTEP）で有資格化された者である。

表4.1　教員養成制度別の教員数と割合（2008年当時）

教員養成課程	初等教員全体に占める割合（%）	教員数（人）（女性教員数）	女性教員の割合（%）	保有資格（%）	
				JCE	MSCE
MASTEP	4.9	2,123　（844）	39.8	—	—
MIITEP	49.5	21,399　（8,344）	39.0	81	19
2年制	23.9	10,310　（3,939）	38.2	—	—
1年制	11.6	5,009　（1,817）	36.2	—	—
無資格	10.1	4,356　（1,360）	31.2	—	—
全体	100	43,197　（16,304）	37.7	47.8	51.3

出典：Kunje（2008）を基に筆者作成。

第2節　教員養成制度の改定とその背景

　2008年当時で半数以上の初等教員はマラウイ統合現職教師教育プログラム（MIITEP）やマラウイ特別遠隔教師教育プログラム（MASTEP）から輩出された。このことに注目し、これら2つの制度の詳細や国際援助機関との関係について確認する。

2.1　マラウイ特別遠隔教師教育プログラム（MASTEP）の概要

　マラウイ特別遠隔教師教育プログラム（MASTEP）は、1980年代に就学者数が増加したことを受け、英国連邦援助機関（Common Wealth Secretariat）の主導の下、世界銀行、国連開発計画（UNDP）、ユニセフの財政支援を受けて開始された。本教員養成課程は、遠隔教員養成課程であり、80年代から就学者数が増加したことへの緊急の対応策として導入された。当時は都市部の教員不足が深刻であったため、都市部の学校へ教員を供給することが主目的であった。本課程は、大学と初等学校現場を両方活用する「サンドイッチ」プログラムと呼ばれるものであった。初めの2週間は、大学でオリエンテーションや講義を受講する。講義の中身は、問題解決型の学習を実施できる教授法についてであった。また、教材不足のマラウイにおいて、教材をどのように身の回りにあるものから作り出すかということに主眼が置かれていた。例えば、数学で石を使って教える授業や、木の枝を定規の代わりにし、長さを比較するような授業が事例として紹介されている（Kunje et al. 2003）。

　大学での講義の後は、学校現場で習得した教授法を活かして授業を実施する。学校現場での授業は、校長が日常的に監督、指導をして、定期的に大学教員が巡回指導を実施し、フィードバックを行う。また、3年以内に、大学に戻り対面式の個別指導を少なくとも2、3回は受けるように推奨されていた。しかし、実際には、この個別指導はほとんど実施されなかった（川口 2012）。

　世界銀行によると、マラウイの周辺国（ケニア、ジンバブエなど）で採用され

ていた遠隔教員養成課程の改良版がマラウイ特別遠隔教師教育プログラムとして導入された（Mulkeen 2010）。本プログラムにおいては、従来の大学の養成課程より数倍費用対効果が高い養成課程であるとされていたが、わずか3年間で修了し、4,300名の有資格教員を輩出した（Kunje et al. 2003）。

2.2　マラウイ特別遠隔教師教育プログラム（MIITEP）の概要

　マラウイ特別遠隔教師教育プログラム（MIITEP）は、無資格で5年間教員経験のある若手の人材を対象にしている。本課程導入時、新規に20,000名を有資格教員にすることが目的であったため、中等教員資格保有者だけでは目標人数に足りず、前期中等教育修了資格（JCE）保有者にも対象を拡大した。実際に、1997年から2004年までの7年間で18,000名が当課程により教員免許を交付された。その内訳は、前期中等教育終了資格保有者が80％以上である（Kunje et al. 2003）。

　学生（無資格教員）は、最初の3週間、初等教員養成大学に滞在する。オリエンテーションを受けた後、講義を受講する。講義内容は基礎的な教授法に関する事項のみで、教科科目の専門知識に関するものは教授されていない。大学での講義を受講した後は、20か月間の初等学校での実習期間に入る。日常業務（実習）の監督・フィードバックは、各学生教員が配置された初等学校の校長に委ねられた。実習修了後に、教員養成大学で修了試験を受験し、合格すると教員免許が授与される。

　マラウイ特別遠隔教師教育プログラムが導入された背景には、援助機関の影響があった。まず、当課程の導入を促進したのは英国国際開発庁であった。英国国際開発庁はマラウイのみならず、英国の元植民地諸国に対して、マラウイ特別遠隔教師教育プログラム同様の教員養成課程のプロジェクトを数か国で実施してきた（Common Wealth Secretariat 1991）。プロジェクト資金に関しては、まず国際開発協会（International Development Association: IDA）から7,400万MK（マラウイクワチャ）（約5億円相当）を借り入れている（World Bank 1995）。そして、ドイツ技術協力公社（German Technical Assistance Agency: GTZ）から450

万DM（ドイツマルク）（約3億7,000万円相当）の無償資金援助を受けている。英国国際開発庁の財政支援は、当プロジェクト単体に対してではなく、当時、マラウイ学校支援システムプログラム（Malawi School Support System Program: MSSSP）を5年間に渡り、実施していたため、本プログラムを通じた資金供与となった。3機関合わせて、計500万ドルが本プロジェクトには費された（Kunje et al. 2003）。最初に本養成課程に活用される費用が決められ、次いで課程内容が考慮された。

　以下の表4.2は、実際のマラウイ特別遠隔教師教育プログラム導入時に使用された費用の比較である。

表4.2　マラウイ特別遠隔教師教育プログラム（MIITEP）の費用算出過程

養成課程	大学での養成費用（MK）	学校現場での費用（MK）	代替教員を雇う費用（MK）	合計費用（MK）	輩出可能な教員数／年	7,500人分の合計費用（MK）
大学での養成（2年間）	50,400	8,400	50,400	109,200	2,500人	819.0
1年大学＋1年学校現場	25,200	4,200	25,200	546,00	2,500人	409.5
MIITEP	14,700	10,080	8,400	33,180	7,500人	248.9

出典：MUSTER（2002）を基に筆者作成。

　表4.2の最上段が、従来の大学での養成にかかる費用である。2年間の養成後、16週間、実習を行った際の費用と、年間の教員数である。中段はマラウイでマラウイ特別遠隔教師教育プログラム導入の前年まで採用されていた「1＋1」年制の養成の場合である。下段がマラウイ特別遠隔教師教育プログラムの費用算出内容である。表4.2より、マラウイ特別遠隔教師教育プログラムの採用により、教員養成大学で養成した際の約3倍の費用対効果があるとわかる。つまり、マラウイ特別遠隔教師教育プログラムのプロジェクト形成方法が、初めに費用ありきで検討され、その後、短期間で効果を上げることができるかどうかという経済的優先順位で形成されていった過程が窺える。費用対効果分析に加えて、マラウイ特別遠隔教師教育プログラムは7,500名という既存

の教員養成課程よりも3倍もの数の有資格教員数を輩出できることも重要な点であったと考えられる。このように2015年までにEFAを達成しようと急ぐあまり、国際援助機関やマラウイ政府は短期的な視座から有資格教員の絶対数を増やすことを再優先事項としていたことがわかる。

第3節　教員養成政策の改定が教員に与えた影響

　マラウイの初等教員養成政策は、独立以降、大学から学校現場に教員養成の場を移行し、低コストで多くの新規有資格教員を養成してきた。そしてこの背景には世界銀行や国際開発協会を中心とした国際援助機関による費用対効果分析に関する分析結果に基づく研究や政策提言が実施されてきたことがある。

　しかし、教員養成課程への入学要件を下げたために、新規有資格教員の質が低下したと指摘される（Domasi College of Education 2003）。教員養成政策を何度も改定してきたことにより、果たして費用対効果は向上したのだろうか。また、学校現場において「新規教員の質が低下した」以外の影響はあったのだろうか。これら2点を現地調査のデータを用いて論じることとする。

3.1　「教職」の社会的地位の低下

　以下の現地調査により、マラウイ社会において、実際に教職の社会的地位が低下したかどうかは定かではないが、少なくとも、マラウイの教員自身が「教職の地位が低下した」と感じていることを示したい。複数の教員が同様の意見を述べており、以下の教員の意見は、マラウイの初等教員養成政策に対する典型的な既存教員の見解を示している。

東南部ソンガニ地区の校長　P.E氏（50代、男性、2年制大学教員養成課程修了）

　MIITEPやMASTEPは、教員養成ではなく、単なるアップグレード研修である。このような研修を修了しても、教員は教授法を習得するだけで、教授能力自体に何も変化はない。つまり、教育者としての能力は上がっておらず、ただ給与

が上がり、本人が幸せなだけである。彼らの影響で、保護者から教員はもはや尊敬される存在ではなくなった。その影響で、退職後に村議会議員になる教員は減少している。

　この教員はマラウイ統合現職教師教育プログラムやマラウイ特別遠隔教師教育プログラムを教員養成制度として捉えておらず、研修プロジェクトに過ぎなかったと厳しく批判している。そして、このような安易な教員養成制度の改定が、新規有資格教員の質を低下させ、ひいては教職の社会的地位を低下させたことを示唆している。マラウイの地域社会において、教員は長らく尊敬され、住民に慕われてきた。もちろん、近代化とともに、現金収入を得ることができる仕事が徐々に増加したことが、相対的に教職の価値を下げた側面はある。しかしながら、中身をともなわない教員養成制度の改定が、既存の教員の自尊心を損ない、教職の地位を低下させたと教員自身が感じることにも影響を与えていることがわかる。

　すべての離職が教員養成課程の改定にともなう教職の社会的地位の低下に起因するわけではないものの、離職教員は増加傾向にあることから、この教員養成制度の改定が初等教員の社会的地位の低下に関連する原因とも考えられる（Kunje 2006）。無資格教員を有資格化したことにより、上位教育段階の教員に転出が可能となり、このことが離職率を高めた一因とも考えられる。ただし、次の意見から読み取れるように、社会的に教職の魅力が低下していることは確かなようである。

ムランジェ地区の校長　K.N氏（50代、男性、2年制大学教員養成課程出身）

　新規の有資格教員が配属されても、視学官や教員養成大学の講師に直ぐに引き抜かれていく。教員自身も、私立校、セカンダリースクール、援助機関などに、常に転職の機会を伺っている。昔は長らく初等教員を務めていることは社会的に名誉なことであり、誇りであった。長らく初等教員に留まっている私のような教員は、「能力がないから引き抜かれない」と保護者や子どもから思われているかもしれない。

　上記の意見は主観的な意見が一部見られるものの、マラウイでは近年、多くの私立校が開校しており、優秀な教員は私立校に引き抜かれる場合が多い。つまり「公立の」初等学校の教員の社会的地位が低下していることが問題で、その原因の一端に教員養成制度の改革も関わっていることがわかる。

　さらに教員の質の低下、教職の社会的地位の低下、という複数の要素が相俟って、教育の質が低下する構造的な問題を指摘したい。すなわち、公立校において既存教員の教職に対するモチベーションが低下し、合わせて、新規雇用教員の質も低いため、保護者が公立校の教育の質が下がったと判断し、子どもを私立校に転校させる。その影響で教員自身も私立校や他の機関に転職を試みる。その結果、さらなる教育の質が低下するという悪循環を創出している。今後、この悪循環が続くことでマラウイの公教育の質に影響を与えていくことが推測できる。つまり、安易な教員養成制度の改定がもたらした結果として、一時的な新規教員の質低下、という課題だけではなく、長期的に教育の質が低下し続ける構造を構築しているという問題が生じていると考えられる。

3.2　学校内部での「同僚性」の低下

　次に教員養成制度の改定による教員同士の人間関係の変化について注目したい。教員養成課程修了後、教員になると給与や待遇に差異は無いため、大学卒の教員たちは自身が費やした費用や努力と、別の養成制度で教員になった者のそれと比べ、嫉妬が生じやすくなる。とりわけ無資格教員の有資格化という制度変更によって、この傾向は顕著なものとなった。

　ここでマラウイ統合現職教師教育プログラムやマラウイ特別遠隔教師教育プログラムで有資格化された無資格教員はどんな人物であったのかを確認したい。無資格教員には政府から給与支給される教員と地域社会が給与負担する補助教員がいる。前者の政府から給与支給される無資格教員の採用過程として、学校運営委員会から推薦された者が教育省の地域事務所で面接を受けて採用される（1997年に廃止）。そこでは、少なくとも前期中等教育資格保有者が優先された。それゆえ政府公認の無資格教員になるために一定の学歴を有する必要

があった。一方、後者の補助教員の場合には教育省の面接は不要であった。

　地域社会や学校は知り合いを補助教員として雇用していた。筆者の研究によれば、特にマラウイの母語であるチチェワ語で「ムツゴレリ（Mtsugoreli）」と呼ばれる補助教員が多かったことが確認されている（川口 2012）。つまり、多数の無資格教員が元ムツゴレリで勤務していた。ムツゴレリに任命されるのは、男子の中でもリーダー的な存在であり、全員が彼の指示に従うような人物であった。頭脳明晰な生徒よりも統括する力が重視された（川口 2012）。

木の棒を用いて子どもを統制するムツゴレリ　　三角定規を用いて統制するムツゴレリ

　上記の写真のように、ムツゴレリに選出された生徒は、学校全体の風紀を管理する役目が与えられた。休み時間でも木の枝を持ち、鞭代わりにして低学年の児童たちを追い払うことや、風紀を乱した児童を指導することが仕事として課せられていた。ムツゴレリは教員の生活指導の役割を担っていたのである。彼らが無資格教員として学校に採用された場合、徒弟制度に近い同僚性が構築されていたと考えられる。既存教員が教え子であったムツゴレリを呼び寄せ、無資格教員として雇用すると、教員間で上下の関係が維持されやすい環境であったと考えられる。しかしながら、この無資格教員が有資格教員になったことにより、この同僚性が崩壊していった。マラウイは嫉妬が強い社会と言われる。このような場合には教え合いの文化は完全に崩壊される。元々、マラウイ

の教員同士は慣習的に授業観察を互いにしたり、教え合ったりしない。しかしながら、コミュニティとの連携の取り方、学校で生じた揉め事の解決方法など、授業以外のことに関してお互いが助け合うという意味での同僚性が構築されていた。教員養成課程の改定に伴う学校現場での既存教員の嫉妬心により、伝統的な同僚性が崩れてきている（川口 2012）。

第4節　2008年の教員養成課程における教授法の変更による影響

　次に、2008年の教員養成課程における教授法の変更が与えた授業への影響について焦点を当てる。前述したように、2008年には教授法が学習者中心のアプローチに変更された。これは初等教師教育（IPTE）の制度期間中に始まり、現在も続くオープンな遠隔学習（ODL）の制度にも関わる変更である。

　学習者中心のアプローチは、換言すると、子ども中心主義とも捉えられる。歴史的には子ども中心主義はカリキュラム研究において、教師中心主義と対比する形で、両者の優劣に関して論争となった経緯がある（Hara 1995）。簡単に両者の違いを説明すれば、教師中心主義は、知識を身に付けるために事実、技能、価値を伝達することを目的としている。そして、正しい解釈を子どもが学習し、指導者の意図や最も重要な主題を認識することが強調された。一方で、子ども中心主義は相互関連、個人の精神的な達成に焦点を当て、伝達するという立ち位置に基づく（Hara 1995）。子ども中心主義においては、問題解決技能を育てたり、知性や想像力を刺激したりすることによって子どもの活力を育成することが重要である。指導様式は子どもの心理的状態に影響を与えることが期待されており、教員からのフィードバックや個人的な支援（コーチング）が強調される。これらのことから、教師中心主義は行動主義に、子ども中心主義は構成主義に基づき、両者は明確に異なる。つまり、2008年のマラウイの教育課程の教授法の「教師中心」から「学習者中心」の変更は、当然、授業での指導法の劇的な転換を求めることとなった。

　しかしながら、サブサハラアフリカの国々において学習者中心のアプローチ

の難しさが指摘されている。例えば、Schweisfurth（2011）は学習者中心のアプローチが多くの場合失敗していることを指摘した。ナミビアにおいては教員の専門的な能力や限定的であるリソース、文化的要因、学習者の背景などの問題により、学習者中心のアプローチの実施は困難であると言われており（O' Sullivan 2004）、南アフリカやザンビアでもその課題は指摘されている（Brodie et al. 2002; 中和 2010）.

　マラウイにおいても同様の課題が散見される。Mtika and Gates（2010）はマラウイの文脈において学習者中心のアプローチを実施することは適切ではないと述べた。Chiphiko and Shawa（2014）はマラウイのカスング郡においてマラウイの教師の指導方法について現地調査を実施した結果、授業計画の段階で学習者中心のアプローチを計画したり、授業において子どもの学習への興味を喚起したり、批判的思考や問題解決能力を高めるような学習指導を行ったりすることが難しいという教師の現状を示している。また指導の問題とも関わり、学習者中心のアプローチを行うには子どもの人数が多すぎる（最大150名）ことや、現物や具体物を準備して行う授業がリソースの不足から不可能であることといった量的な側面の改善も指摘された。

　Vavrus et al.（2011）はサブサハラ以南のアフリカ諸国においては、学習者中心のアプローチが成功するために、カリキュラムの改定や教育政策の再編成などが必要になると述べている。しかし、それ以上に、マラウイのこの状況から、カリキュラムを改定したり、国家が方針を示したりするだけでは学習者中心のアプローチの実現には十分でなく、教室内の多くの要因を把握しつつ、授業内のリソースで実施可能なことから行うことが必要になる。Chiphiko and Shawa（2014）が報告する授業の様子では学習者中心のアプローチへの劇的な変更は難しいことがわかった。これらの問題を先述した教員養成制度の改定と関連付ければ、無資格教員が正規教員となった際には、教員の供給という量的な改善が優先されたため、大学で実施していた教員養成に比べ、教科についてのインプットが少なかった。このため、元無資格教員を含む教員たちは教授法の変更に対応することができない状況が想定される。

　これらのことからわかるように、ドナーの影響により、サブサハラアフリカ諸国をはじめ、マラウイは学習者中心のアプローチを行うことになったが、その弊害が教室レベルでも確認されている。教授法についてのインプット以前に、教師の質の保証がどの程度なされているのか、そしてマラウイの教師たちがまずどのような授業を行うことができているのか、という現状を見ることなしに、質の高い教育の実現は不可能であるように思われる。

おわりに

　マラウイは途上国の中でも最貧国で「援助の実験場」と揶揄されている。そのマラウイの教員養成に関わる政策に焦点を当て、その変遷と課題を明らかにし、また、教員養成政策と教育課程の変更が及ぼした子どもの学びへの影響を明らかにした。このことから、マラウイ政府だけではなく、むしろマラウイの文脈やこれまでの経緯を無視してきた政策の変更が現場に混乱をもたらしていることが明らかになった。この状況を改善するための幾つかの提案をして本章を終わりたい。第一に、現行の教員養成制度においては、養成期間中に教育実習生が授業を行うことを教員養成としている。しかし、大学の教員養成課程において学習者中心のアプローチを取り入れ、試行し、学生による対話を活性化させ、教師集団としての同僚性の構築を地道に行うべきである。国際援助機関からの影響を受け、制度自体が変わっていくが、教員養成課程の内実の改善を目指した議論も必要である。このことに関しては、大学の教員養成機関の大学教員のキャパシティの問題も問われてくるため、大学教員養成課程の内容や課題を明らかにしつつ、教員養成課程の大学での学習の質を高めるような協働的な国際協力研究を実施する必要がある。第二に、学校においては、多様な教員養成の履歴を持つ教員が集まっており、本章で述べたように学校において教師同士が分断される危険性があるため、これらの教師集団をまとめ、学校文化を醸成できるような仕かけ（研修や学び合いの場）の再構築が必要であろう。単に数合わせを目標にした政策が実施されマラウイの教員の質や教育の質をど

ように担保するのかが、改めて問い直されている。

謝辞

　本調査の実施には、科学研究費補助金（平成22-25年度 基盤研究（A）「東・南部アフリカ諸国におけるコミュニティの変容と学校教育の役割に関する比較研究」研究代表者：大阪大学澤村信英）を活用させて頂いた。関係各位に御礼申し上げたい。

参考文献・資料

[和文]

川口純（2012）「教員養成課程の改定が教員の質に与える影響について―マラウイの初等教員養成政策を事例として―」早稲田大学アジア太平洋研究科博士学位論文.

中和渚（2010）「ザンビア基礎学校における数学授業の学習・指導の特徴と改善に関する考察」『アフリカ教育研究』1: 77-91.

[欧文]

Brodie, K., A. Lelliot and H. Davis（2002）Forms and substance in learner-centred teaching: teachers' take-up from an in-service programme in South Africa, *Teaching and Teacher Education*, 18: 541-559.

Chiphiko, E. and B. L. Shawa（2014）Implementing Learner-Centred Approaches to Instruction in Primary Schools in Malawi, *Mediterranean Journal of Social Sciences*, 5（23）: 967-975.

Common Wealth Secretariat（1991）Teacher's guide book of distance teacher training, U.K.: DfID.

Domasi College of Education（DCE）（2003）*MIITEP Course Handbook*, Domasi College of Education, pp.10-14.

Hara, K.（1995）Teacher-Centered and Child-Centered Pedagogical Approaches in Teaching Children's Literature, *Education*, 115（3）: 332-338.

Kunje, D.（with K. Lewin and J. Stuart）（2003）Primary Teacher Education in Malawi: Insights into Practice and Policy, Multi-site Teacher Education Research Project（MUSTER）Country Report 3, London: Department for International Development.

Lewin, K. M.（1999）Counting the Cost of Teacher Education: Cost and Quality Issues, *Perspectives in Education*, 18（1）: 6-24.

Lewin, K. M. and S. J. Stuart（2003）Researching Teacher Education: New

Perspectives on Practice, Performance and Policy, *DfID Research Series*, 49a, Sussex, U.K.: Center for International Education, University of Sussex Institute of Education.

Mizrachi, A., O. Padilla and W. Susuwele-Banda（2010）*Active-learning pedagogies as a reform initiative: The case of Malawi*, American Institute for Research: USAID.

Mtika, P. and P. Gates（2010）Developing learner-centred education among secondary trainee teachers in Malawi: The dilemma of appropriation and application, *International Journal of Educational Development*, 30: 396-404.

Mulkeen, A.（2010）*Teacher in Anglophone Africa: Issues in Teacher Supply, Training and Management*, Washington, D.C.: World Bank.

MUSTER（2002）South African College for Open Learning: A Model of an Inservice Distance Education Programme for Initial Teacher Education, *MUSTER Discussion Paper*, No. 35, Centre for International Education, University of Sussex Institute od Education.

O' Sullivan, M.（2004）The reconceptualization of learner-centred approaches: A Namibian case study, *International Journal of Educational Development*, 24: 585-602.

Schweisfurth, M.（2011）Learner-centred education in developing country contexts: From solution to problem?, *International Journal of Educational Development*, 31: 425-432.

UNESCO（2004）*Education For All: The Quality Imperative*, Paris: UNESCO.

────（2005）*Global Monitoring Report 2005 Education for All the Quality Imprerative*, Paris: UNESCO.

UNICEF（2008）*PCAR Communication Report: Inception and Midway Implementation Report*, UNICEF.

Vavrus, F., M. Thomas, and L. Barlett（2011）*Ensuring quality by attending to inquiry: Learner-centred pedagogy in sub-Saharan Africa*, Addis-Ababa: UNESCO.

第5章

南アフリカの教員の挑戦

—民主的教育の実現—

小野 由美子／近森 憲助

イースタンケープ州での公開研究授業（2017年）の様子。2016年JICA本邦研修参加者がアクションプランに基づいて自主的に計画・実施し、200人を超える教育関係者が集まった。（大島 慧氏撮影）

はじめに　―マンデラ政権の誕生―

　南アフリカ共和国（以下「南ア」）は、日本の約3.2倍の122万平方キロメートルの国土に5,565万人の人口を擁する。人種構成は、人口の80.7％を占める黒人をはじめとして、白人（8.1%）、カラード（混血8.7%）及びアジア系（2.5%）となっている（Statistics South Africa 2016）。1652年にオランダの植民地となったが、19世紀前半からはイギリスの植民地となり、1910年には、南アフリカ連邦として独立する。1948年の国民党マラン内閣の成立を機に、それまで以上に徹底した人種差別・隔離政策、いわゆるアパルトヘイト（apartheid）が実行に移された（Thompson 2001）。

　アパルトヘイト政策は、特定の人種から土地所有権、選挙権等の基本的権利を剥奪したばかりか、人種による教育予算、教育内容の差別にまで及んだ（Soudien 2007）。人口の大多数を占める黒人は、主な民族グループごとに与えられたホームランド（独立自治体）に強制的に移住させられた。バンツー教育法（Bantu Education Act）（1953年）の導入によって、学校教育は国の支配下に置かれ、白人至上主義の社会体制を維持するための重要な装置としての機能を担わされた。黒人の教育は白人にとって都合の良い非熟練労働力を提供することをその第一の目的とし（Clark and Worger 2004: Chisholm 2012: Thompson 2001）、教育の中身は必要最低限の事柄を丸暗記することに終始した（Nkabinde 1997）。理数科の学習は黒人には不要と軽視され、学習内容は人文系に偏ったものであった（Nkabinde 1997）。

　アパルトヘイトは1991年に撤廃され、1994年には、全人種が参加する民主的な選挙により、ネルソン・マンデラ（Nelson Mandela: 1918-2013）が大統領として選出された。しかし、40年以上にわたるアパルトヘイト政策の結果もたらされた人種間の教育の不平等、格差は、教育予算から教育組織、教育サービス、教員の質、カリキュラム、教科書まで、広範かつ深刻であった（表5.1）。全人種を対象に実施した1996年の国勢調査によると、当時、成人黒人人

表5.1 1989年度教育統計比較

	白人	インド系	カラード	黒人
教師対生徒比	1：19	1：22	1：23	1：41
教員資格を充足しない教員の割合*	0%	2%	45%	52%
生徒1人当たり教育支出（Rand）	3,082.0	2,227.01	1,359.78	764.73
第10学年合格率	96%	93.6%	72.7%	40.7%

＊中等教育修了（Standard10）＋教員養成課程3年。
出典：Hofmeyr and Buckland cited by De Waal（2004: 37）.

口のうち、まったく教育を受けたことのない者は23.3%（白人：1.0%）である
のに対し、後期中等教育修了者は11.7%（白人：36.0%）、高等教育を受けた者
はわずか2.9%（白人：21.3%）であった（Statistics South Africa 2004）。黒人は完
全な市民権を獲得し、国の政治的多数派になったにもかかわらず、多くの黒人
は成功の要件を身に付けていなかった（Thompson 2001: 266）。こうしたアパル
トヘイトの「やっかいな」負の遺産を引き継いで新政権はスタートした。

　マンデラ新政権は、アパルトヘイトの負の遺産を一掃し、新しく民主的な国
家として生まれ変わったこと（transformation）を内外に知らしめることを最優
先課題としたが（Thompson 2001）、その象徴が民主政権発足後矢継ぎ早に出さ
れた教育改革政策であった。まず、1995年初めに、それまで人種別、ホーム
ランド別に19も存在した教育省が1つに統合され、さらに国内の9州それぞれ
に州教育省が設立された。中央教育省は政策立案、枠組み、基準設定、モニタ
リング評価を主な任務とする一方、州教育省は政策実施の責任を負うとした。
南アフリカ資格局法（the South African Qualifications Authority Act: SAQA）
（1995年）により、全国資格枠組み（the National Qualification Framework）が制
定された。これは教育と職業訓練が同等の価値を持つことを国として保障し担
保するものである。また、南アフリカ学校法（the South African Schools Act）
（1996年）は、すべての学校は単一のシステムにより管理されることを明確に
規定した。すなわち、7歳から15歳（第9学年）までを義務教育とすること、
各学校に設置される学校管理委員会（School Governing Body）に学校運営の権
限を付与すること、教育予算を公平に学校に配分すること、などである。ま

た、カリキュラムについては、達成すべき最低限の成果（outcome）や基準
（standard）、評価方法を規定したNational Curriculum Statementを教育大臣が
定めるとした。さらに、「教育職員雇用法（the Employment of Educators
Act）」（1998年）は、人種に関係なく、独立機関である南アフリカ教育職員評
議会（the South African Council for Educators: SACE）によって有資格教員認
定・登録が行われることを明確にした。

第1節　カリキュラム改革

　1996年には民主的な憲法が制定される。新憲法の主旨に沿って、平和で豊
かな民主国家を実現するため、学校教育への期待は大きかった。そのために、
まず必要不可欠だったのは人種差別的・不平等で時代遅れの旧カリキュラムの
撤廃とそれに代わる新しい、民主的なカリキュラムの導入であった（Jansen
1998, 1999）。それが「成果に基づく教育（Outcome-based Education: OBE）」と
いう先進的な教育理論を核とするCurriculum 2005（以下「C2005」）である。
　1997年3月、初代教育大臣ベング（S. Bengu）は議会において新カリキュラ
ム、すなわちC2005を1998年から順次学校に導入することを明らかにした。
C2005はアパルトヘイト時代の差別的なカリキュラムとの決別であると同時
に、従来の内容重視のカリキュラムから成果重視のカリキュラムへのパラダイ
ム・シフトであるとされた。つまりこれまでのような人種別にあらかじめ定め
られた学習目標から、進歩主義的教育と学習者中心の教授学習方略への脱却を
意味していた（Department of Education 1997）。
　C2005では従来の教科の枠は取り払われ、代わりに8つの学習領域、8つの
横断的学習成果（critical outcomes）を設定した。8つの横断的学習成果の下に
は合計66の具体的な学習成果（specific outcomes）が設けられ、達成したかど
うかを評価する評価基準（assessment criteria）が提示された。加えて、学習の
範囲、深さ、レベル（range statements）、生徒一人ひとりの学習の進み具合の
詳細な記述（performance indicators）、学習成果を達成するために取り組むべき

一連の学習活動（learning programmes）など、大多数の（黒人）教員にとってなじみのない、複雑で紛らわしい専門用語が用いられていた。それこそは、OBE（すなわちC2005）導入の1998年に、早々とカリキュラム改革失敗を予言したJansen（1998）が第一に挙げた理由である。

カリキュラム・デザインの観点からは、C2005は成果を細かく規定したものの、学習内容の選択、配列を個々の教師に一任した。これは十分な養成訓練を受けたとは言えない多くの教師にとっては重荷であった。また、職業訓練に関しては南ア労働組合会議（the Congress of South African Trade Union: COSATU）が、オーストラリアやニュージーランドの全国資格枠組み（NQF）とコンピテンシー論争に刺激を受けて活発な議論を行っていた。その背景には、アパルトヘイト時代、職業訓練の経験が正当に評価されなかったことの是正のほか、目の前に迫った国際的経済競争のため、質の高い労働力を育成するという喫緊の課題があった（SAQA 2000）。他方、学校教育の分野ではOBEという最新のカリキュラム理論とともに、社会的構成主義の考え方も取り入れられようとしていた。NQFの審議の過程で教育と訓練の統合がうたわれた結果、もともと労働組合会議が議論していた職業訓練領域での狭いコンピテンシー概念が教育分野にも適用されることになった（Jansen 1998: Cross et al. 2002）。人種差別、社会的不平等・不公正の是正（redress）を最優先して、過去のカリキュラムの一切をアパルトヘイトの遺物として切り捨てた結果、C2005は著しく知識軽視のカリキュラムと化してしまった。

C2005導入は、教員への周知、研修も不十分なまま、学習教材も不足する中での見切り発車であった（Potenza and Monyokolo 1999: Chisholm 2012）。C2005は旧ホームランドの学習環境や教師の実態を無視していたが、社会体制の移行期であったマンデラ政権にあってC2005は政治的な変化の象徴に他ならず、「政策を実施する（policy implementation）」ことには誰もほとんど関心を払わなかった。OBEによるカリキュラム改革は政治的至上命題だったのである（Jansen 1999, 2002）。

2000年、C2005の導入からわずか2年ののち、当時のアズマール教育大臣（K.

Asmal）はカリキュラムの見直しを指示した。2002年にはOBEの考え方は維持しつつ、より簡素化した改訂カリキュラム（Revised National Curriculum Statement: RNCS）が公表されたが定着せず、2009年に再改訂することが決定された[1]。

第2節　南アフリカの教育制度

2.1　学校制度

　南アフリカの学校制度はGrade Rと呼ばれる就学前教育1年と第9学年までが義務教育であり[2]、General Education and Training Band（GET）と呼ばれる。GETはさらにRから第3学年までの基礎段階（foundation phase）、4学年から6学年までの中間段階（intermediate phase）、7学年から9学年までの上級段階（senior phase）に分かれている。第10学年から12学年まではFurther Education and Training Band（FET）と呼ばれる。旧制度の名残で、小学校は7年生まで、高校は8年生から12年生までが在籍する。12年生の終わりに卒業資格試験（matrics）を受け、合格するとNational Senior Certificate（NSC）と呼ばれる修了証を得ると同時に、大学進学資格が得られるかどうかが決まる[3]。また第3学年までは第一言語による学習であるが、第4学年から学習言語が英語に切り替わる。

　2015年の全国の学校数は、公立学校が23,905校、私立学校が1,786校（計25,691校）となっている。また、公立学校教員は379,613人、私立学校教員は、36,480人（計416,093人）である。児童・生徒数は、公立学校が12,248,279人、私立学校が566,194人（計12,814,473人）である（DBE 2017a）。

2.2　教育行政制度

　Grade R-12までの大学前教育は、基礎教育省（Department of Basic Education: DBE）の管轄下にあり、州教育省[4]（Provincial Department of Education: PDE）、教育事務所（District Office）、そして学校という教育行政システムを通して経営されている。DBEは、国内の基礎教育に関する学校教育全般に関す

る政策の策定を、PDEは、学校の予算や管理運営を含めて州内における政策の実施を、それぞれ担当している。州教育省の下には全国で86の教育事務所があり、教育行政組織の末端として、学校と州レベルの教育行政とをつなぐ役割を果たしている（DBE 2017a）。教育事務所には「カリキュラム運営ならびに支援」ユニットがあり、ここに所属する教科指導主事（Subject Advisor）は研修や学校訪問を通して、新カリキュラムの実践、授業改善に重要な役割を担うことが期待されている（図5.1参照）。

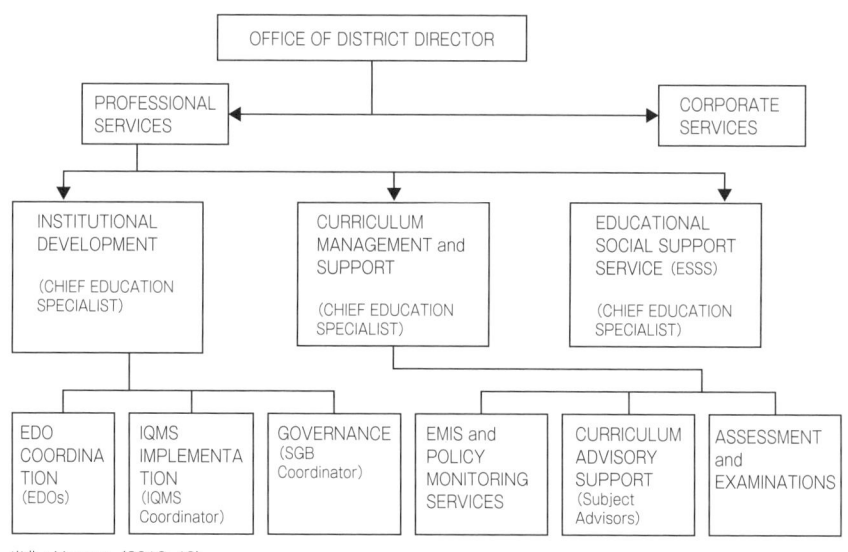

出典：Mavuso（2013: 42）.

図5.1　イースタン・ケープ州教育事務所組織構造

なお、高等教育省（Department of Higher Education and Training: DHET）は、大学及び高等専門学校などの高等教育機関及び人材開発戦略を担当していることから、教員養成、教員の資格認定、研修及び評価などに関わっている。

2.3　現行カリキュラム

2012年からは、それまで、就学前教育から前期中等教育まで（Grade R-9）

と後期中等教育（Grade 10-12）の２つに分かれていたカリキュラムを一体化し、National Curriculum Statement（NCS）Grade R-12として、現在に至っている（DBE 2011）。NCSは、３つの文書からなっているが[5]、その中で、教員にとって日々の授業に直接の関連があるのは、学習及び評価に関する事項を具体的に定めた「教育課程と評価に関する指針（Curriculum and Assessment Policy Statement: CAPS）」である。Grade 4-6の「自然科学及び技術（Natural Science and Technology）」のCAPS（DBE 2011）を例にとると、４部構成となっている。第１部では、NCSの全般的なねらい、各教育段階での時間配当など、第２部では、「自然科学及び技術」に特化した学習指導、自然科学と技術の相互関係、構成、ねらい、授業デザイン、時間配当、教材などについて、それぞれ記載されている。第３部では、授業についての指導書的な内容が、第４部では、学習評価方法が、それぞれ詳細に記載されている。これはC2005、RNCSの実施にあたって、何を教えてよいかわからない、どう評価してよいかわからないという教員からの苦情を配慮してのことである。

　第３部は、最もページ数が多く、全体の約65％を占める。「自然科学及び技術」は「生命と生物（Life and Living）」をはじめとする４つの学習系列（Strand）により構成される。１年間（１月–12月：授業期間としては38週）は、４つの学期に区分されているため、各学期に１系列の内容を学習する。さらに、各系列の内容は、いくつかの学習テーマにより構成されている。学習テーマごとに、授業内容に関する比較的詳細な指示が表形式により示されていて、教師用指導書とはいかないまでも、それに準じたものとなっている。例えば、Grade 6の第１学期（１月–３月）には「生命と生物」の系列の中で、最初に「光合成」を学習（2.5週、計8.75時間）する。そのサブテーマである「植物と食物」及び「植物と空気」について、学習の要点、調査、実験及び発表など、授業での児童の活動の例示、必要とされる教材や器具、実施上の注意事項などが示されている。さらに、各学期の最後には、その学期で学習した内容に関する評価指針が示されている（DBE 2011: 47）。

　第４部は、まさに評価マニュアルであって、学習評価に関する一般的な解

説、その構成（学期末及び学年末試験）、認知面での観点と観点ごとの重み付けや問題作成への示唆（問題文において使用すべき動詞を例示）に加えて、試験実施の時期（各学期末及び学年末試験）とテストすべき内容（ペーパーテストや実技によるスキル面のテストなど）、及びこれに関連して、ペーパーテストの他にスキルを評価するための実技テスト及び課題研究（いわゆるプロジェクト）など、学校において実施すべきテストの種類などにも言及している。さらに評価結果の記録と報告の方法、最後には、テストの妥当性、信頼性及び公平性を担保するための留意点が示されている。

　C2005以来、試行錯誤を経ていきついたCAPSであるが、特に貧しい農村部の教室レベルでの実践には依然として問題も多い。カリキュラムを実践する教員については、教員の教科知識のレベルが著しく低いこと（Spaull 2013a）、教師の研修の質と量が不適切であること、学習支援教材が完備していないこと、教員を支援する立場にある教科指導主事のCAPS理解が不十分で混乱していること（Maharajh et al. 2016）があげられる。さらに、CAPS自体もユーザーフレンドリーとは言えない。CAPSが大部であるにもかかわらず索引がない、そのため常にそばにおいて参照することが難しい、学年段階によって著者が異なるため記述が一貫性に欠ける、といった課題がある[6]。また、日本のように、教科書の内容をカバーすればNCSの要件（学習指導要領）を満たすことができるように南アの教科書が作られていないことも、教師の負担感を増している。

第3節　教員養成政策

　基礎教育省は、ホームページを通して、12年生や教職課程に在学中の学生に加えて、「現在失業中あるいは新たな人生を歩みたいと思っている」人々に、「有意義な人生を歩むためにも、学校の先生になってみませんか」と呼びかけている（DBE 2017b）。

　1994年の時点で教員養成カレッジは120を数え、およそ80,000人の学生が在籍していたといわれる。民主化後、教員養成カレッジは50に削減され、さら

に2001年には高等教育に再編統合された。現在、2013年に開校した2つの公立大学を含めて、25の公立大学が教員養成にかかわっている[7]。南アの教員需給調査（CDE 2015）によると、1990年代後半、教員志願者、とりわけ黒人の志願者が激減した。教員養成カレッジ閉鎖、再編統合により教員養成機関数が減り、教員養成プログラムが身近にないことのほか、教員の社会的地位が低いこと、民主化により他の職種に就く可能性が高まったことが主な理由である。政府は2007年に教員志望者を対象にしたFunza Lushaka奨学金制度を設立し、教員確保の対策に乗り出した。奨学金受給者は卒業後教職に就くことが義務付けられ、採用にあたっても優先される。この奨学金の効果もあって、2013年の教員養成機関在籍者は94,237名（2009年：35,937名）、同卒業生は13,708名（2009年：6,978名）と2009年に比べて顕著な伸びを示している。

　教員養成にかかわるもう一つの課題は質であった。というのも、高等教育の再編統合の際、歴史的に恵まれない地区にあった質の低い教員養成カレッジのプログラムをそのまま引き継いだ大学もあったからである。こうした背景から、2009年、DBEとDHETとの共催で「教職人材開発サミット（Teacher Development Summit）」が開かれ、教職人材の開発に関係するすべての問題点を洗い出し、その解決策を提言することを求めた。その成果が「教師教育及び教職人材開発のための統合的戦略計画のための枠組み（Integrated Strategic Planning Framework for Teacher Education and Development in South Africa 2011-2025）」（DBE and DHET 2011）（以下「計画のための枠組み」）である。この策定には、DBE及びDHETなどに加えて、5つの教員組合、南ア教職員評議会（South African Council for Educators: SACE）の他に、教育や研修、あるいは教育関係者の労働に関わっている2つの機関、教育学部長会議など合計で9つの教育関連組織・団体が関与した。

　「計画のための枠組み」を受けて、政府は教員養成機関の入学定員の拡大、特に不足していた小学校低学年（GR-G3）教員を養成する大学数の増加を促した。DHETは単位取得等、教職課程認定に係る最低要件（Minimum Requirement for Teacher Education Qualification、以下「最低要件」）を全国資格枠組み（National

Qualification Framework）と連動させて定めた（DHET 2011）。「最低要件」は2014年に一部改正されたが、それによると、南アでの教員資格取得の基礎要件は学士号を取得していることであり、NQFのレベル7に相当する。教員志望者は、4年間で教育学士号（Bachelor of Education）を取得するか、もしくは、理学、商学、人文科学など教育以外の分野で3年間あるいは4年間で学士号を取得した後、1年間の卒後教職課程（Postgraduate Certificate in Education: PGCE）を修了し、SACEに登録する必要がある（DHET 2015）。

　「最低要件」は養成大学がそれぞれのプログラムをデザインする際の指針として、①専門の教科知識にかかわる学習、②一般的教育学の知識、③授業実践に関する学習、④一般教育、⑤教育を取り巻く様々な環境・文脈の5領域を挙げた。また、養成教育プログラムを修了した有資格教員に期待される11のコンピテンシーを列挙した[8]（DHET 2015）。それぞれのコンピテンシーの達成を評価するスタンダードは専門職集団が定めるべきであるとして、同要件は提示していない。

　このように教員の資格要件や教員養成プログラムは法的にも制度的にも整備されてきた。とはいえ、教員養成カリキュラムのデザインは大学の裁量が大きいため、教科知識を重視する大学、教授法を重視する大学など、大学間のプログラムのばらつきが著しい（JET Education Services 2014: Mullis et al. 2016）。カリキュラム編成に論理性、一貫性が乏しいとも批判されている（JET Education Services 2014）。総じて、実践的知識、スキルの軽視を問題として抱えており（Mullis et al. 2016）、実習のさらなる充実が課題である（CDE 2015）。また一部教科、特に理数科、幼児教育の教員不足は解消されていない。

第4節　現職教員研修と教員評価

　先に述べた「計画のための枠組み」は、2011年から2025年までに取り組むべき課題として、有望な人材の獲得、教員養成、新任教員の学校現場への円滑な誘導及び南アの全教員を対象とした生涯にわたる継続的な研修を通した職能

開発を取り上げている（DBE and DHET 2011: 1）。教員の職能開発について
は、その質の向上を第一の目的として、それまでの断片的で、協働性に乏しか
った現職教員研修のあり方を抜本的に見直し、現職教員研修関連組織の連携を
図り、教員の能力強化と授業力量の向上を目指すこととしている（DBE and
DHET 2011: 1）。ここでは、「計画のための枠組み」に沿って進められている、
南アの教員にとって身近な教員研修や、その教員評価との結び付き、さらに
は、そこに介在するシステムなどについて述べてみたい。

　SACEは教員資格認定のための登録先であると同時に、「計画のための枠組
み」の下で実施されている教員の継続的職能開発研修（Continuous Professional
Teacher Development: CPTD）においては、そのシステムの管理運用を担って
いる。このシステムの目的は、研修活動の主導者あるいは提供者及びその内容
を踏まえたCPTDのための活動やコースプログラム（以下「研修活動」）の種別化、
研修ポイント制の導入及びシステムの活用のためのルールの三者を核として、
研修の質を担保するとともに、教員の研修参加の確保及び管理することにある。

　CPTD管理システムについての手引き（SACE 2013）によれば、教員が活用
可能な研修活動は、教員個人が主導するもの（タイプ1）、学校が主導するもの
（タイプ2）及び学校外の多様な組織により提供されるもの（タイプ3）の3種類
がある（SACE 2013: 9）。「研修ポイントに関する付属文書」（以下「付属文書」）
（SACE 2016: 4-22）によると、タイプ1の研修活動には、教員個人による「教育
関連出版物の閲読」などが含まれ、タイプ2の研修活動は、学校ベースで、学
校改善に焦点を当てた職能開発、教職員間の協働性や同僚性を高めるための集
団的な取り組みとされている。学校ベースの研修については、後述する統合的
質管理システム（Integrated Quality Management System: IQMS）を通して学校
が作成する学校改善計画の活用なども提案されている（SACE 2016: 14）。タイ
プ3の研修活動は、大学などの高等教育機関、教員組合、教育行政機関及び民
間のプロバイダーなどにより提供されるものであるが、質の担保のために、
SACEによる認可を受けなければならない（SACE 2013: 11-15）。各タイプの研
修活動については、その概要に加えて、事例及び研修ポイントの付与に関する

要件とともに、付属文書に示されているが、詳細は、紙幅の関係から割愛する。なお、タイプ3の研修活動の中で民間のプロバイダーが提供するものは、研修活動の受講完了時に付与される研修ポイントや受講料とともに、プロバイダーのウェブサイトに掲載されている[9]。このような遠隔的に提供される研修活動は、国土が広い南アにおいては、時を選ばず受講することができ、インターネット環境の整備や受講料を別にすれば、多忙な教師にとっては、利便性の高いものであろう。

　個別の研修活動ごとに設定されている研修ポイントは、研修活動への参加を確保するための「しばり」となる。なぜなら、教員には、これらの研修活動に3年間を1サイクルとして参加し、研修修了後には、SACEに報告して、最低150ポイント[10]の研修ポイントを取得することが義務付けられているからである。SACEは、2019年までは、150ポイントに達しない場合でもペナルティなどを科すことなどは考えていないようである。しかし、それ以降は、それまでの状況を精査し、処罰などについて検討するとしている。また、CPTDに参加しない教員に関しては、SACEの職務に関する倫理規定を踏まえて、何らかの措置を講ずることも考えるとしている（SACE 2013: 8）。

　IQMSは、教員個人の弱みや強みを見出すための評価（Developmental Appraisal: DA）、教員個人の昇給などに関係する実績評価（Performance Measurement: PM）及び学校運営の9つの領域[11]を総合的に自己評価する総合的学校評価（Whole School Evaluation: WSE）の3つのコンポーネントから構成されている。評価主体は学校とその教員であり、教員研修チーム（Staff Development Team: SDT）を教員から選び、校長、学校運営チーム（School Management Team: SMT）及び教員研修チームの三者の協議により、評価実施計画が立案される。WSEの一環として、サンプルベースで州教育局WSE監督ユニットによる外部監査が行われる。IQMSは継続的なプロセスであり、年間を通して行われることとなっているが、実施計画には、評価対象者、評価実施者及び評価時期などを明示しなければならない。学校は、評価結果を踏まえて、学校改善計画を作成し、地区教育務所に提出する。また、教員一人ひとり

は、それぞれに自らの職能改善計画を作成し、教員研修チームに提出する。なお、PMの結果は、教育事務所を通じて、PDEに提出されることになっている（DBE 2017c）。

　これまでにも折に触れて述べてきたが、CPTD管理システムとIQMSは、独立して実施されているのではなく、制度上の関連が深い。SACEは、CPTDとIQMSの相互関係について、学校関係者の間に混乱がみられるとして、タイプ1の研修活動とIQMSのコンポーネントの一つであるDAとの関係を中心に、両者の関係図をホームページ上に掲載し、周知を図っている（図5.2）。図5.2に示すように、IQMSのコンポーネントの一つであるDAを通して、教員は自らの弱点を見出すことが可能となる（図5.2、Step 2）。このことをCPTDとの関連からみれば、自らの弱点を踏まえた教員一人ひとりによる研修ニーズの把握と弱点の解消に資する的確なタイプ1の研修活動の選択を可能にし（図5.2、Step 3）、さらに研修活動参加への動機付けも強まることであろう。同様に、

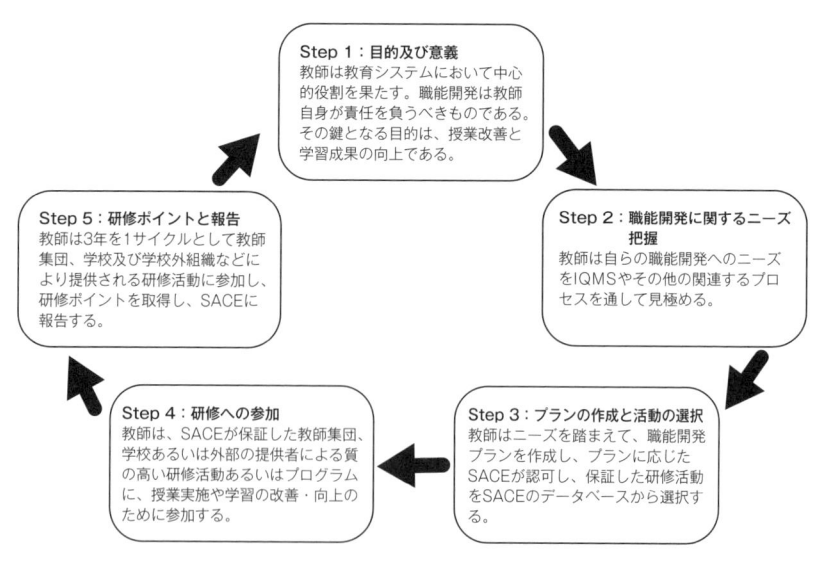

出典：SACEの広報用パンフレット（SACE 2017）を基に筆者作成。

図5.2　CPTDとIQMSとの関係

学校関係者がWSEを通して自らの学校の課題及びニーズを把握することが、的確なタイプ2の研修活動策定と効果的な実施の実現へとつながることが期待されている。

　これまで、CPTDとしての教員研修については、やや詳細に、IQMSについては、その概要及びCPTDとの関係について述べきた。ここで、みえてきたことは、IQMSのコンポーネントの一つであるDAは、タイプ1の研修活動と、もう一つのコンポーネントであるWSEは、タイプ2の研修と制度設計上で関連付けられていることである。さらに、教師や学校は、この関連を意識しつつ、タイプ3の研修活動を適宜効果的に組み合わせながら、教師一人ひとりの職能開発と学校改善を連動させることにより、最終的に児童・生徒の学習の向上を目指すことを求められているということである。

　本節において述べた教員養成、資格認定を含めた教員の研修及び評価に関する政策的枠組み、制度及び規則等は、実際は非常に複雑で錯綜している。CPTD、IQMSともに制度としての運用は以下で触れる学校間格差、地域格差によっても影響を受けており（Mettler 2016; Rabichand and Steyn 2014; CDE 2015）、意図した成果を上げているかどうかさらなる検証が必要である。

第5節　南アフリカの教員の課題

　これまでの論述で浮かび上がるのは、教育により、平等で公正な民主国家の建設を目指して模索する南アの姿である。民主化から今日まで、数度にわたる国レベルのカリキュラム改訂は、社会体制の転換の象徴（Jansen 1998）に終わらせるのではなく、「教育をツールとして、アパルトヘイト体制下の政策が原因となって生み出された不均衡と不正義を払拭しようとする」（Bantwini 2010: 83）国としての決意の表明であった。教育機会へのアクセス、学習カリキュラムは、出自に関係なくすべての者に公正なものへと転換した。また、様々な制度、法律及び規則の整備・導入も同様の意図の下に行われてきた。こうした教育インプットの改善、規則・制度の整備は、理論的には、黒人の子どもたちの

教育成果の改善につながるはずであった。しかし、現実には、教育成果はほとんど改善していない。C2005の導入以来、子どもたちの学びの危機的状況が繰り返し指摘された（Taylor and Vinjevold 1999; Howie and Plomp 2005; Fleish 2007; Spaull 2013b）。そのたびに、教員への十分な説明もなく次から次へと新しい施策が導入されてきたように見える。たび重なるカリキュラム改革、全国学力定着度調査（Annual National Assessment: ANA）[12]、CAPSに沿った授業実施や年5回の試験の採点、記録及び報告、IQMS、CPTDに基づく研修活動への参加や評価実施など、南アの教員の仕事は多様化し、同時に過重なものとなってきた。

Spaull（2013a）は、アパルトヘイトの空間的人種隔離政策の結果、学力レベルの低い、貧しい黒人主体の学校と、学力レベルの高い上・中流階層の白人及びインド人の子どもたちが通う学校という2種類の学校がいまだ存在していると指摘している（p. 438）。このような学校間格差は、例えばIQMSの方針に対する学校や教員の姿勢にもみられる。

政策としてのIQMSは、それを解釈してそれぞれの学校・教員のニーズにあったようなアクション・プランに落とすのが容易ではない（Rabichund and Steyn 2014）。Spaullのいう2種類の学校のうち、後者のような白人及びインド人の教員の多い学校ではIQMSにより提示される課題とその機会を重く捉え、学校ぐるみの改革をIQMSが支援してくれると信じているが（Le Roux 2015）、恵まれない学校で働く黒人の教員たちは、IQMSの趣旨やプロセスを正確に把握しておらず、未だにその実施に苦労している現実がある（Mthembu 2017; Zachariah 2016）。

おわりに

格差は教育分野だけではなく、南アが抱える大きな社会問題である。民主化以降、南アは高い経済成長率を維持してきた。しかし、成長の分配や社会サービスの提供と利用などでは、持続的な不公平と排除、そして、大きな格差が生

じており、「南アは、世界で最も不公平（unequal）な国である」とされている（World Bank 2012: viii）。経済成長の分配の偏りと格差の拡大は、政治の腐敗もあいまって、貧困や暴力の連鎖による都市部の治安の悪化や高い失業率[13]など、多くの社会問題を生み出す要因となっている。

　筆者の一人近森は、2016年9月に南ア南東部の地方都市郊外の黒人が多く住む地域にある小学校を訪問する機会を得た。そこで学校が抱える教育課題について質問したところ、一人の教員から得た回答は次のようなものであった。「社会問題です。例えば低学年の子どもが二日酔いで学校に来ることがあります。親と一緒に飲酒をしているのです」。この回答は、南アの学校の過半数を占める、「学力が低く、貧しい、黒人主体の学校」（Spaull 2013a: 458）で教える教員を取り巻く厳しい社会的現実の一端を如実に物語る。

　TIMSS（国際数学・理科教育動向調査）2003の理科のデータを用いて、子どもの学力に影響する変数を探索した研究（Cho et al. 2014）では、南アの場合、特に「校内の安全性（safety in school）」が成績に及ぼす影響が大きいことを見出している（Cho et al. 2014: 32-35）。「校内の安全性」とは、子どもたちが他の生徒から脅されたりいじめられたりすることなく、身体的にも精神的にも安心して学業に専念できる環境にあるかどうかを表す変数である。裏返すと、南アの学校の過半数を占める「学力が低く、貧しい、黒人主体の学校」は子どもたちにとって決して望ましい学習環境とは言えず、子どもたちの学習への取り組み意欲も高くない（Cho et al. 2014）。

　南アにとって、格差を解消し公正で民主的な国家を実現するためには、教育成果の平等は必須である。そのために地方に住む多くの黒人の子どもたちにとって、利用できる数少ない地域資源は何かといえば学校と教師である（Ebersöhn et al. 2015）。どうやって学校、教師を継続的に支援していくかが課題である。CPTDやIQMSはまさにそのための制度であるが、所期の効果を上げるまでには至っていない。

　そのような厳しい状況でも、希望をつなぐ地道な活動が見いだせる。一つは、大学と学校のパートナーシップによって、教師を変革のための有用な資産

（asset）として能力強化し、活用しようとする試みである（Ebersöhn et al. 2015; Ebersöhn and Loots 2017; Loots et al. 2012）。Ebersöhnらは、貧困や病気が慢性的な問題となっている地方の学校で、教師を保護的リソースとして育成するべく介入した。子どもが逆境から立ち直る力（resilience）を養うことができるよう、教師、学校がケアと支援を与えるというものである。3州の4つの学校を対象に実施した9年間にわたる継続的な研究プロジェクトであるが、この中で、特に注目したいのは、初期の活動に参加した教員が、周辺の学校に活動を広める活動を続けていることである。

　もう一つは、JICA（国際協力機構）の本邦研修に参加したイースタン・ケープ州教育省による授業研究の導入である。筆者らはJICAの委託を受けて、2016年11月に「初等算数科における教員の授業実践能力向上」研修をイースタン・ケープ州、ノースウエスト州の教育職員に実施した。研修プログラムは、日本の教育課程政策、現職研修制度（校内研修を含む）、教科書編纂の仕組みと実際、算数カリキュラムの分析、教材研究、アセスメント、授業案作成と模擬授業、授業検討会、附属小学校、公立小学校での算数授業の参観とリフレクション、アクション・プランの作成から構成されている。学校レベルでの継続的な教員相互の学び合いである授業研究に可能性を見出したイースタン・ケープの研修員は、帰国後、授業研究導入のワークショップを自分たちの力で企画実施した。特筆すべきは、授業研究とは何かという講義ではなく、実際に、理数科の公開授業を実施し、授業検討会も行ったことである。

　Ebersöhnらの活動は、子どもが学習に取り組むための心理的・社会的環境づくりとも言えるものである。他方、イースタン・ケープ州の取り組みは教科学習において「わかる」「できる」喜び、楽しさを子どもに体験させるため、教員の授業力を高めようとする試みである。教員や学校同士が、オーナーシップをもって、自力で、相互に学びの成果を共有する活動が、今こそ必要とされているのではないだろうか。

注

(1) 地方農村部の多くの教員にとってRNCSはC2005同様、理解し難く、ペーパーワークばかり多い面倒くさいものだった（Chisholm 2012）。イースタン・ケープ州の2006年の調査では、回答した教員の95％はRCNSを実施していない。また残りの5％の教員も、授業観察からは特に授業のやり方が異なっているとは言えなかった（Bantoni 2010）。

(2) RはReceptionの略。GRも義務教育であるが、予算等の関係からすべての小学校に設置されているわけではない。

(3) 小野（2014）参照。

(4) 以下の9州からなる。イースタン・ケープ州、フリー・ステート州、ハウテン州、クワズル・ナタール州、リンポポ州、ムプマランガ州、ノースウエスト州、ノーザン・ケープ州、ウエスタン・ケープ州。

(5) CAPS以外の2つの文書は、教育課程の編成及び進級等について定めた「National policy pertaining to the programme and promotion requirements of the National Curriculum Statement Grades R-12」及び評価について定めた「National Protocol for Assessment Grades R-12」である。

(6) JICA派遣専門家からの聞き取りによる。

(7) 教員養成には私立大学等も参入しており、DHETから学位、ディプロマを付与する高等教育機関として認定を受けたものも数多い。ただし、私立大学の在学者はFunza Lushaka奨学金の応募資格が認められていないようである（CDE 2015）。

(8) 教科知識、教科内容の精選配列、学習者理解、コミュニケーション能力、読解・数理・ICTスキル、カリキュラム、多様性理解、学級経営、学習評価、倫理観、省察力にかかわるもの。

(9) 研修活動のテーマ、研修ポイント及び受講料などについては、The Eduvation Networkのホームページなどを参照していただきたい。
［http://www.eduvationnet.co.za（2017年4月18日取得）］

(10) 3年間で、タイプ1は36ポイント、タイプ2は30ポイント、タイプ3は84ポイントと規定されている。

(11) ①教授学習と教師力量開発の質、②カリキュラムとリソース、③学習者の成績、④学校の基本的機能性、⑤リーダーシップ・運営・コミュニケーション、⑥ガバナンス、⑦安全・治安・生徒指導、⑧学校インフラ、⑨保護者・地域

(12) 1年生から6年生及び9年生対象の読み・書き及び算数／数学に関する学力試験。ただし、組合の反対により現在は中止。

(13) Stats SAによれば、2016年第4四半期の失業率は26.5％であり、ニートとして分類される20歳から24歳の女性の割合は51.5％、男性でも42.4％に達している。[http://www.statssa.gov.za/publications/PO2114thQuater2016./pdf（2017年4月10日取得）]

参考文献・資料
［和文］
小野由美子（2014）「南アフリカ農村地域での生活と学校教育―子どもの期待と現実―」澤村信英編著『アフリカの生活世界と学校教育』明石書店.
［欧文］
Bantwini, B. D. (2010) How teachers perceive the new curriculum reform: Lessons from a school district in the Eastern Cape Province, South Africa, *International Journal of Educational Development*, 30: 83-90.

Center for Development and Enterprise (CDE) (2015) *Teachers in South Africa: Supply and demand 2013-2025*, CDE.

Chisholm, L. (2005) The politics of curriculum review and revision in South Africa in regional context, *Compare: A Journal of Comparative and International Education*, 35 (1): 79-100.

――― (2012) Apartheid education legacies and new directions in post-apartheid South Africa, *Storia delle donne*, 8 (81).

Cho, M-O., V. Scherman and E. Gaigher (2014) Exploring differential science performance in Korea and South Africa: A multilevel analysis, *Perspectives in Education*, 32 (4): 21-39.
[http://www.perspective-in-education.com（2017年3月31日最終閲覧）]

Clark, N. L. and W. H. Worger (2004) *South Africa: The rise and fall of Apartheid*, Seminar Studies in History, Pearson Education Limited, pp. 48-52.

Cross, M., R. Mungadi and S. Rouhani (2002) From policy to practice: Curriculum reform in South African education, *Comparative Education*, 38 (2): 171-187.

Department of Basic Education (DBE) (2011) *Curriculum and Assessment Policy Statement Grade 4-6 Natural Sciences and Technology*.
[https://www.education.gov.za/Curriculum/CurriculumAssessmentPolicyStatements(CAPS)/CAPSIntermediate.aspx（2017年4月21日最終閲覧）]

――― (2017a) *Education in South Africa*.

〔https://www.education.gov.za/EducationinSA/tabid/327/Default.aspx（2017年4月7日最終閲覧）〕

──（2017b）*Do you want to make a difference? Then become a teacher.*
〔https://www.education.gov.za/Informationfor/Teachers/InitialTeacher Education/tabid/416/Default.aspx（2017年4月13日最終閲覧）〕

──（2017c）*Your Integrated Quality Management System（IQMS）Q & A.*
〔https://www.education.gov.za/Portals/0/Documents/Publications/IQMS%20 pdf%20for%20website%20(72dpi).pdf?ver=2010-05-21-115016-000（2017年4月16日最終閲覧）〕

Department of Basic Education（DBE）and Department of Higher Education and Training（DHET）（2011）*Integrated Strategic Planning Framework for Teacher Education and Development in South Africa 2011-2025 Technical Report.*
〔http://www.dhet.gov.za/Teacher%20Education/Technical%20Report%20-%20 Intergrated%20Strategic%20Planning%20Framework%20for%20Teacher%20 Education%20and%20Development%20In%20SA,%2012%20Apr%202011.pdf#sea rch=%27integrated+strategic+planning+framewokr+for+teacher+education+an d+development+in+Suoth+Africa%27（2017年4月8日最終閲覧）〕

Department of Education（1995）South African Qualification Authority Act, No.58 of 1995, 4, October.

──（1996）South African Schools Act, No. 84 of 1996, 15 November.

──（1997）*Curriculum 2005: Lifelong learning for 21st century.*

──（1998）Employment of Educators Act, No. 76 of 1998, 29 September.

Department of Higher Education and Training（DHET）（2011）*National Qualification Framework Act No.67 of 2008-Policy on the Minimum Requirement for Teacher Education Qualification, Republic of South Africa Government Gazette-Staatskoerant*, No. 34467, Vol. 583, 15 July.

──（2015）*National Qualification Framework Act No.67 of 2008- Revised Policy on the Minimum Requirement for Teacher Education Qualification, Republic of South Africa Government Gazette-Staatskoerant*, No. 38487, Vol. 596, 19 February.

De Waal, T. G.（2004）*Curriculum 2005: Challenges facing teachers in historically disadvantaged schools in Western Cape*, University of the Western Cape.

[http://etd.uwc.ac.za/xmlui/bitstream/handle/11394/1362/DeWaal_MPA_2004. pdf?sequence=1&isAllowed=y]

Ebersöhn, L. and T. Loots (2017) Teacher agency in challenging context as a consequence of social support and resource management, *International Journal of Educational Development*, 53: 80-91.

Ebersöhn, L., T. Loots, I. Eloff and R. Ferreira (2015) In-service teacher training to provide psychosocial support and care in high-risk and high-need schools: school-based intervention partnerships, *Journal of Education for Teaching*, 41 (3): 267-284.

Fleish, B. (2007) *Primary education in crisis*, Juta.

Howie, S. and T. Plomp (2005) TIMSS-Mathematics findings from National and International Perspectives: In search of explanations, *Educational research and evaluation*, 11 (2): 101-106.

Jansen, J. D. (1998) Curriculum Reform in South Africa: a critical analysis of outcomes-based education, *Cambridge Journal of Education*, 28 (3): 321-331.

――― (1999) The school curriculum since apartheid: intersections of politics and policy in the South African transition, *Journal of Curriculum Studies*, 31 (1): 57-67.

――― (2002) Political symbolism as policy craft: Explaining non-reform in South African education after apartheid, *Journal of Education Policy*, 17 (2): 199-215.

JET Education Services (2014) *The Initial Teacher Education Research Project: An examination of aspects of initial teacher education curricula at five higher education institutions*, Progress Report.

Le Roux, V. (2015) *The perceptions and experiences of female primary school management team members of their continuing professional development in Johannesburg North*, University of Johannesburg.

Loots, T., L. Ebersohn, R. Ferreira and I. Eloff (2012) Teachers addressing HIV&AIDS-related challenges resourcefully, *Southern African Review of Education with Education with Production*, 18 (1): 56-84.

Maharajh, L. R., T. Nkosi and M. C. Mkhize (2016) Teachers' Experiences of the Implementation of the Curriculum and Assessment Policy Statement (CAPS) in Three Primary Schools in KwaZulu Natal, *Africa's Public Service Delivery and Performance Review*, 4 (3): 371-388.

Mavuso, M. P.（2013）*Education district office support for teaching and learning in schools: The case of two districts in the Eastern Cape*, University of Fort Hare.

Mettler, E.（2016）*Continuing Professional Teacher Development（CPTD）practices of teachers in working class schools in the Western Cape*.

Mthembu, R. J.（2017）*An evaluation of the Integrated Quality Management System as an appraisal tool for teachers in Ilembe district, Kwazulu-Natal*, University of Zuland.

Mullis, I. V. S., M. O. Martin, S. Goh and K. Cotter（eds.）（2016）*TIMSS 2015 Encyclopedia: Education Policy and Curriculum in Mathematics and Science*. Retrieved from Boston College, TIMSS and PIRLS International Study Center. [http://timssandpirls.bc.edu/timss2015/encyclopedia/]

Nkabinde, Z. P.（1997）*An analysis of educational challenges in the new South Africa*, University Press of America.

Potenza, E. and M. Monyokolo（1999）A destination without a map: Premature implementation of Curriculum 2005, *Changing curriculum: Studies on outcomes-based education in South Africa*, pp. 231-245.

Rabichand, S. and G. M. Steyn（2014）The contribution of the Integrated Quality Management System to whole school development, *Mediterranean Journal of Social Sciences*, 5（4）: 348-358.

SACE（2013）*The CPTD Management System Handbook*, pp. 1-15.

――― （2016）*Professional Development Points Schedule*, pp.1-23.

――― （2017）*IQMS and the CPTD Management System*. [https://www.sace.gov.za/Document/DocumentDownload（2017年4月16日最終閲覧）]

SAQA（2000）The NQF and Curriculum 2005: A SAQA position paper. [http://www.saqa.org.za/docs/pol/2003/curricul2005.html（2017年11月11日最終閲覧）]

Soudien, C.（2007）The "A" factor: Coming to terms with the question of legacy in South African education, *International journal of educational development*, 27（2）: 182-193.

Statistics South Africa（2004）Census 2001: Primary tables South Africa, Census '96 and 2001 compared. [http://www.statssa.gov.za/census/census_2001/primary_tables/RSAPrimary.]

pdf］

────（2016）*Community Survey.*
［http://cs2016.statssa.gov.za/wp-content/uploads/2016/07/NT-30-06-2016-RELEASE-for-CS-2016-_Statistical-releas_1-July-2016.pdf#search=%27Statistics+South+Africa%2CCommunity+Survey%2C+2016%27］

Spaull, N.（2013a）Poverty and privilege: Primary School in equality in South Africa, *International Journal of Educational Development*, 33: 436-447.

────（2013b）*South Africa's education crisis: The quality of education in South Africa 1994-2011*, Johannesburg: Centre for Development and Enterprise.

Taylor, N. and P. Vinjevold（eds.）（1999）*Getting learning right: report of the President's Education Initiative Research Project*, Joint Education Trust.

Thompson, L. M.（2001）*A history of South Africa*, Yale University Press.

Union of South Africa（1953）Bantu Education Act. Act No.47 of 1953.
［http://www.sahistory.org.za/sites/default/files/DC/leg19531009.028.020.047/leg19531009.028.020.047.pdf］

World Bank（2012）*South Africa economic update focus on inequality and opportunity*, Washington, D.C.: Communication Development Incorporated.

Zachariah, S. N.（2016）*Investigating teachers' perceptions of Integrated Quality Management System effectiveness on teaching and learning in a rural secondary school*, University of South Africa.

第6章

ザンビアの教員を取り巻く環境と教員政策の課題

―教育の質の保証に向けた取り組み―

中井 一芳／下田 旭美／馬場 卓也

校内研修にて共同で授業の計画をする中等学校教員（筆者撮影）

はじめに

　教師教育を、①基礎的な人間教育（Personal Education）、②養成教育（Pre-Service and Induction）、現職教育（In-Service Education and Training）という3つの段階で捉え、その連続性の重要性を最初に提起したのは1972年のジェームズ・レポートであった（白石 1989）。その後、1974年のOECDによる教師教育政策関連の国際会議の最終報告書には、教師教育において「生涯教育・リカレント教育[1]という概念」があげられ、情報基盤社会の中で、変動する社会・技術に対応できる人材を育成できる教員が必要であることが述べられている（髙倉 1980）。そのような流れから、1980年代以降、教師教育の継続性と一貫性が注視されている（佐藤 2015）。

　本章で取り上げるザンビアの学校教育は、現在、7年制の初等教育（Primary School）と5年制の中等教育（Secondary School）からなる。中等学校は、2年間の前期中等教育（Junior Secondary）と3年間の後期中等教育（Senior Secondary）に分かれている。また、近年、初等学校入学前の就学前教育施設の整備が進んでいる。教員の育成や教職に関する規定は、この学校制度に対応する形で整備されてきた。本章では、ザンビアにおける「教員政策」「教員養成」「現職教員研修」の現状を整理するとともに、教師教育の継続性や一貫性について考察する。

第1節　教育の拡充と教員政策の変遷 ―独立から現在まで―

　1964年に英国から独立をとげたザンビアは、早くから教育の重要性を認識し、法令や国家開発計画によって教育目標を立て、それに応じた教育政策や文書により教育の拡充に努めてきた。ここでは、ザンビアの教員を取り巻く主な政策文書や教師教育に関わる教育法規を、教育制度、教員の確保、教員の質、教師像といった観点から、時代を追って概観したい。

　図6.1は、ザンビアにおける基礎教育の拡大と教員の拡充をみるために、総

就学人数と総教員数の年ごとの推移を、特定の年を起点として初等、中等それぞれで増加率によってまとめたものである[2]。

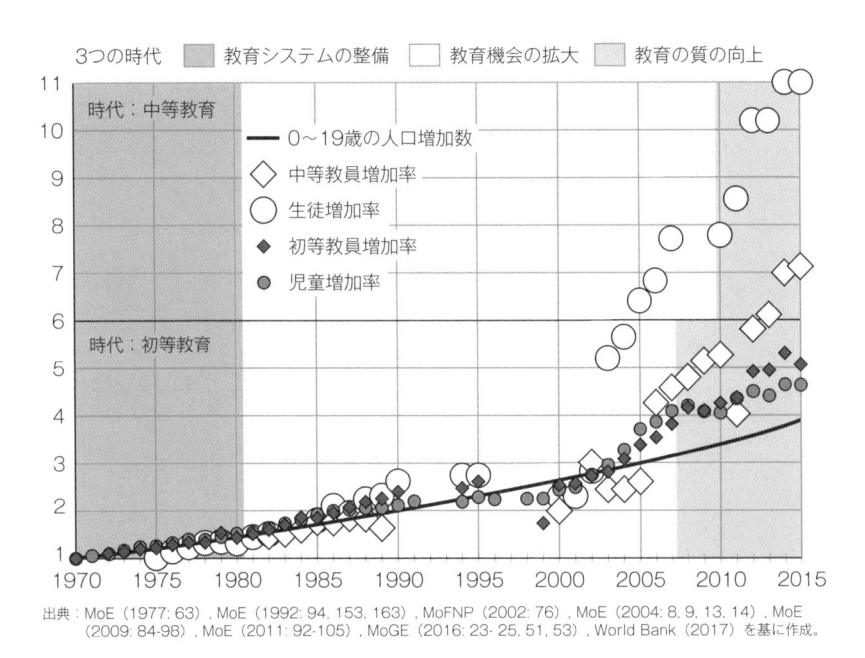

出典：MoE（1977: 63）, MoE（1992: 94, 153, 163）, MoFNP（2002: 76）, MoE（2004: 8, 9, 13, 14）, MoE（2009: 84-98）, MoE（2011: 92-105）, MoGE（2016: 23- 25, 51, 53）, World Bank（2017）を基に作成。

図6.1　ザンビアにおける初中等教育の教員と児童・生徒数の変化と主要教育政策

　初等教育については、基準とした1970年の総就学児童数は約70万人であったが、20年後の1990年には2.1倍、45年後の2015年には4.6倍となっており、すべての子どもに初等教育を提供することを推進してきた政策の成果を確認することができる。就学児童の増加に合わせるように、1970年に1万5,000人だった総教員数も、20年後には2.4倍に、45年後には5.1倍と増加している。教員一人当たりの児童数も、46.7人（1970年）（World Bank 2017）から42.8人（2015年）（MoGE 2016）へと改善されており、教員数の増加にともなって教育の質的な向上に向けた取り組みが可能な状況へと徐々にシフトしている。

　中等教育では、基準とした1975年の総就学生徒数は約7万3,000人（MoE 1992）であったが、約10年後の1986年には2.1倍、約30年後の2003年には5.2

時代	政策目標の分野	教育制度
教育システムの整備 初中等教育： 独立〜1980年頃	1966年『教育法』（Education Act）（Ministry of Legal Affairs 1966）	
	植民地時代の人種別学校制度の撤廃	初等（7年）、中等（5年：職業訓練含）の制度の整備
	1977年『教育改革』（Educational Reform）（MoE 1977）	
	すべての子どもへの基礎教育の普及 （初等教育普及を優先）	初等（7年） 前期中等（2年） 後期中等（3年） 学校制度の整備
教育機会の拡大 初等教育： 1980年頃〜2006年 中等教育： 1980年頃〜2010年頃	1992年『学びに焦点をあてる』（Focus on Learning）（MoE 1992）	
	初等教育の包括的な普及	（同上）
	1996年『未来を教育する』（Educating Our Future）（MoE 1996）	
	民主化、地方分権化、カリキュラムの妥当性と多様性、効果的で費用効率の高い教育マネジメント、能力強化、費用分担	基礎教育（9年） 中等教育（3年） 学校制度の整備
	2002年『ザンビア貧困削減戦略文書』（Zambia Poverty Reduction	
	基礎教育の質向上 前期中等中等前期教育の普及	初等教育無償化
教育の質の向上 初等教育： 2007年〜現在 中等教育： 2010年頃〜現在	2007年『第5次国家開発計画（2006年〜2010年）』（Fifth National	
	教育の質を重視 基礎教育以外の教育へアクセス拡大	（同上）
	2011年『第6次国家開発計画（2011年〜2016年）』（Sixth National	
	後期中等教育、高等教育へのアクセスの拡大、すべての教育段階における教育の質の向上	（同上）
	2011年『教育法』の改定（Education Act）（NAZ 2011）	
	教育の質の確保	初等（7年） 前期中等（2年） 後期中等（3年） 学校制度の整備
	2013年『教職専門規定』（Teaching Profession Act）（NAZ 2013）	
	教員の専門性の確保	教職の専門化、資格の登録・更新制度の規定

図6.2　3つの時代の主な教育法規・政策

教員の確保	教員の質	求められる教師像
【目標】1クラス当たり児童・生徒数は、1－10学年で40人まで、11－12学年で35人まで	（記載なし）	（記載なし）
【課題】教員不足で「教育法」の目標に届かず（初等教員一人当たり児童数47.1人：1977年）	【課題】無資格初等教育教員（13.4%：1977年）	【目標】教員による新たな知識や技術を継続的に学ぶ努力を促進する
【課題】教員の業務環境・待遇		
【課題】教員不足（初等教員一人当たり児童数41.5人：1990年）	【課題】無資格初等教育教員（15.5%：1990年）	【目標】生涯にわたる学び
【課題】教員の業務環境・待遇と疾病による離職		
【課題】教員不足（初等教員一人当たり児童数40.6人：1995年）	【課題】基礎教育の緩やかな普及による低資格教員の増加	【目標】他の専門職と同様に、教員も知識を深め、最新の知識や能力を更新する責任を持つ
Strategy Paper 2002－2004）（MoFNP 2002）		
【課題】教員不足（初等教員一人当たり児童数46.1人：2001年）	【課題】初等教育の留年率の高さが課題	
Development Plan 2006－2010）（MoFNP 2006）		
【課題】教員不足（中等教員一人当たり児童数　36.6人：2006年）	【目標】教師教育の向上、教員離職率低下に向けた改善	
Development Plan 2011－2016）（MoFNP 2011, MoF 2014）		
【課題】教員不足（中等教員一人当たり生徒数　33.8人：2010年）	【目標】教員の職能成長研修への参加の促進、教員住宅の新築や改築等の待遇改善	
（記載なし）	【規定】カリキュラム改訂規定、教育基準局職員の業務規定設置	（記載なし）
（記載なし）	【規定】教職専門審議会の設置【規定】専門職として定期的な資格確認制度を設置	【規定】教職員の倫理・懲罰規定設置

倍、2015年には11倍にまで増加している。特に、1990年代後半から政策の主眼が初等から中等教育普及へシフトしたこともあり、就学生徒数の急激な増加が確認できる。教員数は、1975年に3,200人（MoE 1992）で、教員一人当たりの生徒数は22.9人であり、限られた生徒が進学し、それに合わせた教員数が確保されていたことがわかる。その後、初等教育の普及にともなって中等の就学生徒数も増加し、教員数も若干遅れをとりながらも増加している。しかし、約40年後には総就学生徒数が急速に増えるようになる一方で、教員数は7.1倍の増加に留まり、教員一人当たりの生徒数は35.2人と1975年より悪化する結果となっている[3]。

　こうした教育の拡大が進む中で、図6.2に示したように、各時代の課題への対応を優先事項とした教育政策が実施されてきた。教育の拡大の様子と政策の推移から、初等教育に関しては、独立から1980年頃までの約15年間は「教育システムの整備」時代、1980年頃から2006年までを「教育機会（アクセス）の拡大」時代、そして2007年以降の「教育の質の向上」を目指す時代と捉えることができる。中等教育は「教育システムの整備」時代について初等教育と同様で、その後少し遅れて、1980年頃から2010年頃を「教育機会（アクセス）の拡大」時代、2010年以降を「教育の質の向上」時代と分けることができよう。以下、各時代における主な教育法規・政策について概観していく。

1.1　教育システム整備の時代 —独立から1980年頃まで—

　独立直後の1966年に「教育法」が設置され、独立前は地域によって学校数に違いがあった初中等教育学校を、国民全体に開かれたものとするために、学校の整備や教員の養成が進められた。学校における人種差別の撤廃や、学校教育を通じた早急な人材育成が強調された。

　1977年の教育政策文書「教育改革」では、教育は個人と国家が発展するための重要な道具であることが強調され、すべての子どもが9年間の基礎教育を受けられるようになることを目指した。その一方で、基礎教育の完全普及には相応の時間がかかると判断し、学校制度の段階的な移行を提案している。第一

段階は、7年間の初等教育、2年間の前期中等教育、3年間の後期中等教育のシステムを整備することとし、第二段階として9年間の基礎教育、3年間の中等教育に移行することが提言された。当時、初等・中等ともに児童・生徒数に比べて学校数が不足していたため、当面は7年制の初等教育学校数を増やし、その後段階的に9年制の基礎教育学校を増やしていくという計画であった。

　同政策では、教員不足と無資格教員の雇用が課題とされていた。教員一人当たりの児童数が47.1人と、1970年より若干悪化しているうえ、雇用教員のうちの13.4％が無資格教員であることが確認されており、有資格教員の圧倒的な不足を解消するため、苦肉の策として、無資格教員を最長2年の契約で雇用するという臨時政策がとられた（MoE 1977: 63）。また、教員不足の原因として、教員の業務環境や待遇の悪さが深刻な課題であった。業務においては、教員不足による業務量の過多、一クラス当たりの過剰な児童数、教科書・用具等の教材不足、電気や水の不安定な供給等であり、待遇の悪さについては、政府が提供する教員住宅の不整備、特に地方学校勤務において学校から病院や市場が遠いこと、給与の低さ等である。

　独立直後のこの時代は、教育の重要性を認識して基礎教育システムの整備が行われたものの、教員の育成や雇用のための環境整備が追いつかず、無資格教員の増大や待遇の悪さが課題となった。ただし、教育改革の中で現職教員研修の必要性が強調されるなど、この時代から教員の職能成長の重要性が認識されていることは、現在さかんに行われている校内研修や現職教員研修の出発点と言える。

1.2　教育機会（アクセス）拡大の時代 —1980年頃から2006年まで—

　教育省[4] は、1992年に教育政策文書「学びに焦点を当てる」を発表した。これは、1990年に開催された「万人のための教育（Education for All: EFA）世界会議」後に、初等教育のいっそうの普及に向けての計画をまとめたものである。国際的な初等教育促進の潮流を受けて教育機会の提供を進めるとともに、前政策「教育改革」で提案された基礎教育の普及も徐々に進んだ[5]。一方で、

アクセス拡大の過程で取られた対策によって、地方の初等学校では、寮の一部を8-9学年の教室にすることで基礎教育学校に格上げしたり、8-9学年の授業数を確保するために初等学校の授業を午前中だけにするといった新たな問題が発生し始めた。また、初等学校の優秀な教員が8-9学年の授業を担当せざるをえなくなり、彼らが担当できなくなった1-4学年の授業に無資格教員を雇用するなど、初等教育の質の悪化が問題視され始めた[6]。初等学校教員数そのものは増加している一方で、就学者数の増加がそれより早いスピードで進み、教員不足も引き続き深刻な課題とされた。さらに、教員のエイズやマラリア等の疾病による高い死亡率や離職率も教員不足の要因の一つであった。

　現職教員の職能成長においては、教員養成段階での学びだけでは十分でなく、生涯にわたる学びの重要性が記述されている（MoE 1992: 84, 89）。教科書等の普及が少しずつ進む環境下での授業における教科書の使い方、学習到達度が特に低い算数・数学の専門教科知識の強化、大人数の生徒に対する授業などの研修テーマや、地方の人材や学校、リソースセンターを活用した研修の実施など、より具体的な手立てが提案されている。現在行われている教員の校内研修や授業研究の実践は、「学びに焦点を当てる」で説明された継続的職能成長の考えを強く受けている。

　教育機会の拡大を進める中、教育省は1996年に教育政策「未来を教育する」を発表した。これは、現在に至るザンビアの基礎教育を支える基本政策と位置付けられるものであり、同政策により、それまで徐々に行われてきた9－3制（基礎－中等教育）への移行が正式に宣言された[7]。しかし、基礎教育の普及・拡大の速さに教員の確保が対応できず、教員の不足は以前にも増して深刻な課題となったほか、基礎教育の普及にともない、上述した無資格教員や低資格教員の問題が続き、どの教育段階においても有資格者が授業をしていないという状況が続いた。

　2002年の「ザンビア貧困削減戦略文書」[8]の教育分野に関する記述においては、基礎教育のアクセス向上が一定程度確認された一方で、教員の量的拡大は、引き続きより深刻な課題とされ、疾病や不十分な待遇（教員住宅不足な

ど）による離職、教育省による無資格教員雇用の禁止によって、教員一人当たりの児童数が増加していると報告されている。また、教育の質の一つの指標である留年率の高さも課題としてあげられており、本文書では、前期中等教育へのアクセス増加と、基礎教育の質の向上が大きな目標として示された。そして、教員養成や研修の質の向上や、教員の離職率を下げるために待遇改善を行うといった対策が重点的にとられた。

　基礎教育の普及という国際的な潮流に応じたこの時期は、ザンビアにおいても初等教育の拡大が進められ、より多くの児童に教育機会が提供されるようになった。しかし、以前からあった教員数の不足や無資格教員の増加に対しては、結果として有効な手立てが打てず、これらの課題が後に教育の質に大きく影響してくることとなる。

1.3　教育の質の向上に向けた時代 ―2007年から現在まで―

　2007年に発表された第5次国家開発計画では、「未来を教育する」や「貧困削減戦略文書」の下で、基礎教育の純就学率[9] が2000年の68.1%から2004年に79.4%（MoFNP 2006: 135）に増えるなど、基礎教育普及の順調な進捗が確認された。一方で、これまでの政策にて質の向上が重視[10]されたにもかかわらず、教育の質については引き続き問題が山積していた。また、この計画で、それまであまり優先度を置かれてこなかった中等教育のアクセスと質が深刻な課題として取り上げられた。基礎教育の就学者数が増えるとともに、中等教育への進学者も増加した結果、学校数・教員の不足が続いたことに加えて、適切な資格保有者の不足から、多くの教員が前期中等教育の資格で後期中等教育も教えていた。そこで、第5次国家開発計画では、基礎教育以外の就学前教育、中等教育、職業教育、高等教育へのアクセスの拡大が重視され、教育の質については、カリキュラム改訂や教育教材の開発、教師教育の向上と教員離職率低下が活動として提言された。

　2011年に策定された第6次国家開発計画と2013年に作成されたその改訂版（MoF 2014）では、セクター目標として「2030年までに、すべての人々が生涯

教育・訓練を受けられること」を掲げ、主な戦略として、後期中等教育、高等教育へのアクセスの拡大とともに、すべての教育段階における教育の質の向上を目指した。特にカリキュラムの改訂・開発・普及や、地方の学校に所属する教員への手当の改善[11] が注視されている。改訂版では、「未来を教育する」で宣言された9－3制（基礎・中等）から、「教育改革」で第一段階として紹介された7－2－3制（初等・前期中等・後期中等）の学校制度へ戻すことが示された[12]。また、これまでの取り組みの成果として、初等教育におけるアクセス向上[13] が確認された一方で、子どもたちの学習到達度の低さが課題とされ、現職教員の職能成長研修の確実な実施とともに、カリキュラムの改善が対策とされている。中等教育もアクセスから質へ重点が移っている。特に、教育の質に直接関係する教員の不十分な資格が深刻な課題[14] とされ、教員の職能成長研修への参加が以前にも増して勧められた。

　2011年には、1966年に制定された教育法が全面改正された（NAZ 2011）。この改正では、教育の質の向上に向けた大きな変化が見られる。特に、カリキュラム改訂にかかる規定が初めて定められた。カリキュラムの改善については、1977年の「教育改革」から継続的に提案されてきたが、この法令では、カリキュラムの定期的な見直しや、子どもの発達段階に応じた主要学習内容を明記するなどこれまでよりも詳細な内容が記述された。さらには、日本の指導主事と同じ役割を担う教育基準局職員（Standards Officer）が設置され、彼らが定期的に学校を視察し、授業観察や技術指導、学校運営や学校設備のモニタリングを行うことが規定された。

　また、2013年には、教員の専門性を確保するための初めての法令として「教職専門規定」が策定された（NAZ 2013）。この法令の下で、教員養成、登録、資格証明を通して教職専門規律を確立するザンビア教職審議会（Teaching Council of Zambia）[15] が設置された。教職審議会が設置されたことで、今後、教職員の人事交流や資格の管理が改善されることが期待される。

　2000年代後半からのこの時期は、政策の重点がアクセスから質に移行し、教育省が質の向上のための方策として、教職の専門性に対する法令を整備する

など、教育省自体の認識も変わった時代と言える。しかし、教員数や教員の技能の不足という大きな課題を解決するためにはさらなる時間が必要であり、今後も長期的な視点に立った施策を継続することが求められる。

第2節　質の高い教員の育成をめざして

2.1　教員養成制度の概要

　ザンビアで初中等学校や就学前教育施設の教員になるためには、中等学校12学年を卒業後、教員養成校（College of Education）の3年制の教員養成コースか、大学教育学部での4年制コースに就学し、規定の学位を取らなければならない。教員免許状の制度はなく、大学または教員養成校にて学位を取得後、教職員の公的な人事組織である教育職務委員会（Teaching Service Commission）に各人が採用申請を行って教職に就くことになる。2016年末現在、教職に就くために必要な学位には、3年制コース修了者に与えられるディプロマ（Diploma）と、4年制大学で授与される学士（Degree）がある。以前は、就学前教育施設と初等学校の教員養成として、サーティフィケート（Certificate）という学位が取得できる2年制のコースもあったが、現在は一部の私立教員養成校を除いてこのコースは廃止となった。就学前教育施設、初等学校、前期中等学校で教授するためにはディプロマ以上、後期中等学校では学士以上の学位を取得することになる[16]。これに加えて、特殊教育学校の教員養成を目的としたディプロマと学士のコースもある。ディプロマコースには、「就学前教育教員」「初等教育教員」「中等教育教員」「特殊教育教員」の4種があり、一般教育省（Ministry of General Education）管轄下の教員養成校にて実施されている。学士コースは、「教育学士」と「特殊教育学士」のコースが、高等教育省（Ministry of Higher Education）管轄下の大学にて運営されている[17]。

　これらの教職学位を取得できる教育機関や各コースの定員数は、慢性的な教員数の不足を背景に、年々増える傾向にある。特に、これまで私立学校が行っていた就学前教育が、2015年以降教育省の事業改善重点分野の一つとなって

から、就学前教育教員の養成コースを設ける公立の養成校が増えている。2015年末の時点で、すべての教員養成校と大学で運営される教職課程の一学年当たりの総定員数は、5,395人である（MoGE 2016: 68-9）。

　教員養成に関して、2000年以降に一般教育省と高等教育省が行ってきた主な取り組みは、5つにまとめられる（MESVTEE 2015: 15-17）。

　第一に、初等学校教員養成のコースを、サーティフィケート取得を目的とした2年制からディプロマ取得のための3年制に、2014年から順次、変更した。教員を志望する学生に対して、より多くの専門的知識や経験を習得させることを通じて、初等教育の質の向上を図る意図がある。これにより独立以来、初等学校教員に必要な資格が、サーティフィケートからディプロマに格上げとなった。一部の私立教員養成校では、現在もサーティフィケートコースが実施されているが、それらも順次ディプロマコースに替えられる予定である。また、同時に就学前教育教員資格もディプロマに格上げされた。

　第二に、教員養成コースの入学要件が引き上げられた。例えば、初等学校教員養成コースでは、2006年までは12学年時に行われる国家試験において、3科目以上が50％以上の成績であることが入学要件であったが、2007年以降は英語・数学・理科を含む5科目以上で50％以上の評定が必要となった。同様に、前期中等学校教員養成コースでは、英語を含む5科目以上が50％以上であることと、専攻する科目が60％以上であることが入学要件となっている[18]。

　第三に、2014年から2016年にかけて、3つの教員養成校が大学に格上げされた[19]。後期中等教育学校教員は学士以上の資格が必要であるが、実際の学校現場ではディプロマ保有者が教授していることが多い。学士コースを設置する大学を増やすことで、これを解消する目的がある。

　第四に、ディプロマで後期中等学校にて教授している現職教員に、学士取得のための機会を提供した。ファーストトラックと呼ばれるプログラムにて、2013年から2015年の間に約3,500人の教員が、在職のままザンビア大学を始めとする特別コースに就学し学士を取得した。

　そして、第五に、2013年に全面的に改訂された基礎教育カリキュラムにあ

わせる形で、すべての教員養成コースで使用されるカリキュラムも改訂し、2016年から新カリキュラムでの教育を開始した。この改訂では、基礎教育カリキュラムとの整合性を確保しただけではなく、それまで各大学、教員養成校が独自のカリキュラムで運営してきた教員養成コースを、すべての学校が統一カリキュラムで行うこととなった。

　前節でみてきたように、21世紀に入って教育政策の焦点がアクセスの確保から教育の質に移ったことを反映する形で、教員政策においても教員の質の向上を継続的に目指しつつある。

2.2　教員養成課程の内容

　現在、ザンビアの大学や教員養成校では、2016年に採用された統一教員養成カリキュラムに沿った教育が行われている。今般のカリキュラム改訂は、基礎教育カリキュラム改訂とともに、独立後初めての抜本的な改訂であった。改訂により、就学前教育施設教員養成、初等学校教員養成、前期中等学校教員養成、後期中等学校教員養成という4つのコース各々にシラバスが作成された。一般教育省（MESVTEE 2014: 3-4）は、その特徴として以下の事項をあげている。

1)　最新の社会的、経済的、技術的な発展に関する情報を取り入れた

2)　後期中等教育カリキュラムにて設置された2種のキャリアパス（学術系と職業系）に対応できる教員を養成できるようにした

3)　就学前教育、初等教育、中等教育の各教育レベルでの内容を相互に関連付けた

4)　現地語で教授することになった初等学校低学年において、リテラシーと計算能力を強化できる教員を養成できるようにした

5)　すべての公立と私立の教員養成校にて、履修する内容を標準化した

6)　就学前教育を学ぶ学生に必要な技能を明確に規定した

7)　すべての科目、教科が効果的に繋がるように、教員養成課程で教える内容を見直した

8)　就学前教育の教員養成カリキュラムに、国の主要課題（横断的課題）を盛り込んだ

　また、このカリキュラムでは、教員養成コースにより身に付けるべき技能（Competence）を次のように示している（MoGE 2014: 2-3）。

a) 基礎教育カリキュラムを適切に理解していること
b) 基礎教育カリキュラムの遂行に必要な現代的な教授法、技能、態度や価値を身に付けていること
c) 教員養成校で学んだ内容を学校の教室で効果的に実現できること
d) 効果的な行政能力、リーダシップ、組織力があること
e) 担当するレベルの教育哲学や教育理論に明るいこと
f) 教室での実践促進のため、ICTが使えること
g) 教育研究やカリキュラム実施の原理を知っていること
h) 教室での実践促進のため、創造性を発揮するための知識や技能があること

　新カリキュラムの下で設置された教員養成コースは、「基礎科目（Education Foundations）」「専門科目（Teaching Courses）」「教育実習（Teaching Practice）」の3つの科目群から構成される。コースごとの必修または選択科目については、表6.1に記す。「基礎科目」は、教員として必要な教育学的な知識を身に付ける目的で設置されているが、起業家教育、ICT及び研究手法は、新カリキュラムの導入にともなって採用された内容である。「専門科目」は、就学前教育教員と初等学校教員養成コースでは全教科に関する科目を履修するが、中等学校教員養成コースでは自身の専門となる教科に関する科目を2つ以上選択履修する。「教育実習」はすべてのコースで必修であるが、期間が3か月から6か月と比較的長いのが特徴で、3年以上のコースでは、複数年に渡って実習を行う学校も見られる。養成課程の学生は、これらの履修科目を3年から4年の間に順次履修し、各履修科目の終わりに実施される試験に合格、単位取得が修了の要件となっている。

表6.1　教員養成コースの履修科目

コース種別	履修分野	履修科目
就学前教育教員養成コース	基礎科目	（必修）教育社会学・児童心理学／教育史・教育哲学／ICT／健康教育／就学前教育教授法・教材作成／特殊教育とガイダンス・カウンセリング／就学前教育運営・組織／起業家教育／研究手法
	専門科目	（必修）社会／環境科学／算数／リテラシー・国語／芸術表現
	教育実習他	（必修）教育実習 （任意）クラブ活動・スポーツ・環境保全・生産活動
初等学校教員養成コース	基礎科目	（必修）教育行政・教育史・教育哲学／教育心理学・教育社会学／特殊教育とガイダンス・カウンセリング／カリキュラム研究／教授法／起業家教育／ICT／研究手法
	専門科目	（必修）数学／総合理科／リテラシー・国語／芸術表現／技術／社会
	教育実習他	（必修）教育実習 （任意）クラブ活動・スポーツ・環境保全・生産活動
前期中等学校教員養成コース	基礎科目	（必修）教育行政・教育史・教育哲学／教育心理学・教育社会学／特殊教育とガイダンス・カウンセリング／カリキュラム研究／教授法／起業家教育／ICT／研究手法
	専門科目	（選択必修）前期中等学校カリキュラムに設置される科目から、専門として2科目以上を選択
	教育実習他	（必修）教育実習 （任意）クラブ活動・スポーツ・環境保全・生産活動
後期中等学校教員養成コース	基礎科目	（必修）教育行政・教育史・教育哲学／教育心理学・教育社会学／特殊教育とガイダンス・カウンセリング／カリキュラム研究／教授法／起業家教育／ICT／研究手法
	専門科目	（選択必修）後期中等学校カリキュラムに設置される科目から、専門として2科目以上を選択
	教育実習他	（必修）教育実習 （任意）クラブ活動・スポーツ・環境保全・生産活動

出典：MESVTEE（2013: 22-3）を基に作成。

2.3　教員養成における課題

　教員養成の新カリキュラムを適用し、教員養成機関における教育の質向上を図る一方で、次のような課題が指摘されている。

　第一に、初中等学校教員が十分に確保されていないことである。2010年から2015年に、初中等学校の全就学者数が約340万人から400万人に増えた（18.5%増加）のに対して、同期間に初中等学校教員数は79,874人から98,035人に増えた（22.7%増加）が、一人の教員が複数のシフト[20]の授業を担当する状況は変わっておらず、毎年増加する生徒数に教員の充足が追いついていない[21]（MoGE 2016: 24-5, 51）。2015年は教育省が約5,000人の教員を採用したが、8,000人以上が転職や退職で教職を離れており、生徒数の増加に対する教員の充足は一進一退の様相である。同年に離職した8,139人のうち、他の業種へ転職をしている教員が1,242人いることや、理由が不明な離職が半数以上の4,387人であることは、教職に魅力がないか専門職という意識が持たれていない可能性を示している（MoGE 2016: 54）。

　第二に、学校現場では、新たに規定された資格を持たない教員が、多数教壇に立っていることである。表6.2は現職教員の保有資格を示したものであるが、初等学校においては、依然として半数近い教員がサーティフィケートにて教授している。中等学校においても、新たに求められる学士を保有している教員は4人に1人の程度である。現職教員の学位をアップグレードする研修が行われたり、新たなカリキュラムの下で育成された新規教員が今後増えていくことが予想されるが、すべての教員が必要とされる学位を持つ状況になるまでには相当な期間がかかると思われる。教育省の政策と現場の実態に未だギャップがあると言える。

　第三に、教員養成コースを修了し資格を有しても、教授する上での十分な知識を備えていない教員が見受けられることである。教員養成コースでは学生が履修科目の試験に失敗しても、教員が不足する状況の中で、再試験の機会が与えられ、実際にはほぼすべての学生が資格を取得する。また、前述した「基礎科目」と「専門科目」がそれぞれ別の教員によって教えられるため、教科内容知識と教授知識が結び付いた知識（Pedagogical Content Knowledge: PCK）に触れる機会がなく、結果として教科の専門知識を伝達するタイプの授業が主になってしまう。例えば、問題解決型授業が何かを説明できるが、教室で教える際

表6.2　現職教員の保有資格（2015年）

保有資格（学位）	初等学校		中等学校		計	
	教員数	%	教員数	%	教員数	%
就学前教育施設サーティフィケート （Pre-school Teacher's Certificate）	3,725		284		4,009	
初等学校サーティフィケート （Primary Teacher's Certificate）	37,030	54.7	2,231	11.3	39,261	44.3
特殊教育学校サーティフィケート （Certificate in Special Education）	423		62		485	
初等または中等学校ディプロマ （Basic or Secondary Teacher's Diploma）	22,748		13,271		36,019	
特殊教育学校ディプロマ （Special Education Diploma）	931	31.8	217	60.3	1,148	38.4
上級ディプロマ（Advanced Diploma）	260		250		510	
教育学士（Education Bachelor's Degree）	2,445		5,503		7,948	
特殊教育学士（Special Education Degree）	143	3.8	94	26.0	125	8.8
その他の学士（Other Bachelor's Degree）	250		324		574	
修士号（Master's Degree）	137	0.2	195	0.9	332	0.3
資格なし（Untrained）	5,099	6.8	66	0.3	5,165	5.3
不明（Unknown）	2,045	2.7	302	1.3	2,347	2.4
合計	75,236	100.0	22,799	100.0	98,035	100.0

出典：MoGE（2016: 53）を基に作成。

にその手法を用いることができない教員がみられる。

　第四に、養成課程では重要な位置付けであるべき教育実習が、効果的に実施されているとは言えない状況にある。学生は3か月から6か月の間、学校において実習を行うものの、その期間に教員養成機関の教員や受け入れ学校の教員から指導を受ける機会は非常に少ない。実習生が、受け入れ学校の教員の代替教員として授業を担当し、その教員が実習期間中に休暇を取ることもまれではない。したがって、第三の課題に挙げたように、教科内容と教授方法の融合した知識を学ぶ機会が保証されていない。

　第五に、教員養成機関において、新規採用教員を研修するシステムがないことである。教員養成機関の教員の多くは、後期中等学校の教員から昇任するが[22]、着任時に養成校教員としての研修がないため、「生徒に対する教授」か

ら「未来の教員に対する教授」に視点変換をすることが難しい。例えば、これまで中等学校の生徒に対して「顕微鏡の正しい使い方」を教えていた教員が、養成校では「顕微鏡の正しい使い方を効果的に教える方法」を教授しなければならないが、養成校の学生に対しても中等学校と同様に「顕微鏡の正しい使い方」だけを教える教員が少なくないのが実態である。

　第六に、教員養成機関において、参考図書や実習のための教具が不足していることである。最近のものを含む十分な書籍や資料がなく、またインターネットへの接続も不十分な中では、学生に与えられる情報は教員からのものに限られる傾向にある。また、教員としての実習技能の習得が不可欠な理科や技術科、家庭科の教材が十分にない学校もある。このような不十分な環境で養成課程を修了すれば、満足な教授ができないのも必然である。

　こうした課題を踏まえると、ザンビアの教員養成においては「教員養成機関の教育と教員の質向上」、その一環としての「教育実習の抜本的改善」や「養成学校の学習環境の改善」が望まれる。

第3節　教員の継続的な成長を支える取り組み

3.1　教員採用と教員評価

　教員養成コースにて学位を取得した後、教職を希望する者は、教職員の人事を担う教育職務委員会に採用申請を行う。採用試験や面接はなく、応募資格を満たし必要な書類が揃っていれば採用候補者リストに登録される。現在はどの教育段階の学校においても教員が慢性的に不足しているため、配置先に申請者の異論がなければ、ほぼ全員が採用される。新規採用教員は学校の種別を問わず、原則として最初の2年間は地方の学校に配属となる。これは特に遠隔地の学校において教員の不足が顕著であることへの対応であるが、2年を経た後の教員を職能成長や効果的な学校運営の観点から異動させるシステムはない。したがって、転勤を希望する場合のみ、教員が管轄の教育事務所に異動希望を出すことになる。ただし、多くの教員が都市部の学校での勤務を希望するため、

希望を出してもすぐに異動できる教員は少ないのが現状である。また、初中等学校では、一旦出身地や自宅近辺の学校に勤務すると、異動希望を出す教員は少なく、結果として同じ学校で長期間に渡って勤務する実態がある。

　基礎教育学校における教員の職位階級を、表6.3に示した。初等学校においては、「教員」「上級教員」「副校長」「校長」の4つが、中等学校においては「教員」「教科主任」「副校長」「校長」の4つがある。上級教員は、初等学校にて他の教員の指導を担当する教員であるが、学校の規模によって人数が決まっており、多くはベテランの教員が任命される。上級教員、教科主任、副校長、

表6.3　教員の各職位階級で必要な資格

学校種	職位	必要な資格
初等学校	教員（Teacher）	・ザンビア初等コース（Zambia Primary Course: ZPC）、ザンビア初等教育コース（Zambia Basic Education Course: ZBEC）、ザンビア教師教育コース（Zambia Teacher Education Course: ZATEC）のいずれかにて過去に取得したサーティフィケート、または初等教育のディプロマか学士を有すること
	上級教員（Senior Teacher）	・ZPC、ZBEC、ZATECのいずれかにて取得したサーティフィケート、または初等教育ディプロマか同等以上の学位を有すること ・初等学校にて5年以上の教授経験があること
	副校長（Deputy Headteacher）	・初等教育ディプロマか学士以上の学位を有すること ・上級教員として3年以上の経験があること
	校長（Headteacher）	・教育関連のディプロマか学士以上の学位を有すること ・副校長として3年以上の経験があること
中等学校	教員（Teacher）	・前期（8－9学年）を教授する場合は、教育関連のディプロマ以上の学位を有すること ・後期（10－12学年）を教授する場合は、専門科目の教育学士を有すること
	教科主任（Head of Department）	・専門科目の教育学士を有すること ・教員として5年以上の経験があること
	副校長（Deputy Headteacher）	・専門科目の教育学士以上の学位を有すること ・教科主任として3年以上の経験があること
	校長（Headteacher）	・専門科目の教育学士以上の学位を有すること（技術学校の場合は、専門が数学、自然科学、デザイン＆技術のいずれかであること） ・副校長として3年以上の経験があること

出典：MESVTEE（2014: 56-7）.

校長とも、昇任試験や研修などの特別なプロセスはなく、空席ができると教育省や校長、副校長の裁量によって後任が決定する。給与階級もこれらの職位によるが、教員の場合は保有する最終学位によって基本給が決まっている[23]。したがって、学士号を持つ若手教員の方が、ディプロマを保有する年輩の教員よりも給与が高いというような現象も見られる。

　教員の評価制度としては、一般教育省がパフォーマンスマネジメント制度（Performance Management System）を設け、教育基準カリキュラム局の下で学校と教員のモニタリングを行っている。これは州や郡の教育事務所に所属する教育基準カリキュラム局職員が、定期的に学校を巡回して学校運営や授業のモニタリングを行うものであり、2013年の教育法にて定められている。また、全公務員に適用される年次パフォーマンス評価システム（Annual Performance Assessment System: APAS）の下で、毎年個人が決めた業務目標に対する到達度を、学校管理職と共同で評価するというオープンアセスメントも行われている。これらの制度の下で得られた学校や教員の評価が、教職員の昇格の判断材料となる。さらに、2013年に制定された教職専門規定の下で設置されたザンビア教職審議会が、2016年に教職員の登録制度を開始した。全教職員が登録を行い、一定期間ごとに行われる登録更新時に、教員研修への参加状況や勤務態度などの要件を設けると言われている。これが機能するようになれば、教員にとって新たな評価が導入されることになる。

3.2　現職教員研修の制度と実践

　ザンビアでは、国家開発計画や教育省の政策文書において、学校教員の継続的職能成長（Continuing Professional Development: CPD）の重要性が強調され、それを踏まえた制度づくりや実践が行われている。日本の学校教員の初任者研修制度や10年研修に当たる法定研修はないが、以下のような現職教員研修の実施方針が教育政策「未来を教育する」に記されている（MoE 1996: 116）。

　1）　研修プログラムは、特定のニーズに対応するものであること

2）　現職教員の研修の大半は、学校のニーズに対応するため、学校やリソースセンターをベースに実施されるものであること

3）　カスケード型の研修（伝達講習）では、末端での研修内容の習得が矮小化することを避けるために特別な注意を払うこと

4）　少ない経費で多くの教員に研修機会が与えられる、コスト効果の高いプログラムを最優先すること

5）　教材の学校への配付、新たな教科内容の導入、運営や組織の本質的変更は、現職教員の研修とセットで行うこと

　この政策は、国土が広く人口密度や学校密度が低いザンビアの地理的な特徴を踏まえて、研修効果と研修経費の両面から、学校や学校にできるだけ近い場所での研修を勧めるものである。それを可能にするために、英国のリソースセンターを模した形でザンビア全土に設置して、教員の支援体制を築いている[24]。また、この政策を踏まえて、スプリント（School Programme of In-service for the Term: SPRINT）と呼ばれる校内研修の制度が、英国の支援の下で1998年に設置されている。現在もザンビア全土の初中等学校やリソースセンターにて、この制度を用いた現職教員の研修が継続的に行われており、ザンビアの学校教員の継続的な職能成長を図る代表的なプログラムとして認識されている。

　スプリントの下で実施される活動を表6.4にまとめた。学校で授業が行われる学期中には、同じ学年の生徒や教科を教える教員の会合（学年部会や教科部会）や学校長が主導して行う全教員の会合（職員会合）が定期的に実施され、学校休暇中には近隣のリソースセンターにて他の学校教員も含めた研修会が行われる。州や郡などの各行政レベルに設置されたリソースセンターが学校の校内研修を側面から支援する体制が築かれており、これらの活動を継続的に実施することで、各学校、各地域にて長期的な教員の職能成長を保証する制度となっている。

　2006年からは、国際協力機構（JICA）の技術支援[25]を通じて、スプリントの活動の中で現職教員の研修として授業研究が導入されている。学年部会や教

表6.4　スプリントの下で実施される現職教員の活動

活動	実施場所	時期・頻度	記録
1　教員グループ会合（学年部会・教科部会） 　　Teachers' Group Meeting（TGM）	各学校	学期中に毎週 または毎月	教員の研修記録カード Teacher's In-service Credit Card（TICC） （教員ごとの研修記 録カードに、研修参 加状況を記録し保管 する） 学校研修記録ブック School In-service Record（SIR）book （学校ごとの研修記 録簿に、すべての研 修活動を記録し保管 する）
2　学校長による全教員の会合（職員会合） 　　Headteacher's In-service Meeting 　　（HIM）	各学校	学期中に毎月	
3　リソースセンターでの研修会 　　Grade Meeting at Resource Center 　　（GRACE） 　　Subject Meeting at Resource Center 　　（SMARC）	各地区の リソース センター	休暇中に1回	
4　学校での現職研修活動モニタリング 　　School In-service & Monitoring（SIMON）	各学校	学期中に数回	
5　各種現職研修活動 　　Miscellaneous In-service Activities	各学校、 リソース センター	学期中、 休暇中	

出典：MoE（1998: 2.1-8）を基に作成。

科部会は研究授業の計画や実施、授業後の協議会の場となり、リソースセンターでの研修会は授業研究の運営や改善を話し合う場となってきた。2006年に中央州で導入された授業研究は、2016年末現在で全国の初中等学校4,162校[26]に広がり、52,656人の教員が参加するまでになっている（MoGE 2017b: 1-2）。昨今は、少ない経費で多くの教員に継続的に研修機会を提供できるスプリントの下で教育省や国際援助機関の支援を受けた研修が行われる機会が増えてきた。

　スプリントに代表される学校ベースの現職教員研修と並行して、カスケード型と呼ばれる伝達研修や、現職教員が大学や教員養成校でより上位の学位を取得するための機会を研修として提供する試みも行われている。前者の例としては、基礎教育カリキュラム改訂にともなう説明会やリテラシー教育、ジェンダーといった特定のテーマに関する研修会が不定期に実施されている。後者の例は、ファーストトラックと呼ばれるプログラムで、後期中等学校教員に学士号を取得させる研修が、学校休暇を利用して大学にて行われた。これらの研修は、いずれも特定の目的に沿って短期間で行われるものである。全体として

は、スプリントのような長期的な職能成長を図る研修と特定の目的のために随時行われる伝達研修が、教育省側のニーズに応じて実施されているといえる。

3.3　現職教員研修や職能成長における課題

ザンビアでは、政策関係者や研修実施者の間で、教員の継続的職能成長（CPD）という言葉が頻繁に聞かれる。これは教育関係者が、教職の専門性や長期的な技術向上の必要性を理解している表れである。しかし、他方で以下のような課題がみられる。

第一に、職能成長の重要性が認識されていても、教員の生涯を見通した計画的な研修デザインがあるわけではない。一般教育省関係者が必要と判断した研修が、様々な形で随時展開されているのが実情である。このため、同じような内容の研修が繰り返されたり、政府や国際援助機関からの予算確保ができた場合に研修がさかんに実施されるなど、計画性を欠いた状態にある。教育省として研修の種類や内容、時期を整理し、教員の生涯を見据えた研修のデザインを描く必要があるといえる。

第二に、教員評価の仕組みであるパフォーマンスマネジメント制度や年次パフォーマンス評価システムの実効性が低い。パフォーマンスマネジメント制度では、州や郡教育事務所への予算送付の遅延や職員の多忙により、時間と経費がかかるモニタリング活動が後回しになってしまう傾向にある。また、オープンアセスメントである年次パフォーマンス評価システムは、厳しい批評を好まないザンビア国民の文化的な側面が影響しているためか、教員と管理職の馴れ合いが生じ、職務改善や教員の公平な評価に繋がっているとは言えない。その結果、教員の能力や適性の善し悪しにかかわらず、問題を起こさなければ定年まで勤務することができる状況にある。ただし、その一方で、担当する生徒の国家試験における成績が良い、勤務姿勢が良い、研修に熱心である等の評判を得た教員が、教員養成機関の教員や教育事務所の職員に昇格することは一般的である。これらの昇格に、評価制度による結果がどの程度生かされているかは不明であるが、教員にとっては明確な基準がないまま一定の評価を受ける環境

にあると言える。

　第三に、教員の昇格に関して、試験や研修がない。教員が上級教員や教科主任という指導的立場の教員になったり、校長や副校長という学校管理職に就任するには、保有学位と経験年数の規定があるが、その他に指導教員や管理職としての特別な役割や技能に関する研修を受けることもなければ、採用に際しての試験のようなものもない。したがって、外的な誘因で授業や学校運営の質を継続的に向上させることが難しい。有能な校長や副校長が異動すると、異動先の学校が良くなり、元の学校が疲弊することが一般にみられる。

　第四に、教員の研修においても、教員養成校同様にPCKを深めたり、授業観の変容を促したりする機会が少なく、授業改善が一定のレベルで留まっている。その結果、初中等学校のどの教科においても、授業が教員の説明と生徒の練習というパターンを繰り返す展開になる傾向がある。2015年に理数科を教える教員養成校教員と初中等学校教員を対象に実施されたPCKに関する調査においても、学校教員のPCKが低いことが示されている（MoGE and JICA 2016: 11-9, 30-8）。2013年以降に導入された基礎教育カリキュラムでは、全教科のシラバスに各トピックで生徒が身に付けるべき知識・技能・価値が記されたが、教員がそれらを十分に理解して授業を行っているとは言えず、カリキュラムとそれに基づいて行われているはずの授業には依然として乖離がある。

第4節　教員政策・教師教育の課題と展望

　ザンビアにおけるこれまでの教員政策を概観し、教員養成と現職教員研修について、現状や課題を整理した。時代を追って教育の拡充を見る時、教員の充足は政府にとって常に大きな課題であった。教員の育成と確保を目指したこれまでの政策の結果、初等学校においては、増加し続ける児童数に対して教員の確保がようやく追いつきつつある[27]。しかし、初等学校の整備にともなって生徒が増えている中等学校においては、教員の不足が深刻化している[28]。中等学校教員の確保と学習環境の整備をすることが、引き続き政策上の課題とな

っている（MoE 1992: 94; MoGE 2016: 51-4）。

　なお、教員数の不足に対応するために、これまで無資格教員を多数雇用してきた歴史がある。そのことが教員の質、ひいては教育の質に大きな影を落としてきた。また、政府が教員数を確保することに優先的に取り組んできた結果、教員の待遇改善や教育環境の整備が後回しになり、教員は不十分な待遇と環境の下で教育活動に取り組むこととなった。この影響で離職者が増加して教員不足の問題が深刻になり、その対応を迫られるという政策の悪循環がみられた。2000年以降、まったく資格を持たない教員が減少したこと[29]は政府の努力の結果と言えるが、資格は有していても現在の規定に満たない資格の教員が存在するため、今後は規定に沿った資格を持つ教員を採用すること、もしくは資格のアップグレードを進めることが期待される。

　このように、これまでザンビアでは、年々増加する生徒に教育環境を提供することが教育政策の優先事項となり、その一環として教員に関する政策が進められてきた。学習環境の整備や教員の研修を通じた教育の質の向上も折々の政策に盛り込まれていたが、経済的な発展にともなって急速に増加した生徒数に対応するために、学校校舎の建設や教員の確保に多大なリソースを注ぎ込むこととなり、カリキュラムの改訂や教員資格の見直しといった質に関わる取り組みが後回しになってしまった感は否めない。また、当初7－5制であった初等・中等学校を9－3制の基礎・中等学校に変えた後、再度7－5制に戻すといった政策転換の結果、様々な学年構成の学校が混在しており[30]、政策の度重なる転換が現場の学校教育を混乱させている一面もある。今後は、長期的な計画に基づいた政策にて学校数や教員数を安定的に確保することに加えて、質の面においても、次の2点に重点的に取り組む必要がある。

　第一に、教職員の専門的な意識をさらに向上させることである。教員の育成や職能成長は、前頁で示した外的な誘因である制度を導入すれば自然に行われるわけではない。むしろ専門職としての教員は、内的な誘因、つまり、専門家集団の中で自律的に専門性を高めていくものである。教員の自律性を高めるためにはどうすればよいかを長期的な視点から捉えて、教職の専門性や魅力を高

めるための施策を行う必要がある。これまでにみたように、ザンビアにて教職から離れる者が多いのは、職業としてのやりがいや責任感、魅力が十分でないことが考えられる。離職の原因の一つには待遇への不満があるが、教職において大切な子どもを育むことへの責任や自負がより強調されるべきであろう。専門性向上のために、まずは教員としての一生を見通した職能成長プランの策定が望まれる。教員養成課程の内容から新規採用教員研修、現職教員研修、管理職研修といった一連の研修内容に一貫性を持たせると同時に、各教員の経験年数や専門に応じた研修を行うことで、教員が自身の専門性向上を認識できる制度が求められる。現在、一般教育省は、教員や学校管理職、教員養成校教員に必要な技能・態度・役割を整理した初めての「専門職基準（Professional Standards）」の策定作業をしている。これが完成すれば各職位に求められる技能が明確になることが予想され、生涯を見通した研修計画の設定や教員評価の改善が期待できる。本章の冒頭で述べた、教師教育の継続性と一貫性を確保する教師教育改革が、ここでも求められているのである。その一環として、現在は教員の要望に基づいて行われている人事異動を、人材育成の手段として計画的に行うことも考えられよう。また、現在は保有学位と経験年数のみが必要資格となっている上級教員や教科主任、副校長、校長の資格要件に、専門分野での業績や研修参加実績を入れることも可能である。

　第二に、専門性の中核を占める知識・技術の向上である。初等中等学校の各教科において、教科内容に含まれる概念や価値の検討を重ね、それらをカリキュラムや教員研修に取り込むことが望まれる。例えば、理数科を教える教員養成校教員と初中等学校教員を対象に行われた調査では、生徒を教授する際の重要事項として、数学においては数の概念よりも計算の操作に、理科においては学習内容に含有される科学的な概念や価値よりも科学用語の定義や計算方法に重点が置かれていることが明らかになっている（MoGE and JICA 2016: 13-20, 34-8）。教科のシラバスで求められている概念や価値の習得と、現場の教員が考える授業における重点が違っていることがわかる。一般教育省は、JICAの技術支援を得ながら、授業研究や教材研究の実践を通じて、先に述べた教員養

成校教員や学校教員のPCKの強化を図っているが、学校の授業改善でみられた良い授業実践や教科内容の検討結果を、次期のカリキュラム改訂や教員研修に生かす取り組みが求められる。また、現在、教職の専門職基準とともに教育省が整備している「国家学習評価枠組み（National Learning Assessment Framework)」では、教員が授業改善に利用するための形成的評価や、国として長期的な学習達成度を把握する総合的評価に関して、目的や評価内容、実施方法、モニタリング方法が一つの枠組みとしてまとめられる予定である[31]。教員が、この枠組みで実施される学習評価をもとに自己の授業を振り返り、シラバスで求められている教科の概念や価値にふれた授業が増えていくことが期待される。

注

(1) 義務教育ないし基礎教育後のあらゆる教育を個人の全生涯にわたって、労働のみならず、非就労状態や退職後の余暇活動といった他の諸活動と交互に行う形で分散させることにあった（日本比較教育学会 2012: 392)。

(2) 初等は1970年、中等は1975年の値を基点として、長期的な教育拡大の変容を概観することを主眼に、複数の出典より入手可能なデータを用いて作成した。

(3) これらの初中等学校には、政府が設立した公立学校のほか、私立学校やコミュニティ学校（Community School）が含まれる。コミュニティ学校は、公立学校が遠距離にあったり、公立学校の学費が十分に賄えない児童・生徒を対象として、各地の村やコミュニティにより独自に設立された初中等学校である。2016年時点で、全学校9,674校のうち2,498校がコミュニティ学校であることから、政府の学校設置を補う形で学校へのアクセスを改善し、子どもに学習機会を提供する場となってきた（MoGE 2017a:9)。

(4) ザンビアでは、省庁の改編に伴って教育を管轄する省の名称が変わってきた。最近では、2011年に教育省（Ministry of Education）と科学技術・職業訓練省（Ministry of Science, Technology and Vocational Training）が統合し、教育科学職業訓練早期教育省（Ministry of Education, Science, Vocational Training and Early Education）となったり、2015年に教育科学職業訓練早期教育省が　般教育省（Ministry of General Education）と高等教育省（Ministry of Higher

Education）に分割されたりしており（UNESCO 2016: 51）、名称や役割が時代により異なっている。しかし、第1節では教育省の管轄する初中等教育の政策の変遷を注視するため、その実施省の名称は教育省と総称する。第2節以降では現行の政策や関係省庁の役割を述べる目的から、各省名を明記することとする。

(5)　1982年には全国で7校であった基礎教育学校が、1989年には290校に、1991年1月には381校に、同年6月には約600校と急速に増加した（MoE 1992: 71）。

(6)　無資格教員数は「教育改革」の提案を受け、1985年頃までに相当数減少したが、基礎教育学校の増加にともない、1990年には教員数（初等）の15.5％と再度増加した（MoE 1992: 103）。

(7)　1999年には世界銀行の支援を受けた基礎教育サブセクター投資プログラムが開始され、制度普及を目的に1999年から2005年までに4,000万ドルの支援が行われた。

(8)　ザンビアでは、1981年に開始された第4次国家開発計画が1991年に終了した後、次の第5次国家開発計画が2006年まで10年以上作成されなかった。しかし、その時期に本文書が、貧困削減のための包括的な開発戦略として発表され、2002年に実施に移された。そのため本文書は国家戦略計画の一部の役割を果たしていた（JICA 2007: iv）。

(9)　一定の教育レベルにおいて、教育を受けるべき年齢の人口総数に対し、実際に教育を受けている（その年齢グループに属する）人の割合。

(10)　前政策では、実際に教育教材の開発（特に教科書）、質の高い教員の養成が優先順位として高く、実際に現職教員研修に参加する教員数が増えたことも確認されて、基礎教育のカリキュラムも再構築の作業が行われた。

(11)　ザンビアの学校の約83％が地方にあり、既存の50％の教員住宅が簡易な様式で建築されている上、2012年には72,967人の基礎教育学校教員がいるにもかかわらず、16,149棟の教職員の住居しか提供できていないことが確認されている。このことから、地方で教員が継続して働けるように、教員住宅の新築や改築等の待遇改善対策がとられた（MoFNP 2011: 98）。

(12)　この理由としては、基礎教育学校の8-9学年が中等学校に再編されることで、空いた教室を1-7学年が活用でき、さらに、8-9学年も10-12学年を教える専門教科制教員の授業を受けることができると説明されている（MoFNP 2017: 97）。

(13)　1-9学年の児童・生徒数が、2011年の3,478,898人から2012年には3,591,726人と3.2％増加している。

(14)　2012年には、18,638人が中等学校で教えているが、必要な資格である学士を保有

した教員は16.4％に留まっており、10-12年を教えるほとんどの教員は、ディプロマ保有者である。特に数学、理科の教員の状況は悪く、後期中等教育の理科教員の枠が6,508人の中で、885人が学士保有者である（MoFNP 2011: 99）。

(15) 1977年の「教育改革」で、医師や弁護士のような専門職と同様に、教員が専門家として期待された業務を行っているのかどうかを監視するための教職専門組織（Professional Body for Teachers）の検討を提案している。また、1996年の「未来を教育する」でも、教員認定機関（Teacher Accreditation Board）の設立を提案し、その役割は教員の登録システムの制定や教員の登録などザンビア教職審議会に近い組織となっている。

(16) 現在も、サーティフィケート保有者が就学前教育施設や初等学校で教えたり、ディプロマ保有者が後期中等教育で教鞭を執ることも許されている。

(17) 2016年から、一部の教員養成校で4年生の「学士コース」が運営されている。

(18) 国家試験の成績は、受験した科目ごとに9段階の数字で示される。最も上位の1と2（合計正答率70-100％）がディスティンクション（Distinction）、3と4（60-69％）がメリット（Merit）、5と6（50-59％）がクレジット（Credit）、7と8（40-49％）がサティスファクトリ（Satisfactory）で合格となる。最下位の9（40％未満）は失格である。

(19) コッパーベルト教員養成校がムクバ大学に、ンクルマ教員養成校がクワメ・ンクルマ大学に、国立現職教員養成校がチャリンバナ大学に格上げされ、それぞれに4年制の学士コースが設置された。

(20) 生徒数に対して教員や教室の数が足りないため、全生徒を午前中に授業を行う群と午後に行う群に分けて学校の授業を運営する仕組み。都市部では、午前、午後、夕方の3部制を行っている学校もあり、こうした状況はザンビアでは一般的である。

(21) 2010年から2015年の間に、初等学校の就学者率が14.0％増加したのに対して、初等学校教員の増加は19.3％であった。中等学校では、同期間の生徒数の増加41.0％に対して教員の増加は35.5％であり、拡大する中等教育の教育環境整備が遅れている状況がみられる（MoGE 2016: 24-5, 51）。

(22) 教員養成機関の教員になるためには、10年以上の担当科目教授経験と、ディプロマコースでの教授には学士以上の学位、学士コースでの教授には修士以上の学位が必要要件である（JICA 2014: I-134）。

(23) 教員の給与階級は、AからMまでの13ある公務員の給与階級表で、FからI（6から9番目）のレベルにあたる。Fはサーティフィケート保有者、Gはディプロマ保

有者、Iは学士保有者となっている。2016年1月に改訂された給与表によると、F
の基本給が月額約380ドル、Iが約580ドルである。基本給に加えて、住宅の提供
がない場合は住宅手当が支払われる（Zambia Teachers Forum 2016）。

(24) ザンビア全土に州レベルのセンターが16か所、郡レベルのセンターが56か所、さ
らに小さな教育行政区画であるゾーンレベルのセンターが612か所設置され、全
国に広がるリソースセンターのネットワークを形成している。州と郡のリソース
センターには、センター付きの教育職員がおり、現職教員の研修や学校の授業の
モニタリングなどを行っている。

(25) 学校においてスプリントの下で教員が会合を持っても、有意義な研修内容や研修
の質が保証されないという課題に対して、スプリントの具体的な活動としての授
業研究の導入支援を、教育省がJICAに要請した。これまでに「SMASTE理科研
究授業支援プロジェクト（2005-2007年）」「SMASTE授業研究支援プロジェクト
（フェーズ2）（2008-2011年）」「授業実践能力強化プロジェクト（2011-2015
年）」の3つの技術協力プロジェクトが行われ，授業研究のザンビア全州への展開
と教授法や学校運営改善のための教材が作成された。現在は、教員養成校とその
周辺初中等学校が協働で授業研究を行う取り組みを促進するための「教員養成校
と学校現場との連携による教育の質向上プロジェクト（2016-2019年）」が実施さ
れている（JICA 2017）。

(26) 公立学校6,192校のうち、定期的に授業研究を行っている学校数。内訳は、1-4学
年の学校54校、1-7学年の学校1,478校、1-9学年の学校1,774校、1-12学年の
学校140校、8-12学年の学校686校、10-12学年の学校30校である（MoGE
2017）。

(27) 総就学者数と総教員数から求めた初等学校教員一人当たりの生徒数は、1975年の
48.2人から2015年の42.7人へとわずかながら改善する傾向にある（MoE 1992: 94;
MoGE 2016: 51-4）

(28) 中等学校では、教員一人当たりの生徒数が1975年の22.8人から2015年の35.2人
に増加する結果となっている（MoE 1992: 94; MoGE 2016: 51-4）。

(29) 例えば1980年には全初等学校教員の18.0％が無資格であったが、2007年には10.5
％、2015年には6.8％と改善が見られる（MoE 1992: 163; MoE 2008: 95-8; MoE
2011: 92-105）。

(30) 例えば、公立学校では2016年末の時点で、1-4学年を持つ学校が236校、1-7学
年が2,685校、1-9学年が2,315校、1-12学年が165校、8-12学年が725校、10-
12学年が63校である（MoGE 2017）。

(31) ブリティッシュ・カウンシルが組織するZambia Education Sector Support Technical Assistance（ZESSTA）Facilityという専門家グループが一般教育省職員を支援して策定している。

参考文献・資料

［和文］

国際協力機構（JICA）（2014）『プロジェクト研究「途上国における効果的な授業実践のための教員政策と支援のあり方」報告書』.

――――（2017）「教員養成校と学校現場との連携による教育の質向上プロジェクト」JICAホームページ.

　[https://www.jica.go.jp/project/zambia/009/index.html（2017年3月31日取得）]

佐藤学（2015）『専門家として教師を育てる－教師教育改革のグランドデザイン－』岩波書店.

白石裕（1989）「教師教育の現状と本研究の課題」現代教職研究会編『教師教育の連続性に関する研究』多賀出版，3-10頁.

高倉翔（1980）「就職前教育と現職教員の統合」国立教育研究所内日本比較教育学会教師教育共同研究委員会『教師教育の現状と改革―諸外国の現状と改革―』第一法規出版，19-23頁.

日本比較教育学会（2012）『比較教育学事典』東信堂.

［欧文］

Japan International Cooperation Agency（JICA）（2007）*A Review of The FNDP, PDP and DDP Development Processes*.

Ministry of Education（MoE）（1977）*Educational Reform Proposals and Recommendations*, Lusaka.

――――（1992）*Focus On Learning Strategies for the Development of School Education in Zambia*, Lusaka.

――――（1996）*Educating Our Future: National Policy on Education*, Lusaka Institutional Supplies Ltd.

――――（1998）*School Programme of In-Service for the Term（SPRINT）: A Manual for In-Service Provision*, Lusaka.

――――（2004）*Sector Plan Implementation 2003 Annual Performance Report*, Lusaka.

――――（2009）*2008 Educational Statistical Bulletin*, Lusaka.

―――― (2011) *2010 Educational Statistical Bulletin*, Lusaka.

Ministry of Education, Science, Vocational Training and Early Education (MESVTEE) (2013) *The Zambia Teacher Education Curriculum Framework 2013*, Lusaka: Teacher Education and Specialised Services.

―――― (2014) *Standards and Evaluation Guidelines*, Directorate of Standards and Curriculum, Lusaka.

―――― (2015) *Project for Improvement of Pedagogical Content Knowledge: Linking Pre-Service and In-Service Education [IPeCK] Project Document (2016-2019)*, Lusaka.

Ministry of Finance (MoF) (2014) *Revised Sixth National Development Plan 2013-2016*, Lusaka.

Ministry of Finance and National Planning (MoFNP) (2002) *Zambia Poverty Reduction Strategy Paper, 2002-2004*, Lusaka.

―――― (2006) *Fifth National Development Plan 2006-2010*, Lusaka.

―――― (2011) *Sixth National Development Plan 2011-2015*, Lusaka.

Ministry of General Education (MoGE) (2014) *The Primary Teacher's Diploma Syllabuses*, Lusaka.

―――― (2016) *2015 Educational Statistical Bulletin*, Lusaka.

―――― (2017a) *2016 Educational Statistical Bulletin*, Lusaka.

―――― (2017b) *Data on the Implementation of Lesson Study under SBCPD* (unpublished report for the 1st NEST Administrative Committee meeting), Lusaka.

Ministry of General Education (MoGE) and Japan International Cooperation Agency (JICA) (2016) *Baseline Survey Report on the Development (Initial Teacher Preparation) and Growth (Continuing and In-Career) of a Teacher for Effective Delivery in Mathematics and Science*, Lusaka.

Ministry of Legal Affairs (1966) *Educational Act*, Lusaka.

National Assembly of Zambia (NAZ) (2011) *The Education Act, 2011 [No. 23 of 2011] 419-477*, Lusaka.

―――― (2013) *The Teaching Profession Act, 2013 [No.5 of 2013] 147-179*, Lusaka.

UNESCO (2016) *Zambia Education Policy Review*.

World Bank (2017) *World Development Indicators*.

　　[http://databank.worldbank.org/data/reports.aspx?source=world-development-indicators（2017年6月6日最終閲覧）］

Zambia Teachers Forum（2016）*New Basic Pays Effective January 2016*, Zambia Teachers Forum Facebook.
［https://web.facebook.com/zambiateachersforum/posts/ 453892204797618?_rdc=1&_rdr（2017年3月31日最終閲覧）］

第7章

ボリビア多民族国における教師教育のゆくえ

―Ley070 による教育政策の転換の影響と課題―

石坂　広樹

小学校での授業の様子（筆者撮影）

はじめに

　ボリビア多民族国（以下「ボリビア」）は、エボ・モラレスが2006年に大統領になり、フェリックス・パティを教育大臣に任命して以来、教育政策の大きな転換を行ってきている。

　2017年現在、パティは大臣を務めていないが、モラレス政権も3期目という長期安定化が図られていることから、この新しい教育政策はゆったりとした速度ではあるが継続されているといえよう。

　モラレス大統領は、左派の「社会主義運動（Movimiento Al Socialismo（以下「MAS」）」の党首であり、ボリビア史上初の先住民出身大統領でもある。モラレス大統領は、貧困の改善や先住民の権利の回復を目指し、憲法の改正や法律の改正を通じて、天然資源の国有化を推し進め、財政赤字が改善し、2016年までの10年間で一人当たりのGDP（国内総生産）が約1,000ドルから約3,000ドルまで増加するなど、経済・財政政策の成果を上げてきている。とはいえ、政権が長期化することで、もたらされる安定成長と政治の硬直化との間で国民のモラレス政権の支持は揺れ動きつつある。

　さて、このような政治・経済のコンテキストの中で、教育、とりわけ教師教育はどのように推移してきただろうか。それを語るために、本論では、2010年に制定された教育基本法「Ley de 070 de la Educación "Avelino Siñani – Elizardo Pérez"（以下「Ley070」）」のみならず、それに付随して執られてきた教育施策や新しいカリキュラム等についてまず解説していく。また、2017年3月に筆者が現地で実施したインタビュー調査[1] の結果のうち、本論に関係するものについて取り上げることとする。なお、インタビュー調査の対象者などを取りまとめると以下の通りである。

- 教育省初等教育局の職員2名（A氏・B氏）
- 教員養成・教員研修関連機関の教職員4名（C氏・D氏・E氏・F氏）

第1節　エボ・モラレス政権の新政策 ―Ley070―

　Ley070は、パティ教育大臣が就任して以来、全国の様々なステークフォルダーを招集した国民会議を行いそこでの議論を踏まえた形で制定された。前政権の教育政策の柱であった教育基本法「Ley 1565 de Reforma Educativa（以下「Ley1565」）」に代わるものとして位置付けられている（Lopes 2015）。パティは、自著において、Ley1565を、多文化主義・多言語主義を掲げているものの、植民地的覇権を継続させ、社会的不平等をもたらすネオリベラリズム的政策であり、何もなしえない幻想にすぎないと強烈に批判している（Patzi 1999; Howard 2009）。

　Ley070で掲げられている特徴的な教育指針・政策などを抜粋ないし要約すると以下のようになる[2]。

1) 「教育とは、統一的で、公的で、普遍的で、民主的で、<u>参加型で（participativa）、地域に根差し（comunitaria）、非植民地的であり（descolonizadora）</u>、質が担保されるべきものである（第1条第5項）」（Ministerio de Educación 2010: 11）

2) 「教育とは、すべての校種において、<u>内文化的（intracultural）であり、間文化的（intercultural）であり、複言語的（plurilingüe）</u>たるべきものである（第1条第9項）」（Ministerio de Educación 2010: 12）

3) 「高等教育に至るまですべての校種において教育は無償とする（第1条第7項）」（Ministerio de Educación 2010: 12）

4) 教育への市民参加：すべての校種において保護者及び地域住民が学校運営等に参加できるように保障しなければならない（第2条第1項）

5) 教育は道徳・倫理・平等・社会的公正を育むことを促進し、「よりよく生きる（Vivir Bien）」ことを担保しなければならない（第3条第13項）

6) 言語（国語）教育については、①学校では基本として母語、スペイン語、英語

　の3つの言語を教えるものとする、②地域の状況に応じて、母語を第一言語とし、スペイン語は第二言語とする、またその逆もよしとする、③どの母語を学校で教えるのかは、地域住民・保護者と相談して決めるものとする（第7条）

　教育への住民参加について特筆すべきは、地域住民を巻き込んだ教育活動の枠組みである「社会生産的プロジェクト（Proyecto Socioproductivo（以下「PSP」））」である。Ley1565を受けて設立された住民組織である学校協議会（Junta Escolar）は、その構成員の多くが児童・生徒の保護者であり、学校での単発の催しや活動のみについて企画・運営している。これに対し、PSPは、一つの社会生産的（socioproductivo）なテーマ(3)の下、学校で（場合によっては複数校が合同で）教職員と保護者・地域住民が一体となって、1年ないし2年で実施できる教育活動を企画・運営するというものであり、バザーや活動発表会などの単発的な催しに終始するのではなく日々の各教科の授業とPSPで設定したテーマとのつながりを持たせることが謳われている（Ministerio de Educación 2014a）。教育現場の教員の多くは何らかの形でPSPにかかわっているが、実際には単発の催しや活動に終始することが多かったり、保護者や地域住民の参加不足、児童の無関心、PSPに割く時間の不足などが課題としてあるとされている（Ishizaka 2017）。日本の教育制度で言えば、「総合的な学習」がPSPに近いと言えるが、両者の決定的な違いとしては、①「総合的な学習」は、複数の教科内容を含むことができるものの必ずしもすべての教科と関連付ける必要がないこと、②PSPは基本として「総合的な学習」のように教科の授業と別の授業時間が配分されているわけではなく（単発的催しを除いて）、教科の授業時間の中で実施される必要があること、③1学年や1クラスだけでなく1つの学校や1つの市や町のすべての学校が1つのPSPのテーマで学習するのが基本であることが挙げられる。

　Ley070によれば、間文化的（intercultural）とは異文化を公平に扱い、交流を図るということであり、複言語的（plurilingüe）も異なる言語を公平に扱い、交流を図るという意味で捉えられている（第6条2項）。いわゆる多文化主

義・多言語主義の意味合いに近い。他方、内文化的（intracultural）について
は、長い歴史の中で消滅の危機にさらされている、あるいはほぼ消滅してしま
った文化を、内側から、文化自身の復興・再統合を図ることがLey070で謳わ
れている（第6条第1項）。しかし、その具体的かつ教育的な展開は必ずしも明
らかになっていない（Ishizaka 2017）。ボリビアは、古くからスペイン語を公用
語としてきたが（現在は母語教育も義務付けられている）、30以上の言語の異な
る民族から成る国であり、モラレス政権以降、国名を「ボリビア共和国」から
「ボリビア多民族国」にも変えている。同じ文化圏・民族であっても自らがそ
の文化圏・民族の一員であるという意識が希薄化している現代において、文化
内での復興・統合運動が必要なのかもしれない。しかし、多くの教員は、母語
教育に非常に大きな困難を感じている（Ishizaka 2017）。自分の母語といえる言
語であっても日ごろの生活で使っていなかったり、地域・学校の事情から自分
の母語でない言語を教えなければならなくなったためである。

　教育の「非植民地化（descolonización）」は、本来的には、内文化性、間文化
性、複言語主義を推進するという意味では、どの民族・言語に対しても中立・
公平・公正となることを求めるものであり、PSPなどを通じた住民参加を通じ
て実践されるべきものである（Ministerio de Educación 2014c）。しかし、学校現
場の教員にとって、「非植民地化（descolonización）」の定義・意味は多種多様
であり、単にボリビア国外の文化・伝統を拒絶することであると理解する者も
かなり多くいることがわかっている（Ishizaka 2017）。

　「よりよく生きる（Vivir Bien）」は、教育分野のみならず、モラレス政権の
公共政策の核となる政治思想であり、他分野の政策においても重視される政策
指針である。他方、「よりよく生きる」ことをどう評価するのか、どう判断す
るのかについては、教育省の政策関連文書や教員研修の教材の中では必ずしも
明らかにならなかった（Ministerio de Educación 2014a, 2014b, 2014c）。

第2節　教師教育に係るシステムの再編

　以上のような、教育政策・内容の大きな改革が行われる中で、教員養成・教員研修という教師教育を担うシステムも大規模な再編にさらされる結果となった。Ley070によれば、教師教育に係る新しいシステム・内容は以下の通りである。

1）　政府は、教員研修の推進や教員の教授能力向上を図る政策を実施する（第5条13項）

2）　教師教育は高等教育レベルにおいて実施し、内文化的、間文化的、複言語的なものとする（第32条）

3）　教師教育は、①教員養成、②教職大学院、③教員研修の3つから成る（第34条）

4）　教員養成は、教育省管轄下の「教員養成高等学校（Escuelas Superiores de Formación de Maestras y Maestros（以下「ESFM」））」においてのみ行われ、無償である（第35条、第36条）[4]

5）　ESFMでの5年間の修学をもって大学卒業資格（Licenciatura）が与えられ、初等・中等学校の教員になることができる（第35条第3項）

6）　ESFMのカリキュラムは、各校種のカリキュラムで示された非植民地的、内文化的、間文化的、地域に根差し、生産的（productivo）な教育に必要な知識・理論でなければならない（第35条第4項）

7）　ESFMで教える教員は、教職大学院の修士号保持者でなければならない（第35条第5項）

8）　教職大学院（修士課程）は、①1年以内で修了できる特別大学院と②2年間で修了する通常の大学院に分かれており、どちらも教育省管轄下の「教育大学（Universidad Pedagógica）」でのみ開講することができる（第39条）

9）　教員研修は、すべての教員にとって権利であると同時に義務であり、教育課程・成果・環境の運営の質の改善を目指した能力更新・強化を目指すものである（第40条第1項）

10) 教員研修を担う機関は、教育省の管轄下に置かれ、その機能については別途規則をもって定めるものとする（第40条第2項）

11) ESFMで授与される教育学士号（Licenciatura）と同等の資格を、学士号を持たない現職教員に授与するために、教育省は、暫定的に「教員補完研修プログラム（Programa de Formación Complementaria para Maestras y Maestros en Ejercicio（以下「PROFOCOM」））」を実施する（付記規則第5番）

Ley070以前の教師教育のシステムでは、教員養成はESFMだけでなく一般の国立・私立の大学の教育学部でも行うことができ、教員研修は教育省の外局である「教員研修特別ユニット（Unidad Especializada de Formación Continua（以下「UNEFCO」））」が中心となって実施してきた。教職大学院というものは存在せず、教育学に係る修士課程が一般の大学に設置されているだけであった。Ley070以前と以後を比較したものを図式化すると以下の通りである。

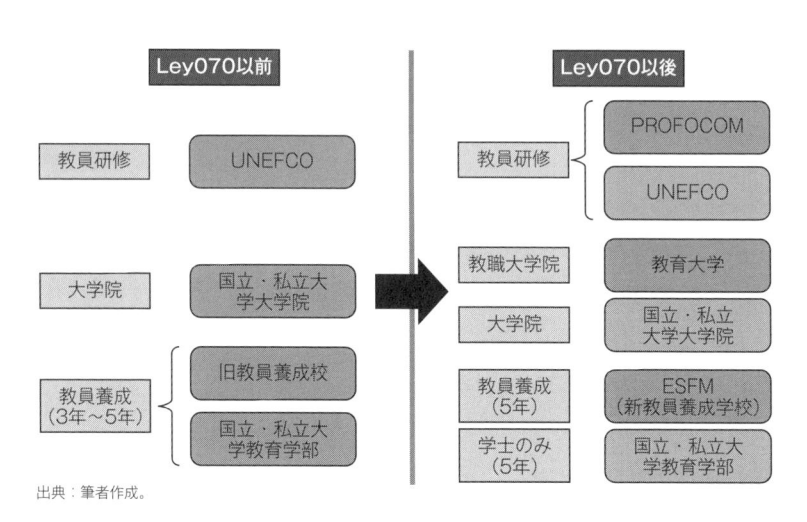

図7.1　教師教育システムの変遷

まず教員養成については、ESFM以外の国立・私立の大学の教育学部・学科では教育学士号を授与することができても、教職に就く権利を付与することが

できなくなり[5]、教育学部へ学生が入学するインセンティブが低くなっている。なお、ESFMに旧教員養成校が改組されることで、3年制から5年制に学制が拡大されている。次に、大学院については、国立・私立大学が提供する教育学修士課程と、教育大学が提供する現職教員のキャリアアップを目指した教職大学院とに分かれることとなった。よって、この制度の改変にともない、学士レベル同様に、国立・私立大学の大学院へ進学するインセンティブが著しく減少していると言えよう。さらに、教員研修については、既存のUNEFCOは通常の現職教員を対象とするのに対し、PROFOCOMが学士号を持たない現職教員を対象としているところに違いがあり、研修の縦分けがされていると言える。また、Ley070上では、PROFOCOMはあくまで、学士号をすべての現職教員が持てるようにするための暫定的処理であり、団体・組織的な性質や専用の施設をもっていないとされている。つまり、すべての現職教員が学士号を持てた時点で、解体されるプログラムであると法制上は理解されている。もう一つ注目すべきは、国立・私立の大学は学問の自由・自治が保障されているのに対して、PROFOCOMやESFMが教育省の直接の管轄下に置かれることがLey070にて宣言されている。なお、ESFM、PROFOCOM、UNEFCOのいずれも各地域に支部や学校があり、基本として全国どの地域でも現職教員や教職を目指す学生が学べるような体制になっている[6]。

第3節　教師教育における新しいモデル・講義・演習・教材

　PROFOCOMやESFMのカリキュラム・教材についても、小学校・中等学校と同様に教育省の監理・監察下に置かれることになる。教育省は、Ley070を具体化するために、初等・中等教育の新しいカリキュラムを2014年に発表している（Ministerio de Educación 2014c）。新カリキュラムでは、これまでの伝統的な教育モデルに代わり、「地域社会・生産・教育モデル（Modelo Educativo Sociocomunitario y Productivo（以下「MESCP」）[7]を用いることが謳われている。MESCPでは、上述の「非植民地化」「内文化性」「間文化性」「複言語主

義」などに加え、新しい教育標準（評価基準）[8] として、①価値・態度（Ser）、②知識（Saber）、③知識の活用（Hacer）、④社会的生産[9] の企画・実施（Decidir）を、新しい教育プロセス（授業展開など）[10] の区分として、①実践・実生活（Práctica）、②知識の発見・理論化（Teoría）、③得られた知識の価値付け（Valoración）、④社会的生産（Producción）を採用している。PROFOCOMの教材（Ministerio de Educación 2014c）によれば、4つの教育標準の適用例として、水の学習を取り上げている。図7.2の通り、子どもたちが水に関する学習を各教科で行い、水の特性や水源について学ぶとともに水の大切さについて気づくことを期待している。さらに、子どもたちが、自らのアイデアをクラスメートと交換し、協働して、水を大切にする活動（浄水フィルターの作成・水の使用や保護に関する運動・健康食品の生産）を企画し、地域や家庭を巻き込んで実施していくことが同教材において説明されている。これは、PSPのモデルとして考えることもできる。

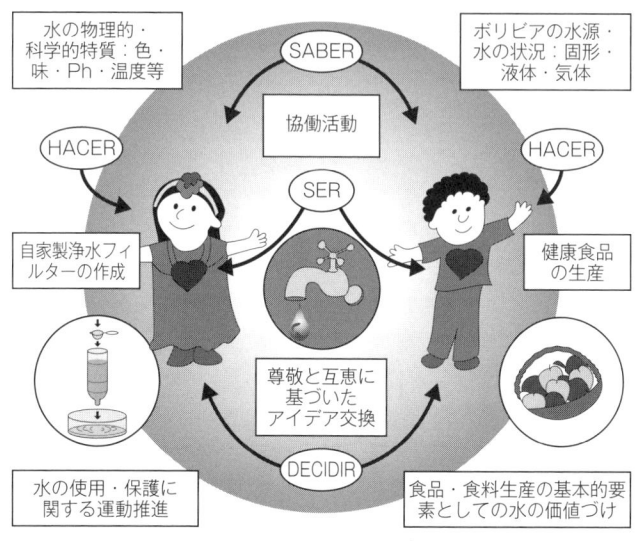

出典：Ministerio de Educación（2014d, 32）より著者が抜粋し加筆。

図7.2　新しい教育標準の適用例：水の学習

　他方、これまでばらばらに教授されていた教科をその内容的つながりに基づいて、①宇宙観・哲学（Cosmos y Pensamiento）、②地域・社会（Comunidad y Sociedad）、③生活・地球・領土（Vida, Tierra y Territorio）、④科学技術・生産（Ciencia Tecnología y Producción）の4つの教科領域に分類している（Ministerio de Educación 2014c）。新しい教育標準と教科領域の分類との関係性について教育省は、下記の図を用いて解説しているが、理論的整合性だけでなく、教育現場での実践的展開については必ずしも明らかになっていない。特に、教科としては理科や算数だけでなく、美術や音楽や体育なども「社会的生産の企画・実施（Decidir）」に結びつく学習となるものと思われ、そのことも新カリキュラムにおいて解説があるため、図と解説との間の離齬が見てとれた。新カリキュラムはいまだ発展途上にあるものと考えるのが自然であろう。

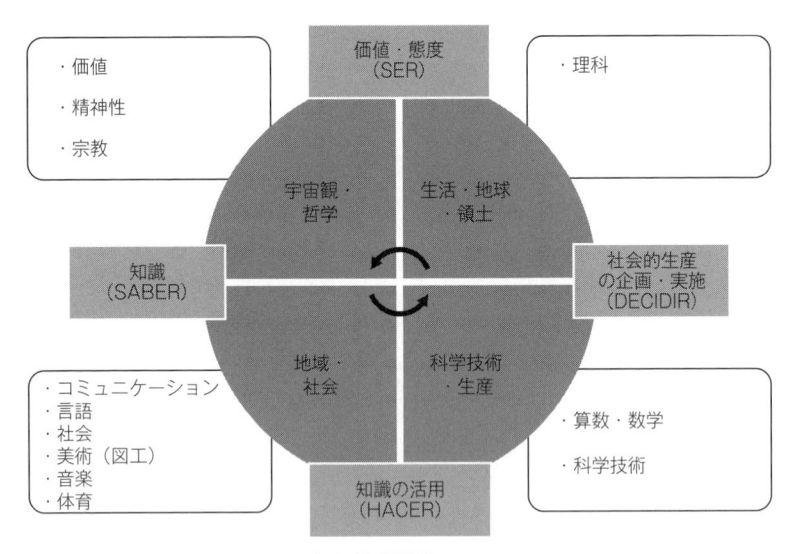

出典：Ministerio de Educación（2014d: 19）より筆者が抜粋。

図7.3　新しい教育標準・教科領域の分類

　教育省初等教育局職員であるA氏によれば、MESCP導入そのものは、外国の例を参考にしつつもボリビアに古来からある宇宙観・世界観・文化・伝統に

根差した考え方・思想をもとにMESCPの教育標準・教育区分・教科領域を定義しており、PISAなどに見られる思考力・表現力を問うような「新しい学力観」とは一線を画するものであるとしている。特に、構成主義的な教育や「キー・コンピテンシー」の育成を目指す教育を一旦否定し、「社会生産的な教育」を目指すことを謳っている（Ministerio de Educación 2014a, 2014b）。しかし、その中身については、生活に根差した学習や教育を模索しており、問題解決型の授業をモデルとしていることから、構成主義や「キー・コンピテンシー」との重なり合いが大きい。唯一の違いとして指摘できるとすれば、MESCPは地域や社会に根差した教育を強調しており、このことが、PSPなどを通じた地域住民の教育への参加にもつながっているものと考えられる。カリキュラムについては国レベルにおいて教育省が監修することとしつつも、地域・学校レベルのカリキュラムの内容については地域の教育事務所（日本でいうところの教育委員会）や学校に決定権を委ねている。国定の教科書だけでなく民間の教科書の使用を原則禁止[11] しているボリビアにおいて、カリキュラムの地域・学校レベルにおける策定・企画は、現場の教員にとって非常に高度な要求であると言える。

　いずれにしても、学校現場において個々の授業・年間指導計画・2か月指導計画・その他のあらゆる教育活動においてこれらの教育標準・教育区分・教科領域を適用することは当然として、PROFOCOMやESFMのカリキュラム・教材においてもその取り扱いが義務化されている（Ministerio de Educación 2014b, 2014c, 2014d）。ESFMのカリキュラムでは、既存の教科内容・教科指導法・教育の総論に関する講義・演習とは別建てで、新教育標準・教育区分を含むMESCPに係る独立の講義・演習が組まれている。また、MESCPに沿うような形での既存の講義・演習の内容の再編・実施も義務付けられている。他方、PROFOCOMについては、そのカリキュラム（講習内容）と教材のすべてにおいて、MESCPに係る内容が取り扱われており、PROFOCOMがMESCPの学校現場での普及・浸透を担う重要な機能を持っていることがここからも窺われる。例えば、教育省のホームページにて公開されているPROFOCOMの

初等教育の教員のための講義・演習の教材リストを取りまとめると以下の表の通りである。

表7.1　PROFOCOMの講義・演習の教材リスト（初等教育の教員用）

学期	内　　容	講義・演習の数
1	MESCP とは	1
	新カリキュラムの構成・要素	1
	社会生産的なカリキュラムの構築のための戦略	1
	地域に根差した指導計画の形成	1
2	カリキュラム構築のための方法論	1
	教材作成	1
	教育プロセスの参加型評価	1
	MESCP における知識の形成	1
3	PSP とは	1
	カリキュラム入門	1
	美術・音楽・体育	3
	生物・物理・化学・地理	3
	社会	1
	国語（母語・スペイン語）・外国語	1
	宇宙観・哲学・社会（学）	1
	数学（算数）	1
	価値・精神性・宗教	1

出典：Ministerio de Educación（2017a）のリストを筆者が要約し取りまとめた。

　表7.1によれば、PROFOCOMの講義では1学期・2学期だけでなく3学期においても、各教科でMESCPをどのように導入するのかについて取り上げられている。ここでは、一例として、算数を取り上げよう。算数に係る教材においても、「内文化性」や「複言語主義」について積極的に取り上げられている（Ministerio de Educación 2016）。同教材では、使用人口の多いケチュア語やアイマラ語での数の言い方・書き方から始まり、エクアドルのケチュア語ではあるが、スペイン語との間で数の表記を図7.4の通り比較し、11から15までの数の理解を図る上でのケチュア語の容易さや優位性を説明している（Ministerio de Educación 2016）。具体的には、以下のような説明となる。スペイン語では、11

を言い表すのに「1と10（1 y 10）」という2つの言葉を1つに合わせた形で表記する方式をとっており、10の位と1の位の位置が左右逆になっている。これは15まで続く。これに対し16から19までについては「10と6（10 y 6）」という形で、10の位と1の位が順番通りに表記されている。ケチュア語では、11から19まですべて、10の位と1の位の数が順番通り表記されており、子どもたちにとってよりわかりやすい記数法であると言える。このことは、スペイン語だけでなく、英語、フランス語など他のヨーロッパ言語全般に見られる傾向であり、PROFOCOMでは意識的に取り上げていると読むこともできる。

N°	CASTELLANO		QUECHUA (Ecuador)	
11	once	(1 y 10)	chunca shuc	(lO y 1)
12	doce	(2 y 10)	chunca ishcai	(10 y 2)
13	trece	(3 y 10)	chunca quimsa	(10 y 3)
14	catorce	(4 y 10)	chunca chuscu	(10 y 4)
15	quince	(5 y 10)	chunca pichca	(lO y 5)
16	dieciseis	(10 y 6)	chunca sucta	(10 y 6)
17	diecisiete	(10 y 7)	chunca canchis	(10 y 7)
18	dieciocho	(lO y 8)	chunca pusac	(10 y 8)
19	diecinueve	(lO v 9)	chunca iscun	(10 v 9)

出典：Ministerio de Educación（2016: 47）より筆者が抜粋。

図7.4　PROFOCOMの算数に係る教材におけるスペイン語とケチュア語の数表記の比較

　他方、UNEFCOもPROFOCOM同様にMESCPに関する講習を開設しているものの、多くの講習が学校現場でのニーズや要請を取り入れたかたちで毎年組まれており、その意味ではLey070以前の時と変わらない部分が大きい。UNEFCOの設立は古く1963年までさかのぼるが、現在の名称であるUNEFCOになったのは、2009年であり、Ley070制定の1年前である。UNEFCOで主に取り上げられている講習内容としては、総論としての教育方法論、授業研究・校内研修(12)、学校経営、各論としての各教科における教授

法・教材作成に関するものがある（Ministerio de Educación 2013）。なお、通常の講習以外に2005年に教育省が立ち上げた「教育実習者の専門職化プログラム（Programa de Profesionalización a Maestros Interinos）」（以下「PPMI」）を実施する主幹機関となった。PPMIは、中等学校卒業後旧教員養成校やESFMで何らかの学位を取らずに学校現場にて教えていた無資格教員（教育実習者と呼ばれる教員）に対し資格を供与するために実施されたプログラムであったが、対象者となる無資格教員がいなくなったことから2012年にその役割を終えて廃止されている（Ministerio de Educación 2013）。このように、PROFOCOMやPPMIなどを通じて無資格教員の有資格化や教育学士号の授与が行われ、現在学校現場で働いているほとんどの教員が有資格者となりつつある。

　教育大学は、教職大学院として2つの課程をもっている。特別大学院にて数学（算数）、物理・化学、生物・地理の教科（教育）に特化した学科、通常の大学院にて中等教育における数学、中等教育における物理・化学、中等教育における生物・地理、初等教育における理科、インクルーシブ教育の学科を用意している。教育大学は、ESFM同様にMESCPの学校現場での導入と実践的研究を目指しており、ESFMやPROFOCOMをリードすることが期待されており、それぞれの機関の教育成果を評価することも重要な機能の一つとして持っている。「内文化性」を向上したり、PSPの実践を深めるための研究会も開催しているという（Ministerio de Educación 2015）。博士課程も持っているが、現状としては修士号取得を目指す学生がほとんどである。

第4節　教師教育の政治的運用とその教育的効果

　以上の通り、教師教育のシステムやそこでの講義・演習内容などについて簡単に紹介したが、ここで、筆者の行ったインタビューの結果を中心にしつつ、ボリビアの教師教育に係る課題等について取りまとめる。なお、インタビューを行った教員養成・教員研修関連機関の教職員4名の構成は以下の通りであり、すべて教職経験者である。

1）　C氏：PROFOCOMの県支部のコーディネーター

2）　D氏：UNEFCOの県支部の代表

3）　E氏：ESFMの校長

4）　F氏：教育大学の県支部のコーディネーター

まず、PROFOCOMの位置付けに関して、PPMI同様に有資格者の増加と無資格者の減少にともない「暫定的であった役割はほぼ終わったはずである」（D氏）が、「PROFOCOMは、現在第二フェーズとして、学士号と修士号との中間に位置する『特別学位（1年未満で取得可能)』の授与を目指したカリキュラムや講義・演習を準備している」（C氏）ようである。教育省の発表によれば、表7.2の通り、これまで4つの期に分かれて現職教員の有資格化のための研修が行われてきており、第四期に至っては人数も大幅に減っていることがわかる。現在は、特別学位の授与が始まったところである。

表7.2　PROFOCOMの履修者数の推移（2016年まで）

期	第一期	第二期	第三期	第四期	特別学位	合計
人数（名）	43,360	63,541	25,877	4,254	1,292	138,324

出典：Ministerio de Educación（2017b）を基に筆者作成。

UNEFCOからすれば、教員研修の主幹機関はUNEFCO自身であり、PROFOCOMは暫定的なプログラムでしかなく、ESFMの施設を利用しているだけであると言える。しかし、「PROFOCOMを運営するコーディネーターや講師は、モラレス政権の与党であるMASの党員が多く働いている」（E氏）ことからも、PROFOCOMは今後も存続する可能性が高く、「MESCPの学校教職員への浸透だけでなく、地域住民・保護者への浸透を図る」（C氏）ことが目指されている。

Ley070で規定されたように、教員養成や教員の教職キャリアアップは、ESFM及び教育大学でのみ可能となった。この背景には、「一般の国立・私立大学が大学の自治や学問の自由を盾に与党MASと相いれない考え方・思想に

基づいて教員養成が行えないようにする意図があるだろう」（D氏）との意見があるほか、「教育大学でしかMESCPは実現しえない」（F氏）との主張もあった。教育大学は設立まもない段階ではあるが、2016年には全国で960名の大学院学生が所属しており、今後修士号取得者の数も増加するだろう。また、同大学では、教職大学院として「MESCPに資する教材の開発」が修士論文の中心的テーマとして扱われており、修了生の論文自体が現場で活用されることを期待している（F氏）。

　他方、Ley070の制定前に改組されて設立されたUNEFCOの存在感は薄くなっている。「予算的措置・人的配置も非常に限られており、PROFOCOMの充実ぶりとの格差は目に余るものがある」（D氏）とされている。

　MESCPの浸透度について、「ESFMでもMESCPに係る講義・演習を行ってきているし、同じ施設内で運営されているPROFOCOMの講師を招いて行うこともある」が、「講義内容が余りにも理論的であり、実践的でないため、教職を希望する学生だけでなくESFMの教員にとっても、ひいては学校現場の教職員へのPROFOCOMを通じた浸透もあまりうまくいっていないという感触をもっている」（E氏）との意見があった。このことについては、Ishizaka（2017）の調査結果でも同様の指摘がされている。

　新規教員の雇用に関して、「退職時期について教員が希望すれば延ばすことができることもあり、有資格の教員もPROFOCOMによって増えたことから、新規の教職のポストの数が激減している」（E氏）ことが課題として指摘されている。また、「このため、県や地域によってESFMが小学校教員になるための学科を開講できない年や学校が増え続けている」（E氏）とされており、ESFMへの入学試験の競争が激しさを増し、社会問題になっている（Lopes 2013）。2016年実績では、23,761名の受験者に対して3,005名の合格者しかおらず、競争率が約8倍となっている（Ministerio de Educación 2017b）。

おわりに ―今後のゆくえ―

　ボリビアは、Ley070制定以降、教育政策の大きな転換を図り、新しい独創的ともいえるカリキュラムの開発と実施に取り組んできている。その中で、教師教育のシステム、また、講義・演習等の内容にも多大なる影響を与えた。MESCPを学校現場に浸透させるという課題をPROFOCOMを中心とした取り組みによって一定程度は克服してきていると言える。今後は、学校現場だけでなく地域住民・保護者へもMESCPの展開を教育省は目指しているところ、その動向が注目される。

　他方、教師教育に携わる関連機関である、UNEFCO、PROFOCOM、ESFM、教育大学などの関係性については、教育機能的区分は法律上明確にされているものの、その実態や政治的志向には微妙なずれがあり、受益者たるべき学生・教員への影響が懸念される。多様性を認めつつも、一貫性のある講義・演習が機関内・間で行われているのかについては精査が必要となろう。さらに、一般の国立・私立大学が、教師教育というフィールドから締め出されてしまっていることは、MESCPで唱える「間文化性」のように多様な文化・考えを尊重するという政府・教育省の政策方針と矛盾していると言えよう。多様な文化の復興と交流を本当に望むのであれば、学問の自由や教育の自由を認め、多様なあり方を模索することが重要である。

　最も重要なことは、教員養成・教員研修に係る講義・演習がいまだ実践的というより理論的であるため、児童の学習活動にまでどこまで、「非植民地化」「内文化性」「間文化性」「複言語主義」が適切に浸透しているか、また、MESCPの教育効果にはどのようなものがあるのかについては、教育省によっても研究者によっても、いまだ明らかにされていないことである。援助機関・国の影響をある意味非常に神経質に遠ざけつつも、新しい教育モデルであるMESCPが構成主義や「新しい学力観」と重なり合う部分が多いことも注目に値する。

　学士号を持つ教員がほとんどとなった現在、実際の教育現場において
PROFOCOMで学んだ内容がどこまで効果を発揮しているのか、新規教員の
採用が少なくなっているところ教育経験・技術の世代間での移転がスムーズに
行えているかどうかについても分析する必要があろう。

　よって、本論以降では、教師教育の現場での教育内容・効果、さらに、
MESCPの児童の学習活動への影響について研究調査を行っていきたいと考え
る。

注

(1)　本件調査では、半構造化インタビューを採用し、調査目的が、各学校・機関での
　　教育活動の実施状況と課題の確認のみを目的に据えていたため、コーディングや
　　それにまつわる分析手法を採用した理論構築はせず、本論で重要となるインタビ
　　ュー対象者の発言を取り上げるスタイルを採用した。

(2)　引用の下線部分は、強調するため筆者が入れたものである。なお、2009年に改
　　定された新憲法においても、教育政策上「内文化性（intraculturalidad）」「間
　　文化性（interculturalidad）」「複言語主義（plurilingüismo）」「非植民地化
　　（descolonización）」が採られることが明記されている（第30条第2項、第78条第
　　1項第2項）。

(3)　実際には、環境（ごみ問題・水不足）や食生活の課題を学校全体として取り組む
　　学習内容として定めるケースが多い。「社会生産的（socioproductivo）」とは、必
　　ずしも経済生産的な活動を意味するのではなく、社会的な課題に対して何か生産
　　的な改善をもたらすというニュアンスが強い。

(4)　新憲法第91条第3項にて、ESFMは高等教育の中に位置付けられている。

(5)　日本のような教員免許状という教育学士号とは別の資格はボリビアにはない。よ
　　って、Ley070以降は、教育学士号がどこから授与されたかによって、教職に就く
　　権利を持っているかどうかが判断されることとなる。

(6)　もちろん、県によっては学びたい学科や講義・演習がないというケースが発生し
　　ている。

(7)　教育省初等教育局職員へのインタビュー調査によれば、MESCPの形成は、「外国
　　での取り組みを参照しつつも、ボリビアに古来からある民族の宇宙観
　　（Cosmovición）から、西欧的自然観や人間観とは一線を画したかたちで、地球

（Madre Tierra）と人間との関係、人間のあるべき姿などを図式化・取りまとめることを通じて行った」（A氏）とされている。なお、A氏は、MESCPの形成を中心的に担ってきた職員である。

(8) 新教育標準は、個々の授業や指導計画のみならず、児童・生徒の成績評価基準としても採用されている。すべての教科において、この4つの基準すべてでの評価が義務付けられている。

(9) 教育省初等教育局職員へのインタビュー調査によれば、「社会的生産（Socioproductivo/Producción）とは、学校で学んだ知識等を活かして地域や身の周りにおいて行う貢献的・生産的な活動のこと」（B氏）を意味しているとされた。よって、必ずしも物やサービスの生産を直接的に意味するものではない。もちろん、個々の授業の中での社会的生産の取り扱いはまちまちであり、いわゆる学んだ内容をノートなどにまとめたら、成果（producto）として捉えることも可能とされるが、理想としてはあくまでも社会的生産を目指した授業の実践がされるべきだとしている。

(10) 新教育区分の4つのフェーズについては、「①実践・実生活→②知識の発見・理論化→③得られた知識の価値付け→④社会的生産」の順序は崩してはならないとされている。

(11) 教科書の使用が原則禁止されているのにもかかわらず全国どの学校においても何らかの教科書が「副教材」として使用されている。各学校・個々人の教員によって使用している「副教材」が異なるため、学年や内容面での学習の系統性が失われてしまっている。なお、教科書の使用が禁止されている理由としては、旧政権下で作られた教科書は「植民地的」であり問題が多いため、新しい教育モデルであるMESCPに基づいたものでなければならないためとされている。カリキュラムの地域化を目指していることもあり、国定教科書を作るという動きは今のところない。

(12) 授業研究・校内研修については、国際協力機構（JICA）がボリビアで実施した技術協力プロジェクトで導入された手法であり、現在でもUNEFCOにおいて関連した講習が行われている。

参考文献・資料
［欧文］

Howard, R.（2009）Education reform, indigenous politics, and decolonization in the Bolivia of Evo Morales, *International Journal of Educational Development*, 29:

583- 593.

Ishizaka, H. (2017) Políticas educativas de descolonización en Bolivia en el siglo XXI: Sus luces y sombras, González Ortega, N. (ed.), *Bolivia en el Siglo XXI: trayectorias históricas y proyecciones políticas, económicas y socioculturales*, Oslo, Norway: Oslo University, pp. 139-159.

Lopes, M.T.A. (2013) Turbulence in Bolivia's normales: Teacher education as a socio- political battlefield, *Prospects*, 43: 17-34.

―――― (2015) Bolivian Teachers' Agency: Soldiers of Liberation or Guards of Coloniality and Continuation?, *Education Policy Analysis Archives*, 23 (4): 1-24.

Ministerio de Educación (2010) Ley de 070 de la Educación "Avelino Siñani – Elizardo Pérez", La Paz, Bolivia: Ministerio de Educación.

―――― (2013) Memoria Institucional: ISER-INFOPER-UNEFCO 50 Años al Servicio de la Educación Boliviana 1963-2013. La Paz, Bolivia: Ministerio de Educación.

―――― (2014a) La Nueva Educación en Bolivia. Programa de Formación Complementaria para Maestras y Maestros en Ejercicio (PROFOCOM), La Paz, Bolivia: Ministerio de Educación.

―――― (2014b) Unidad de Formación No. 10: Gestión Curricular del Proceso Educativo. Programa de Formación Complementaria para Maestras y Maestros en Ejercicio (PROFOCOM), La Paz, Bolivia: Ministerio de Educación.

―――― (2014c) Educación Primaria Comunitaria Vocacional: Programa de Estudio Primero a Sexto Año de Escolaridad, La Paz, Bolivia: Ministerio de Educación.

―――― (2014d) Unidad de Formación No.3: Estrategias de Desarrollo Curricular Socioproductivo: Comprendiendo la Estructura Curricular, La Paz, Bolivia: Ministerio de Educación.

―――― (2015) Educación Postgradual: Nuevos Caminos con Maestras y Maestros, Boletín Informativo Año1 No.1, La Paz, Bolivia: Ministerio de Educación.

―――― (2016) Unidad de Formación No.10: Matemática - La resconstrucción sociocultural de la Matemática, Cuadernos de Formación Continua, La Paz, Bolivia: Ministerio de Educación.

―――― (2017b) Gestión 2016: Revolución Educativa con Revolución Docente, La Paz, Bolivia: Ministerio de Educación.

Patzi, F. (1999) Etnofagia estatal. Modernas formas de violencia simbólica. Análisis de la Reforma Educativa, *Boletín del Instituto Francés de Estudios Andinos*, 28 (3): 535- 559.

参考ウェブページ

Ministerio de Educación（2017a）（2017年5月8日現在）:

　　http://profocom.minedu.gob.bo/index.php/material/material_subs_participante/1#

第Ⅱ部

教員政策に対する国際協力のアプローチ

第8章

ユネスコによる協力
—SDG4教育の質の向上のために—

横関　祐見子

ウガンダで実施された「アフリカの角」及び周辺地域における平和構築のための教員研修の参加者たち（@UNESCO-IICBA）

はじめに

　ユネスコ（国際連合教育科学文化機関，UNESCO）は、教育、科学、文化の発展と推進をする専門機関として1946年11月に設立された。教育や文化を通じて、戦争の悲劇を繰り返さないことを目的に1945年に採択されたユネスコ憲章は、有名な前文「戦争は人の心の中で生まれるものであるから、人の心の中に平和のとりでを築かなければならない」で始まる。教育、科学、文化での協力の究極の目的は「平和」であるという設立当初の理念は、設立から70年以上たった今、さらに大きな意味を持つ。

　日本は1951年にユネスコに加盟したが、これは1956年の国連本体への加盟に先がけての加盟となる[1]。1954年のソビエト連邦の加盟を経て、1960年代にはアジアやアフリカの新独立国が加盟すると、ユネスコの活動は多様化し、規模も拡大していった。一方、加盟国の大半が東側諸国と南側諸国、開発途上国で占められるようになると、設立の中心となった欧米諸国が少数派となり、ユネスコ内での東西と南北の対立をもたらすようになった。ユネスコの歴史は国際社会の政治的な対立が凝縮しているとみることもできよう。

　1980年代には、ユネスコの運営の問題や、活動の「政治化」に対して欧米諸国からの非難が始まった。当時のムボウ事務局長が提唱した「新世界情報秩序」が発端となり1984年には米国、翌年には英国とシンガポールが脱退した。最大の分担拠出金を出す米国を失い、ユネスコは最初の危機を迎えた。こうした中、日本はユネスコにとどまり最大の分担金拠出国となった。その後、英国が1997年、米国は2003年に復帰している。

　2011年にはユネスコは新たな危機を迎えることになる。2011年10月のユネスコ総会で、パレスチナが加盟国として承認されると、米国は分担金の支払いを停止し、2017年10月にはユネスコを再脱退することを表明した。イスラエルも同様に2011年から分担金支払いを停止し、2017年10月にユネスコ脱退を表明した。2011年から、最大の分担金拠出国である米国の支払い停止により

ユネスコは二度目の経済的な危機に立たされている。

　このような状況の中で、ユネスコの教育支援と教員支援のプログラムは続いている。ユネスコの最も大きな貢献は、教育開発の世界的な潮流を作り出してきたことであろう。1960年代の普遍的な初等教育（UPE: Universal Primary Education）に基づく教育開発、1990年のタイのジョムティエンで開催された「万人のための教育（EFA）世界会議」、2000年のセネガルのダカールでの「世界教育フォーラム」、2015年の韓国の仁川（インチョン）での「世界教育フォーラム2015」、そして「持続可能な開発目標（SDGs: Sustainable Development Goals）」の流れの中で、ユネスコは教育開発の潮流と戦略を作る中心に位置していたとの自負がある[(2)]。2000年から2015年までの国際開発目標であった「ミレニアム開発目標（MDGs: Millennium Development Goals）」においては、教育機会の向上が中心であったが、SDGsの流れの中においては、目標4（以下SDG4）で、「すべての人に対して、インクルーシブかつ公正で質の高い教育を保障し、生涯学習の機会を向上させる」と謳われているように、教育の質に焦点が移っている。そうした中で、2015年以降の国際教育開発目標においては、教師の支援の重要性が見直されている。

　本章ではユネスコの教師支援プログラムに関して、インチョンの「世界教育フォーラム2015」で採択された「Education 2030」の実施戦略としての教師タスクフォースの活動と、筆者が勤務するユネスコ・アフリカ地域能力開発国際研究所（IICBA: International Institute for Capacity Building in Africa）による教師開発支援を中心に紹介する。

第1節　ユネスコの教育協力と教員支援プログラム

　教育はユネスコの5分野——教育、文化、自然科学、社会・人文科学、コミュニケーションおよび情報——の中で最大の規模を持つ。ユネスコの教育支援プログラムは、旧宗主国から独立した国々の教育開発、教育政策、教育計画などへの支援として始まったが、途上国のみならず先進国への支援も行ってき

た。これは最も新しい開発の枠組みであるSDGsが途上国、先進国の両方を対象としている点と共通する。

1.1　ユネスコの教育プログラム

　教師教育を含む多岐にわたるユネスコの教育支援は、2年に1回の総会で討議され承認される。2017年11月のユネスコ総会で承認された教育プログラム（39/C）は以下の項目からなり、教員については、第5項目の「教員政策と教師教育の充実」となっている。

1）　教育政策と計画の向上
2）　職業技術教育の拡充
3）　生涯教育の充実
4）　高等教育の拡充
5）　教員政策と教師教育の充実
6）　グローバルシティズンシップ教育の拡充
7）　教育における男女平等
8）　インクルーシブ教育
9）　「Education 2030」目標達成のための調整
10）　SDG4達成のための調査研究・モニタリング・報告

　インチョン会合の宣言（「Education 2030」）にはSDG4達成のための7つの目標と3つの実施戦略があり、そのうち実施戦略4cは教員に関する戦略で「途上国に対する教員養成のための国際協力などを充実させて、資格を有する教員の供給を大幅に増やす」ことが掲げられている。教員についての記述が宣言に明記されたことにより、SDG4における教員支援の重要性が認められたことになる。

1.2　教師の権利を守る

　アフリカ地域をはじめとする多くの途上国では、1960年代から教員の給与

が他の職種に比べて相対的に低くなり、教師の社会経済的地位の低下、そして教師の質の低下が問題となっている。このような中で、ユネスコは教師の質向上のための政策、教師教育と資格の標準化、教師の権利の確保と執務環境の向上などの活動を行ってきた。

「教員の地位に関するILO・UNESCO勧告」は1966年9月から10月にかけて開かれたユネスコ特別政府間会議で採択された[3]。その内容には教員が専門職として認められるべきであること、教師の評価や懲戒などに関して教師の権利が守られるべきであるとの記述がある。「教員の仕事を直接評価する場合には、その評価は客観的でなければならず、その評価内容は当該教員に知らされるべきである」「教員は、不当と思われる評価がなされた場合に、不服を申し立てる権利を持つ」「すべての教員は、懲戒手続きの各段階で公平な保護を受けなければならない」などと定めている。

ユネスコは、この勧告の適用を推進するための活動も行っている。「ILO/UNESCO教員の地位勧告の適用に関する合同専門家委員会（CERT: Joint ILO/UNESCO Committee of Experts on the Application of the Recommendations concerning Teaching Personnel）」もその一つで、定期的に国際会合を開き「教育インターナショナル（世界の教職員組合からなる国際組織。略称EI）と共に活動している[4]。しかしながら、残念なことに、多くの途上国では、この勧告の内容が実現されておらず、今後も活動を強化する必要がある。

第2節　教員に関する国際タスクフォースの活動

「教員に関する国際タスクフォース（International Taskforce for Teachers）」（以下、タスクフォース）は2008年にノルウェーのオスロで開催された高等教育会議における、教育の質を高めるために教師への支援が必要だという提言から生まれた。予測可能で持続的な支援が必要であるとの観点から、「オスロ宣言」は、EFAの教員に関する国際タスクフォースの創設を指示した。タスクフォースの最初のプログラム（2009年から2012年）では下記の3分野での「不

足」を補うための行動計画を作成した。

1) **政策の不足**：教師に関連する国家政策、教員供給のための戦略と計画開発、さらに強化が必要である。

2) **キャパシティ（能力）の不足**：政策立案、政策実施、モニタリングと評価のためにデータと情報を収集、管理、使用する能力が必要である。EFAのための教員準備の計画と管理に関して、国レベルでの人的資源の制約に関連する。

3) **EFA達成のために必要な教員の数の不足**：EFA達成のための教員ニーズを満たすために、国レベルでの教員への投資の増加の必要性と、資金の不足を補う必要がある。

　タスクフォースの具体的活動として、アドボカシー、グローバルおよび地域での政策対話、教師の課題に関する調査研究、知識や経験の共有のためとのメカニズムの必要性などが挙げられ、実施されてきた。外部評価による提言でSDGsの枠組みの中での教師の問題のさらなる必要性が認識され、2015年以降のタスクフォースの延長が推奨された。2013年以降のタスクフォースの目標は下記のようになっている。

1) グローバルおよび地域イニシアティブのアドボカシーと調整
2) 知識の創造と普及
3) 各国への技術支援

　上記の目標を達成するための活動として、1) 教師教育と専門性の開発、2) 教師の地位と労働条件の整備、3) 教師の管理、4) 教師と教育への資金提供の促進、5) 教員に関する政策とその実践のモニタリングと評価、6) 教員に関する政策とその実践におけるインクルージョンと公平、等が挙げられている。

　具体的には、アドボカシーの一環として毎年10月5日に「世界教員の日」の催しをユネスコ本部で実施、毎年5月に教師の役割に関するテーマに沿ったグ

表8.1　教員に関する政策対話フォーラム

	開催年月	開催国と都市	テーマ
1	2010年2月	エチオピア・アジスアベバ	教員、金融危機、周辺化された人々に対するEFAの挑戦
2	2010年7月	ヨルダン・アンマン	EFA達成のための教員供給—教育の質の重要性
3	2011年9月	インドネシア・バリ	2015年までのEFA目標達成に向けた質の高い教員供給のための国家政策及び実践における公正性の確保
4	2012年5月	インド・ニューデリー	EFA達成に向けたインドにおける教員に関する課題
5	2012年11月	ナミビア・ウインドホック	教員に関する課題解決に向けたグローバル・パートナーシップの3年間—2015年のEFA目標達成期限まで3年：これまでの成果と今後の展望
6	2013年11月	コンゴ民主共和国・キンシャサ	教師教育マネジメント—政策と実践の傾向：どのような政策が効果的でその理由は何か、そしてそれは誰に裨益しているか
7	2014年12月	モロッコ・ラバト	ポスト2015年国際教育アジェンダにおける教員：教員に関する目標達成に向けた政策、実践と手段
8	2016年3月	メキシコ・メキシコシティ	教員に関するSDGs目標及びその他の新たな教育目標に関する理解、目標遂行、モニタリングを促進するような効果的政策、実践及び手段について—世界のキー・ステークホルダー間での共有
9	2016年12月	カンボジア・シエムリップ	教員に対する動機づけ—2030年教育アジェンダを達成するための既存の知見と今後の課題
10	2017年	トーゴ・ロメ	教員—専門職

ローバル・アクション週間の実施、ニュースレターの発行などを行っている。また、知識の創造と普及のために、2010年から政策対話フォーラムを実施している。表8.1に示されるように、この政策対話フォーラムは毎回テーマを決めて、世界各地で行われてきた。また、地域的な会合を実施したり、他の機関による会合の促進やそれらの会合への参加もしている。さらに、2012年には有識者会合を3回実施して、教師に関する指標、ICTと科学技術教育、インクルーシブ教育などについての話し合いの場を提供している。

　各国への技術支援としては、ギニア、ニジェール、モザンビーク、ウガンダ、コンゴ共和国等での技術支援活動を行っている。協力の内容としては、教

師に関する政策への支援、および教師の課題に関する社会的対話の促進などがある。アフリカ地域の活動が主であり、後述のIICBAとの協力や協働での活動もある。

第3節　ユネスコ・アフリカ地域能力開発国際研究所（IICBA）の活動

ユネスコ・アフリカ地域能力開発国際研究所（IICBA: International Institute for Capacity Building in Africa）は1989年10月のユネスコ総会での承認を経てカテゴリー1研究所として設立された[5]。IICBAはエチオピア国の首都アジスアベバにあり、アフリカ唯一のユネスコの研究所として54の加盟国の教員開発を強化することが義務付けられている。

IICBAに課せられた役割は下記のようにまとめられる。

1) 教師の育成と教育、学校でのリーダーシップとマネジメントに関する教育的、技術的、職業的なニーズに対応する。
2) アフリカの教育機関に最新の教育研究を提供する。
3) アフリカの教員養成機関の能力を強化する。
4) 教員養成における電子メディアの使用など、教師教育における技術的改善の利用を促進する。
5) 教師教育におけるジェンダー平等を主流化する。
6) 上記の分野で経験を共有するためのフォーラムを提供することにより、アフリカの教育が国際協力パートナーの活動から便益を得ることを可能にする。

IICBAの初期の活動はアフリカ地域の大学への教師教育の修士課程設置支援、教師教育政策立案支援、調査研究、タスクフォース等のグローバルなフォーラムへの参加と知的貢献などが行われてきた。しかし、前述の通り、2011年に米国が加盟国分担金の支払いを停止し、IICBAの活動資金が不足する状

況が続いている。財政難の中、それまでエチオピアのアジスアベバの研究所に加えて、西アフリカの拠点としてセネガルやダカール、南部アフリカの拠点として南アフリカのプレトリアに「アンテナ」として所員を置いていたが、これを廃止した。また、ワークショップや地域会合、調査研究や出版も縮小されてきた。厳しい財政事情の下、IICBAは戦略的に活動目標を定める必要に迫られている。そうした中、2015年からは、上記のミッションの一環として、下記のような活動を追加した。

1) **ジェンダーの平等の主流化の実践**：女子STEM教育（科学・技術・工学・数学）教員研修

2) **教師教育を通じた平和構築**：「アフリカの角地域」と「サヘル地域」での平和とレジリエンス構築のための教員研修と「過激な暴力の防止（PVE: Preventing Violent Extremism）」

3) **アフリカ地域の教師の課題に合致した調査研究**：教員の質の向上と児童生徒の学習到達度の研究および教員の動機づけ（Motivation）の枠組みに関する研究

3.1　ジェンダーの平等の主流化の実践　―TeachHerプロジェクト―

　教師教育と教員研修にジェンダーを主流化するために、女子STEM教育（科学・技術・工学・数学）推進のための現職教員研修を実施している。大学で理系の学部への女子の進学割合が少ないことや理数系科目での女子の学習到達度が低いこと等から、この分野における教員研修のニーズが高いと判断されたのである。ユネスコでも以前よりセミナーなどが開催されていたが、具体的に教室での教え方をどのように変えていくかが大きな課題となっていた。教師自身が「女子は理数科が苦手である」という認識を持っていることも多く、「学習者中心」で「理論だけではなくて実験や活動を使って」「女子も男子も自信をもって理数科が好きになるような授業をする」ことを実現する必要があった。

　このような背景の中で、2016年に米国ユネスコ代表部（以下、米代表部）が

ユネスコ第199回理事会に、「女子と女性がSTEAM（Science, Technology, Engineering, Arts/design, Mathematics—科学、技術、工学、芸術／デザイン、数学）分野で活躍するためのユネスコの役割」という議題を提出して、承認された。この提案が実際の活動に移されるために、米代表部は、PPP（政府と民間のパートナーシップ）を使って、アフリカ地域での教員研修を実施することをIICBAに提案した[6]。IICBAは加盟国との協議を経て、「アフリカの課題はアフリカにある知識資源で解決する」という方針のもとに、ケニアにある2つの機関と協働で研修の計画と実施をした。そのうちの一つである「アフリカ理数科教員研修所（CEMASTEA: Centre for Mathematics, Science and Technology for Africa）」は日本の国際協力機構（JICA: Japan International Cooperation Agency）」の技術協力で育ったケニアの首都ナイロビにあるセンターで、1990年代からアフリカ域内の理数科教員研修を行っている。もう一つの機関である「アフリカ女子教育フォーラム（FAWE: Forum for African Women Educationalists）」も同じくナイロビに本部があり、1990年代からアフリカ域内の女子教育とジェンダー主流化に力を注いできた。

　2016年8月に最初のTeachHer研修がアジスアベバで行われた。同研修では、エチオピア、ガーナ、ケニア、ナイジェリア、南アフリカ、タンザニアから中学校の理数科教師60人あまりを対象に1週間の研修が行われた。アフリカ女子教育フォーラム（FAWE）が「ジェンダーに応じた教授法（GRP: Gender Responsive Pedagogy）」を担当し、理数科目はアフリカ理数科教員研修所（CEMASTEA）が担当した。研修は表8.2に示されるように、実践的な内容となっているが、これには授業に活動や実験を取り入れるというアフリカ理数科教員研修所（CEMASTEA）の理念が反映されている。

　研修が成功するかどうかの鍵は研修に参加する人々の意欲によるところが大きい。各国から選ばれてきた理数科教員たちの意識は高く、学ぼうという強い意欲に溢れていた。研修では、実験室がないところでも、身近な材料を使って実験をすることが可能であり、実践するために、物理、化学、生物学、数学のグループに分かれて、実験や教材つくりを学んだ。ペットボトルを使ったロケ

表8.2　TeachHer研修の内容

日程	テーマ	活動内容	目的
0	参加者の到着	資料展示：支援機関（Microsoft、Apple等）と協力の上、ワークショップ期間中実施	● 他国や民間企業など様々なセクターとの交流 ● 新たな着想や機会の獲得
1	STEAMの面白さ（"What fun STEAM is!"）：女子に対するSTEAMの重要性に関する啓蒙と理解	（午前） ● 開会、参加者の紹介、プログラムの目的と内容の紹介 ● 基調講演：なぜ女子にSTEAMが必要か？ ● 各国のSTEAM概要発表 （午後） ● アクティブラーニング：STEAMとは何か？　なぜ重要か？ ● S/T/E/A/Mごとのグループワーク―革新的で効果的な学習にするには？	● ワークショップの目的の浸透 ● 参加者同士の交流と良好な学習環境の構築 ● 基調講演を通じた革新的な発想や概念の共有 ● 女子のためのSTEAMの趣旨の提示と討議
2	STEAMをより楽しく効果的にするには？	（午前） ● ジェンダーに配慮した教授法、学習者中心教育、実践型教育法に関する講義 ● 女子のSTEAM学習におけるICT活用についての講義 ● グループ・ディスカッション：以上の教授法とICT使用の適用方法について （午後） ● Kotobe大学のSTEMセンターとユネスコ・グリーン・スクールの訪問	● ジェンダーに配慮した教授法やその他の概念の紹介と理解 ● 女子のSTEAM学習におけるICT使用への理解・討議。参加者のICT使用能力強化 ● 関連機関訪問によるSTEAM学習の視察
3	革新的で楽しい授業へ向けた準備	（午前） ● 前日までの様々な効果的な教授法に関する講義を踏まえた授業計画の発表 ● 各科目におけるケーススタディの実施 （午後） ● グループワークによる授業計画作成	● 実践的な例を用いた教授法理解強化
4	STEAM教材の準備	（午前） ● 教材についての講義 ● 教材に関するケーススタディの実施 （午後） ● グループワークによる教材作成	● 教材の作成
5	モデル授業	（午前） ● 授業計画と教材を用いたモデル授業の実践 （午後） ● 閉会／振り返り ● 可能であれば補講の実施	● モデル授業実施とさらなる改善のための観察結果の共有を行う ● 女子へのSTEAM学習への実践的理解の獲得 ● 参加者による現場での教授法導入能力の獲得と、帰国後の学習内容の同僚への共有

ット、ストローと粘土で作る分子の立体モデル、ホースや風船を使った人体の模型など。教師たち自身が「わくわく」して実験に取り組み、夜遅くまでグループで話し合い教材を作っていた。

　ジェンダーに応じた教授法（GRP）についても初めて学ぶ教師が多く、多くの質問や意見が出された。その中では、教師自身が持つ思い込みや偏見に気づかされる場面もあった。女子は理数科が苦手なのではなくて、教師の教え方が女子の学習到達とやる気を奪うことがあることを学んだ教師たちは自分たちの気づきに興奮していた。女性のロールモデルとしてエチオピア電話公社の重役である女性が「私は6人姉妹の長女です。男の子が生まれるように二番目の妻をめとるべきという親戚に対して父は『うちの娘たちは男の子よりも勉強ができるから大丈夫』と言って笑って取り合わなかったのです。父母は私たちの教育に熱心でした。私はコンピュータと統計を学んでエチオピア電話公社重役になり、私の妹たちもエンジニアや技術者として海外で活躍しています」と話し、研修会場を沸かせた。

　研修最終日には各国の代表がモデル授業を行った。研修で学んだ教材を使った、ジェンダーに配慮した授業である。どの授業も大変によく準備されていて活発なものであった。また、モデル授業の後には、活発な意見交換が行われた。「実験は良かったけれど、女子に対するステレオタイプ的な発言が気になりました」等という厳しい意見も出て、多くの学びがあった。

　研修の直後には教師たちは研修で学んだことを使い、他の人にも分かち合う。しかし、時間が経つと日々の雑事に紛れて、もとの教え方に戻ってしまうことも多い。TeachHer研修では、ソーシャルメディアを使って研修に参加した教師たちのグループを作った。教師たちは、自分の教室で行った授業や教材を写真やビデオで送り合う。研修から2年経っても、まだグループは活発であり、研修効果が持続している。これは研修に参加した教師の間で「健全な競争心」が芽生えていると解釈してよいのかもしれない。時間と費用のかからないモニタリングの方法によって、相互の学びはまだ続いている。

3.2　平和構築のための教師教育と過激な暴力の防止（PVE）

アフリカ地域の教育の課題として、紛争や自然災害による教育の中断、過激な思想に惹かれてイスラムを称する暴力的なグループへの参加などがある。「アフリカの角」と呼ばれるアフリカ大陸東端のソマリア全域とエチオピアの一部などを占める半島は、干ばつや水害などの自然災害と食糧不足、長引く紛争に苦しんできた。一方、学校を終えても職のない若者たちは社会の不安定要素となっている。このような状況の中で教育の質と適切さが求められている。平和構築と過激で暴力的な思想に若者が惹かれないようにするための教育が必要であるとの認識が高まってきた。

2017年3月に日本政府の補正予算で「アフリカの角」地域の平和構築のための教師教育プロジェクトが始まった。ソマリア、南スーダン、エリトリアは紛争や自然災害などのために多くの難民を近隣のケニア、エチオピア、ウガンダなどに出している。このプロジェクトでは、これら6か国を対象に現職教員研修と教員養成校の教育に平和教育の要素を取り入れていくことを目標としている。プロジェクトの一環として、6か国から教師教育者と教師政策に携わる行政官の日本での研修が実施された。

2018年にはサヘル地域の国々を対象に同様のプロジェクトが開始された。2017年に作成された教材を見直し、仏語に訳して活用するというプロジェクトである。この研修では、平和教育の鍵となる教師教育者や行政官向けの東京と広島での研修がハイライトとなった。2017年8月には、研修員たちは、日本の文部科学省で日本の教育全般や防災教育について学び、広島では8月6日の平和式典に参加した他、広島大学で平和学や平和教育について学んだ。研修の最終日には東京大学で研修の発表会が開催された。研修に参加したアフリカの教育者はみな日本が初めてであり、成田に到着した直後から「どうして、道にゴミが落ちていないのか？」等、質問が途切れることはなかった。広島の平和式典では「なぜ皆同じ椅子に座っているのか？　大使や大臣は一般の人よりも大きい椅子に座らないのか？」等の質問も出された。日本の食べ物も蒸し暑い天気も気にせず、精力的に研修を受けて、10日余の研修はあっという間に終

表8.3　平和構築のための教授法：教師用ガイド

章	題材	内容
1	紛争の理解 Understanding conflicts	紛争の定義と分析、紛争の起こるコンテキスト、紛争処理のメカニズム、家族、コミュニティ、学校の役割など
2	平和構築 Peace building	平和教育と平和構築、平和構築の原則と枠組み、平和の文化、アイデンティティと多様化と平和について
3	教室での倫理の促進 Encouraging ethical reflections in classrooms	平和教育と倫理、人権に基づくアプローチ等について
4	平和構築をする人々の能力の強化 Building peace-builders' competencies	コミュニケーションの方法、良い聞き手となること、交渉や調停などについての説明
5	変革的教育方法の重要な要素 Key elements of transformative pedagogies	学習環境、学習のプロセス、ロールモデルなどに言及しつつ、教授法について説明
6	教室から行動へ From the classroom to action	コミュニティ参加について、また、その方法について
7	学習者の平和構築に関する知識と技能の評価 Assessment of learners' peace-building knowledge and skills	評価の必要性と実際の評価方法について記述
8	教室とコミュニティのための活動 Activities for classroom and community	20余のゲームや具体的な活動の紹介

わった。アフリカの教育者たちは、それぞれに驚きと共感を持って日本から多くを学んだ。研修発表会の後、ソマリアから来ていた研修員は「広島大学の1年生は全員平和学を学んでいる。来年からモガディシュ大学でも同じようにすべての学生が平和学を学べるようにしたい」と静かに語った。

　日本での研修の後には、ウガンダのエンテベで研修を実施する研修員の研修を行うため、6か国から教育者が集められた。研修のための教材も整い、それぞれの国での研修のやり方などを実際に体験する貴重なワークショップとなった。教師用のガイドは表8.3にあるように、実践的な内容となっている。このガイドに沿って教員研修員のための研修ワークショップが行われた。学習者自身が自分の考えを述べてまとめたり、体を使い、ゲームや歌や踊りを入れた学

びや教材は好評を博し、参加した教育者たちは大いに盛り上がっていた。参加者からの要望に応えて、学校の安全マニュアルも作成したが、これは日本の防災教育も参考にしている。

3.3　調査研究

IICBAではアフリカ地域の教員と教師政策・教師教育の抱える課題に関する調査研究を行っている。最近の研究と出版事業では、「教員の質向上と生徒の学習到達度に関する研究」（2017年）と「教員の動機づけ（Motivation）の枠組みに関する研究」（2018年）がある。これらは、前述のように、教師の質と社会経済的な地位の向上を目指すための実践的研究である。特に、教員の動機付けに関する研究では、文献調査を通じ、教師のやる気は、必ずしも給与だけではなくて、自己研鑽のための研修機会、校長や父母からの理解と感謝などによって向上することが明らかになった。この研究は、今後も継続が予定されており、教師自身の声を反映させる内容とすることを検討している。

おわりに

本章では、ユネスコの教員支援についてアフリカ地域での活動を中心に紹介した。ユネスコ設立の精神である「平和」の実現は、教育セクターでは、学習に大きく反映されている。『学習・秘められた宝』は1997年に刊行されたユネスコ21世紀教育国際委員会の報告書である。ここでは教育方針である学習の4本柱が挙げられている。

- 知ることを学ぶ（learning to know）
- 為すことを学ぶ（learning to do）
- 共に生きることを学ぶ（learning to live together）
- 人間として生きることを学ぶ（learning to be）

　「共に生きることを学ぶ」は、21世紀の社会で大きな意味を持つ教育の柱である。今日の社会情勢は、国際的にも、それぞれの国内でも、人々が共に生きることを学ぶことが、いかに大切であるかを私たちに強く訴えている。このような教育の柱を託されているのがユネスコであり、日本の役割でもある。日本語では「共生」と一語で表すことができる、この概念は平和構築に重要な役割を果たし、日本が戦後復興を遂げた経験と重なってくる。本章で紹介した平和構築のための教師教育におけるアフリカ諸国と日本の交流でも、日本の教育がアフリカ諸国の「共生」のための教師教育に大きな貢献ができることを証明した。

　筆者は2015年にユニセフからユネスコに出向した際に、両国際機関の活動の違いに気がついた。ユニセフが「子どもの権利」の考え方から教育支援および教員支援プログラムを計画実施しているのに対して、ユネスコの教員支援の根底には「教師の権利」がある。両方とも大切な認識であり国際機関の間での協調と役割分担ができていると言えよう。残念なことに、1966年勧告に盛り込まれている教員の権利や働く環境の向上に関する提言の多くは50年以上経た今日、まだ達成されていないものが多い。さらにアフリカ地域では教師の社会経済的な地位が下がっている。多くの国々で教師の給与は他の職に比べて低く、教師を目指す若者は少ない。教員のストライキも多く、教育の質の低下が教師のせいになり、ますます教師たちのやる気をそぐような状況にある。そのような中での教師支援プログラムは教師自身の声に耳を傾け、教師の見方や考えを政策に反映させる必要がある。ユネスコはそのような支援を続けていく使命を与えられている。

注

(1) 日本は1952年に国連本体への加盟を申請し、1956年12月に国連総会における全会一致の承認を得て80か国目として加盟している。ユネスコへの加盟はこれ以前で最初の国連機関への加盟となった。

(2) 1984年の米国と英国のユネスコ脱退以降、2000年代初頭にかけて、世界銀行やユニセフに比べてユネスコの影響力が低下した。

(3) 「教員の地位に関するILO・UNESCO勧告」（1966年）は途上国、先進国すべての国々が対象となっている。日本でも通称「1966年勧告」として知られている。1997年には高等教育の教員に関する「ユネスコ高等教育の教育職員の地位に関する勧告」が出された。

(4) 教育インターナショナルは173の国および地域の全国組織労働組合・協会に属する組合員・会員約3,000万人からなる組織である。1993年1月、「国際自由教員組合連盟（International Federation of Free Teachers' Union: IFFTU）」と「世界教職員団体総連合（World Confederation of Organization of the Teaching Profession: WCOTP）」が統一して結成された。

(5) カテゴリー1研究所はユネスコのプログラムの不可欠な部分であり、運営委員会による自治をもって運営され、それぞれに課せられた分野での加盟国における研究と制度的能力を支援している。他の教育セクターの研究として、IIEP（国際教育計画研究所―パリ）、IBE（国際教育局―ジュネーブ）、UIL（生涯学習研究所―ハンブルク）、IESALC（南米カリブ海地域高等教育国際研究所―カラカス）、IITE（教育情報工学研究所―モスクワ）、MGIEP（マハトマ・ガンジー平和と持続可能な開発のための教育研究所―ニューデリー）がある。カテゴリー2センターは各加盟国の資金で運営されているのに対して、カテゴリー1研究所はユネスコの資金で運営されている。

(6) 当時の米国はパレスチナがユネスコ加盟国として承認されたことに抗議して2011年以来ユネスコへの分担金およびその他の資金を不払いにしていた。そのためIICBAに資金を直接出すことはできないが、研修にかかる資金を航空会社や研修施設に直接支払う形式で研修を実現した。

参考文献・資料

Bashir, Sajitha, Marlaine Lockheed, Elizabweth Ninah and Jee-peng Tan（2018）*Facing Foraward – schoolinig for learning in Africa*, AFD/World Bank.

ILO/UNESCO（1966）Recommendations Concerning the Status of Teachers.

UNESCO Teachers' Strategy: supporting teachers for quality learning（2012-2015）. ユネスコ国内支援委員会「ユネスコ教育局（Education Sector: ED）の活動」〔http://www.mext.go.jp/unesco/004/1386692.htm〕

UNESCO（1997）UNESCO Recommendation concerning the Status of Higher Education Teaching Personnel.

UNESCO（1997）*Learning: the Treasure within: report to UNESCO of the*

International Commission on education for the twenty-first century, Paris: UNESCO.（『学習・秘められた宝―ユネスコ「21世紀教育国際委員会」報告書―』ユネスコ編著，天城勲監訳，ぎょうせい，1997年）

UNESCO（2015）Incheon Declaration and Framework for Action for the implementation of Sustainable Development Goal.

UNESCO（2016）UNESCO's role in Encouraging Girls and Women to be Leaders in Science, Technology, Engineering, Arts/Design and Mathematics, 199th Executive Committee, 199/Ex/26/Rev.
〔http://unesdoc.unesco.org/images/0024/002442/244292e.pdf〕

第9章

ユニセフによる協力
—子どもの権利に基づくアプローチ—

服部 浩幸

インドネシア・パプア州の小学校教員と児童（筆者撮影）

はじめに

　国連児童基金（United Nations Children's Fund: UNICEF）は、子どもの置かれている状況の改善を目的とした最初の国際機関として、1946年に誕生した。第二次世界大戦後の疲弊したヨーロッパやアジアの国々で、食糧や医療を含む子どもの基本的ニーズを充足することを目的に活動を開始し、当初は、緊急支援機関として"United Nations International Children's Emergency Fund"と呼ばれていた。1953年には、緊急支援のみならず、子どもの長期的なニーズを充たすことを目的とする国際連合（国連）システムの恒久機関として、組織名も現在の"United Nations Children's Fund"へ改名された。1960年代に入ると、ユニセフによる世界最初の子どものニーズ調査（Sicault 1963）の結果に基づき、子どものニーズの定義が医療や食糧からより広義なものへと拡大され、特に教育の重要性が強く謳われるようになる。また、1959年の児童の権利に関する宣言（Declaration of the Rights of the Child）の採択や1966年の経済的、社会的及び文化的権利に関する国際規約（International Covenant on Economic, Social and Cultural Rights）等の発効を通じ、1960年代から1970年代にかけ、ユニセフの基本的活動指針も子どものニーズの充足から権利の実現へと移行してきた（Jolly 2010）。現在は、1989年に採択された、子どもの権利条約（Convention on the Rights of the Child: CRC）を主要な指針とし、すべての子どもが生存し、成長し、可能性を最大限に実現する権利があるという信念の下、ユニセフは保健、教育、児童保護、緊急支援等の分野で多様なプログラムを展開している。2018年現在、ユニセフの活動対象は、世界190以上の国と地域にわたる。本章では、ユニセフの教育分野の活動、特に、教員の質の向上、サポートに係る取り組みにつき概観する。

第1節　ユニセフの教育に対するアプローチの変遷

　上述した通り、ユニセフの教育分野に対する本格的な支援は、1960年代に開始した。1965年には、アフリカ地域に対するユニセフの支援額のうち、約半分が教育分野に充てられたという記録もある（Clark 1996）。当初のユニセフの教育支援は、世界各国で絶対的に不足していた教科書、教員、教室等のニーズの充足を目的としたものが中心で、被支援国政府に代わって基礎的な教育物資を提供することが主たる活動であった。その後、上述したユニセフの活動指針のニーズ主義から権利主義への移行、また、教育を受ける権利に対する国際的な認識の確立を経て、現在のユニセフの教育プログラムは、子どもの権利条約の原理、原則を規範として推進している（UNICEF and UNESCO 2007）。子どもの権利条約には、直接的、間接的に教育の権利に係る多数の条項があるが、第28条と第29条に、すべての子どもが有する教育に係る具体的な権利、またそれらを実現するための国家の義務が明記されている。子どもの教育に係る権利は大きく、以下の3つの権利に分類することができる。1）教育にアクセスする権利（the right of access to education）、2）質の高い教育を受ける権利（the right to quality education）、そして、3）尊厳の守られる学習環境に係る権利（the right to respect in the learning environment）である（UNICEF and UNESCO 2007）。これらの権利を総合的に実現していくため、ユニセフは種々の取り組みを行っている。

　第一に、教育へのアクセスに関してのユニセフの最優先事項は、普遍的な基礎教育（universal basic education）の実現である。ユニセフのプログラムは、子どもの権利条約の「普遍性（universality）」及び「非差別（non-discrimination）」の原則、また国連の持続可能な開発目標（Sustainable Development Goals: SDGs）の「公正性（equity）」の観点から、地域、経済、社会的格差や不平等の問題に特に注意を払っている。1990年代以降、教育のアクセスは、ほぼすべての国で改善されてきたが、2014年現在、全世界で未だ1億2,000万人以上

の初等及び前期中等教育の学齢期にある子どもが学校に通っていない（UIS and GEMR 2016）。これら不就学人口の大半は、いわゆる社会的弱者・疎外者とよばれる子どもたちである。例えば、少数民族、孤児、就労児童、貧困家庭の子ども、障害児、遠隔地に住む子ども、災害や紛争の影響を受けた子ども、既婚あるいは妊娠した女子などが含まれる。ユニセフの教育プログラムは、こうした最も不利な立場にある子どもたちに重点的に焦点を当て、就学に係る特定の障壁を詳細に分析し、それらを取り除くための効果的、革新的な戦略の提案、実施を進めている。近年は、多くの国で、教育改革の枠組み内にとどまらず、貧困や脆弱性の緩和に向けた社会的保護（social protection）からのアプローチも積極的に推進している（UNICEF 2014a）。

　第二に、すでに普遍的な基礎教育をほぼ達成している国であっても、教育の質の向上は依然として大きな課題である。子どもの権利委員会（Committee on the Rights of the Child）による子どもの権利条約第29条に関する一般的見解（General Comment）は、国家がすべての子どもに対し、教育を通じ、必要不可欠な学力とライフスキル[1]を習得させる義務を負うとしている（Committee on the Rights of the Child 2001）。また、2000年から2015年の国連のミレニアム開発目標（Millennium Development Goals: MDGs）では、初等教育の完全普及（Universal Primary Education）を目指し、教育の量的拡大を大幅に実現したが、多くの国で教育の質的向上には至らなかった。この反省に基づき、2015年から2030年までの教育に係るSDGsは、質の高い教育と学習成果の向上を最大の目標として掲げている（UN ECOSOC 2016）。最新のデータによると、全世界で約2億5,000万人もの子どもが最低限の読み書きや基礎的な計算のスキルを習得していないとされている。このうち、半数以上は、少なくとも4年間の就学経験がある児童であり、就学が必ずしも学習成果をもたらしていないことを示している（UNESCO 2015）。

　2000年に採択された、万人のための教育（Education for All）のダカール行動枠組み（Dakar Framework for Action）を機にユニセフの教育支援においても質的向上が重視され始めた（UNICEF and UNESCO 2007）。SDGsの下、最新

のユニセフの戦略計画（Strategic Plan）は、教育のアクセスの公正性の改善に加え、教育の質や学習成果の向上により大きな重点を置いている（UNICEF 2017a）。ユニセフでは、教育の質を、①入学時点での子どもの発達度（what learners bring）、②内容（content）、③方法（process）、④環境（environment）、⑤成果（outcomes）の5つの観点から包括的に捉え、プログラムを実施する際は、どこに課題があるのかを体系的に精査し、最適な改善策を提案、実施するよう試みている（UNICEF 2000）。

　多面的、包括的な教育の質の向上に向けたユニセフの代表的なプログラムは、「子どもに優しい学校（Child-Friendly School: CFS）」と呼ばれるものである。CFSは、1990年代、子どもの権利条約を教育分野で実現していくための具体的な方策としてアジア諸国で始められた。以降、CFSプログラムは、国により名称は異なるが、ユニセフの支援の下、世界60か国以上で取り入れられている（UNICEF 2009a）。CFSの特徴は、子どもをプログラムの中心に据え、子どもの教育に係る権利の実現に向け、学校や教室など教育現場のみならず、コミュニティや家庭を含めた周辺環境、さらには国の教育政策や方針すべてに介入していくという点にある（図9.1参照）。図9.1が示すように、CFSが目指すのは、①すべての子どもを受け入れ（inclusive）[2]、②効果的な指導と学習を可能にし（effective teaching and learning）、③健康づくりを推進し（health promoting）、④こどもの安全と保護を保障し（safe and protective）、⑤ジェンダーに配慮し（gender sensitive）、⑥コミュニティが関与する（community engaged）、学校である。後述するようにユニセフの教員支援プログラムの多くもCFSの枠組みの中で行われている。

　第三の柱、尊厳の守られる教育環境に係る権利（the right to respect in the learning environment）については、多くの国でプログラム戦略の一層の強化が求められる分野である。この権利は、とりわけ、教育現場における言語、文化、宗教を含む子どものアイデンティティの尊重、そして教育実践と教育政策策定への子どもの積極的な参加を求めている（UNICEF and UNESCO 2007）。これらの権利を実現していくためのユニセフの教育プログラムとしては、例え

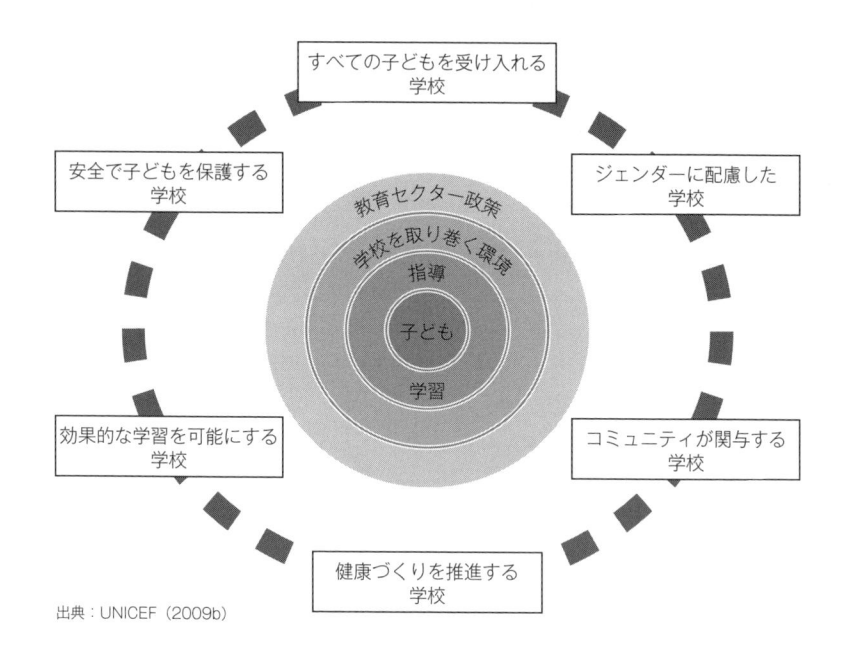

出典：UNICEF（2009b）

図9.1 子どもに優しい学校（Child-friendly school）の構成要素

ば母国語あるいは多言語教育の政策の推進や教室での児童中心の指導法（child-centred teaching）の促進が挙げられる。一方、教育に「参加する権利」に関しては、実際の教育政策や計画の策定に、児童や青少年を巻き込んでいくことは依然として容易なことではなく、さらなる努力が必要とされる。こうした中、ユニセフは、上記CFSプログラムの下、学校運営委員会（school management committee: SMC）などを通じた子どもの学校開発計画への参加メカニズムの確立や強化を支援している。また、近年では、ボーイスカウトやガールスカウトをはじめとする青少年団体のエンパワメントや、U-Report[3] と呼ばれるクラウドソーシングを使った意見聴取等を通じ、若者の教育政策対話への積極的な関与の促進にも貢献している（UNICEF 2014b）。

第2節　ユニセフの教員支援プログラム

　教育の質の向上において教員が中心的な役割を果たすことは多くの研究で実証されている。例えば、経済協力開発機構（Organisation for Economic Cooperation and Development: OECD）の一連の調査によると、個人の家庭環境や社会経済背景等の要因を除くと、子どもの学力は、教員の質と指導法に最も大きく影響を受けるとされている（OECD 2005）。2000年に採択された、万人のための教育（Education for All: EFA）のダカール行動枠組み（Dakar Framework for Action）では、質の高い学習成果を達成するために、「十分に訓練された教員と能動的学習法（active learning techniques）」の必要性が唱えられた（UNESCO 2000）。また、2015年に新たに制定されたSDGsにおいても、教育目標の達成に不可欠な手段（means of implementation）の一つとして有資格教員の増加が具体的なターゲットとして加えられた（UN ECOSOC 2016）。こうした背景の下、ユニセフの教育プログラムにおいても教員の能力向上は、最も重要な支援要素の一つとなっている。

　多くの国において、ユニセフの教員支援は、CFSプログラムの一環として実施されている。上述の通り、CFSは包括的な教育の質の向上を目指すものであるが、教員はすべてのCFSの目標（図9.1参照）の達成に貢献することが期待される。言い換えれば、CFSプログラムの成功は、各学校における教員の力量に大きく依存するのである。しかしながら、多くの発展途上国では、学校改革の実施に必要とされる資質と経験を十分に有する教員が圧倒的に不足している。ユネスコのデータ[4]によると、2014年現在、低所得国では、5人に1人の教員が十分な教師教育を受けていない（UIS 2017）。また、多くの理由から、低所得国では、教員のモラルや士気が低いことも報告されている（Abadzi 2007）。例えば、ガーナでは、教員の欠席率が高いことから、児童・生徒が学校で実際に学習に従事する時間がカリキュラムで規定された総時間数の40%にも満たないという世界銀行の調査結果もある（Abadzi 2007）。CFSのような

包括的な学校改革が成功するためには、教員の待遇や労働環境の改善に加え、教員の能力を強化し、士気とモラルを向上させるための体系的な教師教育プログラムを確立することが重要である。

　教師教育プログラムは、大きく現職教師教育（in-service teacher training: INSET）と新規教員養成（preservice teacher training: PRESET）の2つに分けることができる。前者は、既に教職に就いている者の知識や指導法の向上を目的とし、後者は将来教職を目指す者のための教育を行うものである。ユニセフの教員支援は、多くの国で、CFSプログラムの下、INSET、PRESETの双方で行われている。最初にINSETについては、ほぼすべてのCFSプログラムにおいて、最も重要な活動の一つと位置付けられている（UNICEF 2009c）。特に、継続的で地域に根付いたINSET体制の構築は、CFSを面的に展開、拡大していくために不可欠である。学校を主軸とした定期的な教師教育を推進する最も効果的な方法の一つとして学校クラスター制度（school clusters）が挙げられる。学校クラスターとは、教員間の積極的な連携を奨励し、既存の教材、施設、経験、知識を共有することを目的とした、小規模な学校間の地域ネットワークである。国や地域により、名称、規模は異なるが、通常、4-6校の学校が1つのクラスターを構成し、そのクラスター内でINSETプログラムが提供される。多くの発展途上国では、大多数の教員が遠隔地に勤務しており、定期的にタイムリーな支援を受けることが困難である。学校クラスターは、近隣の学校を束ね、その中で教員が相互に援助、情報交換、サポートを受けること、またクラスター内外の学識経験者から専門的な指導や助言を定期的に受けることを可能にする（Giordano 2008）。

　学校クラスターの主な目的は、実際の教室での学習指導の質を向上させることにある。ユニセフが学校クラスターに基づいたINSETで特に重視しているのが、子どもを中心とした指導法（child-centered teaching）の普及である。子どもの権利条約ならびにCFSの原則に沿って、ユニセフは、子どもを指導と学習のプロセスの中心に据える（図9.1参照）。子どもは、教員の指導に受動的に従うだけではなく、むしろ、自ら積極的に観察、探索、推論、質問を繰り返

すことにより知識やスキルを獲得する学習の主体であるべきとユニセフは考える（UNICEF 2009c）。主体的な学習を実現するためには、教員と児童・生徒の対話に基づく探究的な指導、学習（inquiry-based teaching and learning）方法が求められる。しかしながら、実際には、多くの国で、教室内では、教員中心で一方通行の「教訓的（didactic）」指導法が趨勢である（UNESCO 2014）。学習や指導の根本的理念、方法を変えていくことは容易ではないが、学校クラスターを通じた、継続的かつ実践的な研修の実施により、アフリカ、アジア、南米の国々では、教員による子ども中心の指導法の実践が漸進的に改善されたことが報告されている（UNICEF 2009a）。また、インドでは、ユニセフの支援による参加型学習方法の普及が児童の学力成果の向上に大きく貢献したという調査結果もある（UNICEF 2015a）。

　クラスター制度のような体系的なINSETの仕組みを確立することができれば、そのシステムを使って、子どもを中心とした指導法以外にも様々な分野で、教員の知識とスキルの向上を継続的に図っていくことが可能となる。実際、CFSプログラムでは、INSETを通じて、前述した6つの構成要素すべての改善を目指した協力を行っている。例えば、CFSにおけるINSETの具体的内容は、いわゆる「インクルーシブ教育」の実践（前述のCFS第一要素）、母語を使った指導・学習方法や低学年での読み書き能力（early grade literacy）の強化（CFS第二要素）、保健衛生教育及びライフスキル教育（CFS第三要素）、体罰の禁止と前向きなしつけ（positive discipline）の実践（CFS第四要素）、ジェンダーに配慮した指導法[5]（CFS第五要素）、学校運営のための知識とスキルの改善（CFS第六要素）等、多岐にわたる。前述した通り、「子どもに優しい学校」を実現するためには、教員の積極的かつ主体的な参画が不可欠であり、現職教員の能力強化は、CFSプログラムの成功の鍵となっている（UNICEF 2009c）。

　一方、新規教員養成（PRESET）に関しては、ユニセフの支援メニューの中でINSETほど主流化が進んでいないのが現状である。それは、PRESETは多くの国で、すでにカリキュラムが確立しており、新たな科目や内容を追加するには、多大な時間と煩雑な公的プロセスが必要とされるためである。それで

も、PRESETがCFSプログラムの主要なコンポーネントに組み入れられている国もある。例えば、カンボジアにおいては、CFSの実施が国の政策として定められており、全国にある教員養成大学のカリキュラムの一部として、CFSの原則、実践、ならびに子どもを中心とした指導法が将来教職を目指す学生に教えられている。これにより、新規教員と現職教員の間で同じ教育理念、方法論を共有することが可能となり、CFSプログラムの全国的展開、拡充に貢献している（UNICEF 2016）。また、エチオピアやケニアでは、教員養成大学の教員がマスター・トレーナーとして、クラスター制度に基づくINSETの実施及び教員に対する定期的な指導・助言に組織的に関わっている。これらの国でもPRESETとINSETの一貫した教員能力の強化が持続可能なCFSの普及に寄与している（UNICEF 2009b）。

第3節　ユニセフの遠隔地における教員支援プログラム
―インドネシアの事例―

　この節では、ユニセフがインドネシアのパプア州で実際に行っているプログラムの例をもとに、遠隔地における教員支援のアプローチを概観する。インドネシアは、過去20年間に飛躍的な教育機会の拡大を実現し、2016年現在、初等教育の純就学率（net enrollment rate）は、94%に達している（MoEC 2016）。一方で、大きな地域格差が存在し、最も発展の遅れているパプア州では、初等教育純就学率は、72%にとどまっている（MoEC 2016）。また、教育の質や児童の学力の状況にも多くの課題がある。例えば、2015年に行われた、国際数学・理科教育動向調査（The Trends in International Mathematics and Science Study: TIMSS）のインドネシア国全体の結果によると、理科と算数の両教科とも、小学校4年生の約半数しか最低限の国際水準[6]に達していない。ちなみに、日本の小学4年生では、99%が最低限の水準をクリアしている（IEA 2016）。

　前述した通り、ユニセフの支援は、子どもの権利条約の「普遍性（universality）」ならびにSDGsの「公正性（equity）」の観点から、最も不利な

状況にある地域、集団に焦点を当てている。インドネシアの教育プログラムにおいても、国の最東端に位置し、教育を含む社会開発が他の地域に比べ明確に遅れているパプア州への支援を重点的に行っている。上述の通り、同州では、3割近くの初等教育の学齢期にある児童が学校に通っていない。また、学力に関しても、他の州に比べさらに大きく遅れをとっている。2014年に小学校2年生、3年生を対象に行われた、読解力調査（early grade reading assessment: EGRA）によると、インドネシア全体では、73%の児童が内容の理解をともなう音読の力（reading with comprehension）があることがわかった（USAID 2014）。これに対し、2015年にEGRAのツールを使って、ユニセフがパプア州及び西パプア州で行ったベースライン調査では、内容の理解をともなう音読のスキルを持っている児童は13%のみであった。また、さらに深刻なのは、調査に参加した小学2年生、3年生の約半数が、ほぼ読解力が皆無に近い（nonreaders）という事実である（UNICEF 2015b）。つまり、学校に少なくとも1-2年間は通っているにもかかわらず、読み書きのスキルがほとんど身に付いていないということが判明したのである。

　児童が十分な学力を身に付けていないのは、教員の資格、能力が不十分であることと深く関係する。上述ベースライン調査によると、サンプル校の全教員のうち、教員資格に必要とされる学士号を有していたのは半数以下（48%）であった（UNICEF 2015b）。インドネシア全体では、学士号を保有している教員の割合は、81%である（MoEC 2016）。また、同調査では、2割を超える教員が教員養成教育（PRESET）を受けていない無資格教員であることも明らかになった。さらに、パプア州では、教員の欠勤率が高いことも大きな問題になっている。ユニセフが行った別の調査では、パプア州と西パプア州の教員の平均欠勤率は34%に上った（UNCEN et al. 2012）。

　こうした中、ユニセフは、2015年にオーストラリア政府（Department of Foreign Affairs and Trade: DFAT）[7] の資金協力の下、パプア州及び西パプア州の6つの郡（districts）を対象に「農村及び遠隔地域教育イニシアティブ（Rural and Remote Education Initiative for Papuan Provinces）」を開始した。本

プログラムの主たる目的は、州や郡の教育局及び市民組織（civil society organizations）と協力して、教員の指導法を改善し、小学校低学年の児童の読み書き能力を向上させることにある。教員の指導法の改善に当たっては、①児童参加型の楽しい学習法（active joyful learning methodologies）の普及、②地域特有のコンテンツに基づいたレベル別図書（levelled reading materials）の開発、活用、③継続的形成的評価（continuous, formative assessment）の実施の3つが大きな柱となっている（UNICEF 2013）。

　現職教員の研修は、主として前述の学校クラスター制度を活用して行われている。近接した4-5校が一つのクラスターを形成し、各クラスター内の教員が一つの学校に集まり、郡から派遣されるトレーナーによって、低学年の読み書きの指導法に関する研修が定期的に行われている。また、クラスター内では、最低、月に2回、教員作業部会（teacher working group）の会合が開かれ、模擬授業の実施や指導計画（lesson plans）の共有を通じ、教員間で指導法に関する情報、意見交換が活発に行われている。一方で、パプア州では、多くの学校が遠隔地にあり、交通手段も発達していないことから、複数の学校間の移動を前提としたクラスター制度が現実的に機能しない地域も存在する。本プログラムでは、こうした地域に対しては、郡からメンター（mentor）と呼ばれる指導者を各学校に派遣し、学校レベルでクラスターで行っている研修と同様の研修を行っている。また、メンターは、研修のみならず、定期的に学校を巡回し、学級内での指導法や授業計画に関し、教員に対して継続的な指導・助言（coaching）を行う役割も担っている。クラスター制度とメンタリング制度双方の活用により、農村部、遠隔地にかかわらず、プログラム対象地域の教員は、継続的な能力向上の機会を得ている。

　前述した通り、こうした系統的な教員能力向上のシステムが確立されれば、種々のコンテンツを追加していくことも可能になる。本プログラムにおいても、CFSの理念に基づき、読み書きに係る指導法の改善以外にも様々な分野で教師教育を行っている。例えば、子どもの個人差に配慮したインクルーシブ教育の実践、体罰に代わる前向きなしつけ（positive discipline）の普及、保健

衛生教育の実施、学校運営能力の強化などが含まれる。また、子どもの学力向上には、学校教育の質の改善のみならず、親やコミュニティによる学習に対するサポートも不可欠である。こうした認識の下、本プログラムでは、クラスター制度を通じ、特に子どもの読み書きに対する親やコミュニティの意識、理解の向上にも取り組んでいる（UNICEF 2013）。

　これらの活動は、2015年より約3年に渡り続けられており、2017年には、中間評価調査（midline survey）が行われた（UNICEF 2018）。同調査では、プログラム対象校において、学級内での教員の指導法ならびに実際の子どもの読解力において顕著な改善が見られていることが明らかになっている。例えば、プログラム対象校で定期的に指導計画書を作り、指導に活用している教員の割合は、ベースライン時の52％から88％へと上昇した（UNICEF 2017c）。また、学級内で定期的に生徒の音読力の測定（oral assessment）を行っている教員の割合は、24％から65％へと伸びている（UNICEF 2017c）。さらに、教員トレーナー、メンターの報告書によると、児童中心、参加型の指導法を積極的に活用している教員の割合は、プログラム実施以前はほぼゼロであったのに対し、現在は6割を超えている（UNICEF 2017c）。こうした、教員の指導能力の向上は、児童の学力の向上にも反映されている。中間評価調査によると、プログラム対象校で「読む力」をほとんど身に付けていない児童（nonreaders）の割合は、ベースライン時の62％から27％へと半減した（UNICEF 2018）。また、内容の理解をともなう音読のスキルを持っている小学2年、3年生の割合も6％から18％に上昇している[8]。

　本プログラムは、教員の指導法の改善を通じて教育の質を高め、児童の学力の向上に貢献している一つの具体例と言えるが、課題も存在する。第一に、児童の読解力に向上は見られる一方で、未だ、対象校の8割以上の児童が学年相応の読解力を身に付けていない。こうした中、プログラムでは、家庭環境やその他の理由により、他の生徒に比べ不利な状況にいる子どもたちへの特別な指導法の開発、実施も進めている。一つの例は、幼稚園等の就学前教育を受けずに小学校に入学した子どもたちに対する対策である。就学前教育の有無は、長

期に渡り、子どもの学力の伸びに大きく影響することが報告されている（例えばVan der Gaag and Putcha 2013）。こうした子どもたちには、実際の読み書きの指導以前に、口頭でのコミュニケーションスキル、アルファベットの知識、発音などの基礎的な準備を集中的に行うことが必要であり、本プログラムでは、特別なカリキュラムの導入を進め、それにともなう教員の研修も始められている。

　第二に、プログラムの持続可能性についても、検討していく必要がある。学校クラスターやメンタリング制度に基づく、定期的な現職教員の研修及びサポートがプログラム終了後も続けられるためには、郡や村の行政組織、地域コミュニティ、学校レベルの実施者の意識及び能力向上が不可欠である。本プログラムでは、実施者に対する啓蒙活動や研修にも力を入れており、特に郡レベルでの教育計画、予算に定期的な現職教師教育の実施が十分に反映されるよう、アドボカシー活動を積極的に行っている。また、同様のプログラムが他の郡でも採用されるよう、州レベルでのアドボカシーも重要である。事実、同プログラムの成果に触発されて、パプア州では、いくつかの郡が独自の予算を使い、児童の読み書き能力向上を目指す現職教師教育プログラムを立ち上げている。さらに、パプア州における本プログラムの経験、教訓に基づき、ユニセフは、国レベルでの政策提言を実施している。インドネシア政府は、TIMSSやOECD生徒の学習到達度調査（Programme for International Student Assessment: PISA）などの国際標準テストの結果を深刻に受け止め、2015年から2019年までの中期教育戦略計画の中で、国民のリテラシー（literacy）の向上を国家の最重要課題の一つに挙げている（MoEC 2015）。インドネシアで最も発展の遅れている地域の一つ、パプア州で成果を上げている本プログラムは、リテラシー政策の全国的実施のための試金石となることが期待されている。

おわりに

　本章では、ユニセフが、子どもの権利に基づくアプローチで、教員支援を含

む教育プログラムを実施していることを紹介した。ユニセフは、子どもの権利の実現に特化した唯一の国連機関として、すべての子どもが質の高い教育を受ける権利を享受できるよう、各国政府を支援していく使命を帯びる。その上でユニセフが果たす主要な役割として、1）教育改善に関わる組織や集団の能力開発（capacity development）、2）試験的プログラムの効果の実証（evidence generation）、3）政策提言（policy advocacy）が挙げられる。上述したインドネシアのパプア州における教員能力向上プログラムは、ユニセフがこの3つの役割を体系的に果たしている典型的な例といえる。クラスター制度に基づく定期的な教師教育及びサポート体制の構築、綿密な事前・事後評価の実施によるプログラム効果の実証、そして評価結果に基づく、プログラムの拡大・主流化に向けた政策アドボカシーは、首都と地方各所（この例ではパプア州）に事務所を構え、プログラムの実施と政策提言の双方に実績と影響力を持つユニセフ特有のアプローチである。

　SDGsにおける教育の質と公正性の重視は、ユニセフの教育支援が今後ますます、最も不利な状況にある子どもたちが高い学習成果を上げることのできる、革新的で効率的なプログラムの実践と実証に力を入れていかなければならいないことを意味する。ユニセフは、現在、150以上の国と地域で、教育支援プログラムを実施している。SDGsの実現のためには、限られた人的・財的資源が最大限の教育効果を生み出すよう、世界各地で実施されている革新的プログラムから得られた教訓・知識を最大限共有、活用していくことが求められる。

注

(1)　子どもの権利委員会によると、ライフスキルには、バランスのとれた意思決定を行う能力、非暴力的な方法で紛争を解決する能力、健康的なライフスタイル、健全な社会関係、批判的思考ならびに創造的才能を発達させる能力、及びその他子どもが人生における選択を行うことを助けるためのあらゆる能力が含まれる（Committee on the Rights of the Child 2001）。

(2)　UNICEFのインクルーシブ教育の定義は、1994年に採択されたサラマンカ宣言（Salamanca Statement）に基づくもので、すべての子どもを受け入れ、子どもの個性を尊重し、学習を支援し、子ども一人ひとりのニーズに対応する教育方法を指す（UNICEF 2012）。

(3)　U-Reportは、UNICEFが開発した携帯電話の無料ショートメッセージサービス（SMS）を使った社会モニタリングのためのシステムである。U-reportersと呼ばれる登録者に対するオンライン投票（polls）や意見のヒアリング等を通じ、若者が直面する問題やその解決策を政策に反映させていくことを目的としている。現在、U-Reportは30か国以上で使われており、300万人以上のU-reportersが存在する（UNICEF 2017b）。

(4)　ユネスコは本指標の定義を、「各国で定められた教員資格に必要とされる最低限の組織的な教師教育を受けていない教員の割合」としている（UIS 2017）。

(5)　ジェンダーに配慮した指導法とは、教員が男子、女子それぞれの異なるニーズを理解し、個別に対応する指導法を指す。例えば、性的な成熟に繋がる成長と変化に注意深く対応していくこと、男子と女子の学習への公平な参画を確保すること、男女のステレオタイプを排除することなどが含まれる（FAWE 2005）。

(6)　TIMSSでは、得点分布に基づき、①低い水準、②中程度の水準、③高い水準、④最高水準の4段階の国際水準を定めている。インドネシアの小学4年生で、最高水準に達したのは、理科で1%、算数では0%である。

(7)　オーストラリア政府による開発援助は、現在、外務貿易省（DFAT）を通じて行われている。

(8)　ベースライン時に読解力がほぼ皆無に近かった（nonreaders）生徒の割合は、13%と上述したが、これは、プログラム対象校と非対象校双方の生徒を合わせた数値である。ベースラインの結果に基づき、成績の特に悪い学校がプログラム対象校に選ばれた。

参考文献・資料
［欧文］

Abadzi, Helen（2007）Absenteeism and Beyond: Instructional Time Loss and Consequences, *Policy Research Working Paper*, 4376, Washington, D.C.: World Bank.

Clark, Christian（1996）*UNICEF for Beginners*, New York: UNICEF.

Committee on the Rights of the Child（2001）*General Comment No. 1 (2001): The aims of education, article 29（1）*（2001），CRC/GC/2001/1，New York: United Nations.

Forum for African Women Educationalists（FAWE）（2005）*Gender Responsive Pedagogy: A Teacher's Handbook*, Nairobi: FAWE.

Giordano, Elizabeth, A.（2008）*School Clusters and Teacher Resource Centres*, Paris: UNESCO-IIEP.

International Association for the Evaluation of Educational Achievement（IEA）（2016）*TIMSS 2015 International Database*.
［http://timssandpirls.bc.edu/timss2015/international-database/］

Jolly, Richard（2010）*UNICEF (United Nations Children's Fund): Global Governance that Works*, London and New York: Routledge.

Ministry of Education and Culture（MoEC）（2015）*The Strategic Plan of the Ministry of Education and Culture 2015-2019*, Jakarta: MoEC.

――― （2016）*Indonesia Educational Statistics In Brief 2015/2016*, Jakarta: MoEC.

OECD（2005）*Teachers Matter: Attracting, Developing and Retaining Effective Teachers*, Paris: OECD Publishing.

Sicault, Georges（1963）*The Needs of Children: A Survey of the Needs of Children in the Developing Countries*, New York: UNICEF.

UNCEN, UNIPA, SMERU, BPS and UNICEF（2012）*We like being taught - A study on teacher absenteeism in Papua and West Papua*, Jakarta: UNICEF.

UNESCO（2000）*The Dakar Framework for Action - Education for All: Meeting Our Collective Commitments*, Paris: UNESCO.

――― （2014）*Education for All Global Monitoring Report 2013/4 - Teaching and Learning: Achieving Quality for All*, Paris: UNESCO.

――― （2015）*Education for All Global Monitoring Report 2015 - Education for All 2000-2015: Achievements and Challenges*, Paris: UNESCO.

UNESCO Institute for Statistics（UIS）（2017）*UIS. Stat.*
［http://data.uis.unesco.org/］

UNESCO Institute for Statistics（UIS）and Global Education Monitoring Report（GEMR）（2016）*Leaving no one behind: How far on the way to universal primary and secondary education?*, Montreal: UIS.

UNICEF（2000）*Defining Quality in Education*, New York: UNICEF.

――― （2009a）*Child Friendly Schools Programming Global Evaluation Report*,

New York: UNICEF.

——— (2009b) *Child-friendly Schools: Emerging Practices in Eastern and Southern Africa - A Human-Rights Based Approach*, Nairobi: UNICEF.

——— (2009c) *Child Friendly Schools Manual*, New York: UNICEF.

——— (2012) *The Right of Children with Disabilities to Education: A Rights-Based Approach to Inclusive Education*, Geneva: UNICEF.

——— (2013) *Australia-UNICEF Rural and Remote Education Initiative for Papuan Provinces*, Jakarta: UNICEF. (internal document)

——— (2014a) *UNICEF Strategic Plan 2014-2017*, New York: UNICEF.

——— (2014b) *Children, ICT and Development Capturing the potential, meeting the challenges*, Florence: UNICEF.

——— (2015a) *Evaluation of Activity-Based Learning as a means of Child-Friendly Education - Final Report*, New Delhi: UNICEF.

——— (2015b) *Baseline Study for Rural and Remote Education Initiative for Papuan Provinces*, Jakarta: UNICEF.

——— (2016) *Joint Formative Evaluation of Child-Friendly School Policy Implementation in Cambodia*, Phnom Penh: UNICEF.

——— (2017a) *UNICEF Strategic Plan, 2018-2021*, New York: UNICEF.

——— (2017b) *For Every Child, Results*, New York: UNICEF.

——— (2017c) *Rural and Remote Education Initiative for Papuan Provinces Progress Report*, Jakarta: UNICEF. (internal document)

——— (2018) *Mid-line Study for Rural and Remote Education Initiative for Papuan Provinces*, Jakarta: UNICEF.

UNICEF and UNESCO (2007) *A Human Rights Based Approach to Education for All*, New York: UNICEF.

United Nations Economic and Social Council (UN ECOSOC) (2016) *Report of the Inter-Agency and Expert Group on Sustainable Development Goal Indicators*, E/CN.3/2016/2/Rev.1, New York: UN ECOSOC.

USAID (2014) *Indonesia 2014: The National Early Grade Reading Assessment (EGRA) and Snapshot of School Management Effectiveness (SSME) Survey Report of Findings*, Jakarta: USAID.

Van der Gaag, Jacques and Vidya, Putcha (2013) *From Enrollment to Learning: The Way Forward*, Washington, D.C.: Brookings.

第10章

世界銀行による協力

深尾　剛司／宮島　智美

教室にて国語の問題に答えている児童（カンボジアのバンテイミンチェイ州プノントムトメイ小学校）（写真提供：Mr. Chea Phal）

はじめに

　本章では、世界銀行による教育分野における開発戦略及び教員政策支援分野における知的基盤構築の取り組みを概観するとともに、その実践から得られる現場への示唆を抽出することを目的としている。まず、世界銀行教育戦略の概要を説明し、世界銀行の教員政策支援の活動としての知的基盤であるフレームワークの解説、そしてそのフレームワークが実際の教育システム改革に活用されているケースを検討する。

　世界銀行は、1945年に第二次世界大戦後の先進国の復興と発展途上国の開発を目的として設立された国際開発金融機関であり、貧困のない世界を目指して、途上国の経済・社会の発展、生活水準の向上、持続的成長を支援するため、資金協力、知的支援などを提供している。現在は、2030年までに極度の貧困をなくし、各国の下位40％の人々の所得を引き上げて繁栄の共有を促進するという2つの目標を掲げ、開発のためのインフラ、保健・教育、気候変動などの地球規模課題、ジェンダー、ガバナンスなどの分野で、140か国以上（World Bank 2017）で活動している。日本は1952年に世界銀行に加盟した（World Bank 2015）。

　教育セクターにおいては、1962年のチュニジアでの教育プロジェクト以来、世界で1,500件以上のプロジェクトを通して、教育支援をしてきた。世界銀行全体の融資額における教育セクターへの融資額の占める割合は年々少しずつ増加しており、1960年代には3％だったものが、近年では6〜7％で推移している（World Bank 2017a）。世界銀行の教育支援で重要視される理論のひとつは、「人的資本論」である（Heyneman 2003; Hanushek and Wobmann 2007; Klees 2016）。すなわち、教育を人的資本の発展のための投資と捉えており、人的資本論を基にした教育収益率分析が、教育融資案件の審査の際の一つの項目として活用されている。

　世界銀行の教育投資の中心にあるのは、教育システム[1]の改革支援であ

る。それは、インプットの提供または増強だけで実現できるものではない。当然のことながら、途上国の教育状況を改善するためには、校舎、教師への研修、教科書などのインプットが、不可欠であることに疑問の余地はないが、分野横断的な制度改革をともなった国レベルでの教育システムの改革を進めなければ、最終的な到達目標である効果的で持続的な教育システムの構築は不可能である。したがって、教育システムを取り巻く様々な社会経済的な課題とあわせた取り組みが必要であり、ガバナンス、公共財政といった分野横断的な制度改革の取り組みとの連携により、国レベルでの教育システムの改革を目指している。

第1節　教育戦略2020とSABERの概要

　2011年に発表された世界銀行の教育協力政策「Education 2020」によると、世界銀行グループの教育戦略は、(1) 早期の、(2) 賢明な、かつ、(3) 万人に対する投資の3点に集約される（World Bank 2011）。まず (1) 早期の、という点では、初等教育よりもさらに早期、すなわち幼少期の介入が後々の学習スキルに影響を及ぼす、という考えに基づく。近年の研究により、幼少期に基礎的スキルを獲得することにより、生涯にわたっての学習が可能となることが明らかとなっており、したがって、教育は初等教育からという従来の考え方では、遅すぎるという立場に立っている。次に2つ目の点は、教育に対する投資のあり方を問うものである。投資が賢明になされて初めて投資効果が得られる。教育には当然様々な投資がともなうが、投資金額以上のリターンを得るための戦略的な介入とするべきである、との考えに基づいている。そして、そのためには、エビデンスに基づき、学習に寄与すると証明されている投資が求められるとしている。その際、投資の結果として主要な測定基準として世界銀行で位置付けられているのは学習者の学習能力向上である。3点目については、特権層やもともと優秀な人々だけでなく、すべての人々が必要とする知識やスキルを身に付けられるようにするという意味である。この目標を達成するために、女

子や障害者、民族言語マイノリティが他の人々同様の教育を受けることを阻む障壁を引き下げる必要があることが強調されている（World Bank 2012a）。

　このように、すべての人々に早期からの質の高い学習の機会を確保するため、世界銀行グループは、国レベルでの教育システム改革、及び、世界レベルでの教育改革のための質の高い知識基盤の構築、両輪によるアプローチをとっている（World Bank 2012a）。

　こうした取り組みの根幹にあるのが、SABER（Systems Approach for Better Education Results：教育成果向上のためのシステムアプローチ）である。このプログラムは、教育システム・政策と学習成果との関連を世界レベルで検証することを目的としている。各国の教育システムと関連する政策（学習評価、教育予算、学校や教員の自律性、教育行政のアカウンタビリティなど）を調査・比較し、すべての子どもたちの学習達成度向上のため、包括的な知識基盤の確立を目指している。教育状況の改善においてはインプットレベルの改善にとどまらず、インプットをより効果的かつ効率的に指標の改善につなげることができるような制度面での改革が必要である。インプットの向上については、途上国政府及びドナーの取り組みが多くみられる一方で、制度面の改革にかかる取り組みについては、まだ十分に実施されているとはいいがたい。したがって。上記した制度改革をともなう教育システムの改革支援こそが、教育指標の改善のために重要であるとの考えに基づき、そのための知識基盤としてSABERが開発され、研究が進められている（World Bank 2012a）。

　現在、SABERでは、教育に関する13の政策分野が対象[2]となっており、その一環でSABER Teachersとして、世界の教員政策に関する調査研究が進められてきた[3]。以下では、世界銀行の実施する教員政策分野の活動として、SABER Teachersの詳細、SABER Teachersで掲げられている8つの教員政策目標について説明し、最後にSABER Teachersが実際に教育システム改革に活用されているケースを検討する。

第2節　SABER Teachers の8つの政策目標

　続いて、SABER Teachers の8つの教員に関する政策目標の設定過程について概観する。教員に関する政策の内容は、必要資格、勤務条件、勤怠管理、報酬や各種支援などの点でそれぞれの国の状況に応じ、大きく異なる。そこで、SABER Teachers チームは、過去に行われた世界各国の教員政策の比較調査結果を踏まえて、各国の教員政策を比較し、それらの特性を明らかにした上で、教員政策を理解する上での10の重要項目を次のように特定した。10の重要項目とは、すなわち、(1) 教職に就き、教員でい続けるための要件、(2) 教員養成、(3) 募集と雇用、(4) 教員の業務量と自律性、(5) 専門的職能開発、(6) 給与及び賃金外給付、(7) 退職規則と手当、(8) 教員の質に対するモニタリングと評価、(9) 教員代表制度と教員の発言権、(10) 学校におけるリーダーシップの10点である（World Bank 2012b）。

　次に、前述の10の項目について、それぞれが、児童・生徒の成績に及ぼす影響について、先行研究のレビューを実施した。先行した教育システム[4]の教育政策の分析結果に基づき、8つの介入分野がより生徒の成績にもたらす効果が大きいことが確認された。それらをまとめたものが、8つの教員政策目標であり、(1) 教員に対する明確な目標の設定、(2) 優秀な人材の雇用、(3) 研修による教員の能力向上、(4) 適切な教員配置、(5) 強いリーダーシップ、(6) 教員の勤務評定と生徒の成績の把握、(7) 教員の指導力向上に対する支援、(8) 教員のモチベーション向上、の8分野である（図10.1参照）。

　SABER Teachers の8つの教員政策目標は、教員による指導と児童・生徒の学習達成度に改善を生み出すことが可能な要因のみを対象とし、他の項目は含めなかった。さらに、政策目標は各国の政策決定権限主体、あるいは政策決定に権限を持つ者が実施できる内容である必要があるため、生徒の学習成果に実際に影響が確認されたもので、教員を対象とした政策に注目した。例えば、教員組合などの組織の強みや特徴が生徒の学習に影響することについては決定的

な証拠が十分にないため、教員による組織に関する政策は8つの教員政策目標には含めていない（World Bank 2012b）。

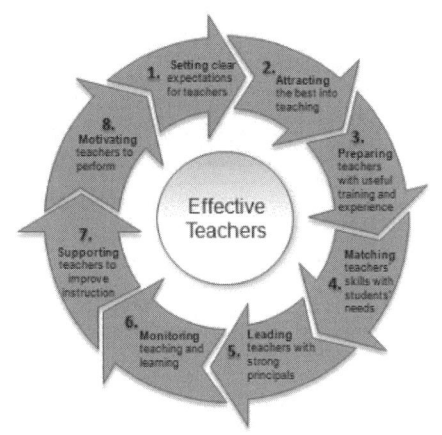

Policy Goal : Setting Clear Expectations for Teachers

出典：World Bank（2012 b）SABER: What matters most in teacher policies?

図10.1　SABER Teachers 8つの教員政策目標

政策目標1：教員に対する明確な目標の設定

　教員に対し明確な目標が設定されることを通じ、教職を目指す者が教員という職業をより深く理解し、その結果適性の高いものが教員となる可能性が高まることが期待される。例えば、生徒の成績と教員の業績に関する目標がより明確であれば、生徒の成績を上げることにより注意を払う教員が獲得しやすくなるだろう。また、明確な目標は、教員を正しい方向に導くことができる。教員は定められた目標に向かって必要な業務責任を全うし、時間や資源を管理しやすくなる。さらに、教員の行っている職務内容を、小項目に細分化し、整理することができる（例：教員養成、教員研修、教員評価）。こうした目標の制度化を通じ、教育システム全体において、必要な介入が体系的に理解される一助となる。

〈政策目標の実現のための手段〉

(1) 生徒の学習到達目標の明確な設定とそれらの目標達成に向けた指導

　計量経済モデルを用いて、教員に対する明確な目標設定がある国における教育計画の有効性を評価した。その結果、教員が参照可能な、学習到達目標がはっきりと示された指導の枠組みが存在する場合、生徒の成績向上に正の相関があることが示唆された（Borman et al 2007; He, Linden and McLeod 2007）。したがって、本枠組みにおいては、学習到達目標が明示されているか否か、また、教員が遂行すべき職務内容が明確に規定されているのか、という2点が重要である。

(2) 教員の指導法改善にかかる時間的投資及びその妥当な評価

　質の高い教育システムを有するカナダのオンタリオ州、フィンランド、日本、韓国では、教員は多くの時間を学校内で授業改善（授業法改善に関する教師の協同的学び）に費やしているとの研究報告がある（Darling-Hammond and Rothman 2011; Darling-Hammond 2010; Levin 2008）。授業改善に関する業務が教員の職務内容としてどの程度含まれているか、授業時間外の時間は教員の勤務時間としてカウントされるか、また、勤務時間のうち授業時間とそれ以外の業務に充てられた時間の割合に着目して必要な方途を検討することが重要である。

政策目標2：優秀な人材の雇用

　優秀な人材を教員として雇用することは重要である。先行研究によると、優秀な教員志望者は教員養成での学びををを最大限に活かしているとの結果が出ている。さらに、教育実習生の能力が低いと、教員養成時には彼らの知識や能力の不足部分を埋め合わせることに重点が置かれ、高いレベルでの研修の遂行が困難となる。さらに、優秀な人々を教員として雇用することは「乗数効果」がある。つまり、優秀な人材が教職に就くようになると、労働市場において今まで教職を検討していなかった他の優秀な人々が教員になることを検討するようになるかもしれない。

〈政策目標達成のための手段〉

(1) 教員として採用されるための最低条件

　教員採用の必要条件と、教員の業績に与える影響の因果分析の結果、教員になるための難易度（もしくは教員養成課程への入学条件）が教員の能力に関係することが明らかになった。例えば、シンガポール、韓国、フィンランドのような先行した教育システムを持つ国々では、教員養成プログラムを受講するために非常に競争率の高い選考過程がある（Auguste, Kihn and Miller 2010; Darling-Hammond 2010; Barber and Mourshed 2007）。

(2) 高い給与

　教職を検討している人々の行動分析の結果、他の職種との比較において（Boyd et al. 2006: Dolton 1990: Wolter and Denzler 2003）教職の給与が高いとより多くの有能な人材が、教員を目指すことが明らかになった（Barber and Mourshed 2007; Figlio 1997; Hanushek, Kain and Rivkin 1999; Leigh 2009）。また、同様に、初任給の高さが教員の勤続期間に与える正の影響が確認された（Dolton and van der Klaauw 1999; Ingersoll 2001, 2001b; Murnane and Olsen 1989, 1990; Stinebrickner 1998, 1999a, 1999b, 1999c, 2001a, 2001b）。したがって、教員の初任給、給与の経年変化、業績評価給与の導入状況につき、検討することが不可欠である。

(3) 魅力的な労働環境

　教員にとってどのような環境で勤務するかはとても重要である（Boyd et al. 2005; Hanushek, Kain and Rivkin 2004a, 2004b; Jackson 2010）。労働環境が悪い学校は有能な教員の採用が容易ではないだけでなく、教員の勤続年数は短くなる。例えば、学校インフラの質は教員の出勤率に影響することが明らかになっている（Chaudhury et al. 2005）。この政策手段は、初等・中等教育における一人の教師の受け持つ児童・生徒の数、衛生状態、学校インフラなどが基準に達している学校の割合、教員による労働環境に対する主観的評価を分析することが重要である。

(4) 魅力的なキャリアパス

　優秀な人材は、数ある選択肢の中から、自分の専門性を最も高めることので

きる機会を選ぶ傾向にある。一方、多くの教育システムにおいて、教員のキャリアパスは校長を頂点とする垂直的なキャリアパスが一般的である。しかし、いくつかの先行した教育システムでは、幅広い水平的なキャリアパス（例：教員が必ずしもマネジメントを目指すのではなく、教授に関連する高いポジションを目指す）を提唱している。この政策手段は、教員に複数のキャリアパスがあるか、また、それらの機会と勤務成績との関連性を検討することが不可欠である。

政策目標3：研修による教員の能力向上

　質の高い授業を行うためのスキル習得が教員にとって不可欠であることは自明であり、教科知識、学級運営スキルを身に付け、十分な実習を行う研修機会が必要である。適切な教員研修及び実務経験を積むことにより、仕事上のミスを未然に防ぐことができ、かつその影響を最小限に抑えることができる。初任者向けの研修や実習はすべての教員が職務に関する共通の観点を持って能力の基盤を作り、実践力を向上させることにつながる。

〈政策目標達成のための手段〉

（1）教員養成プログラム受講のための最低基準

　質の高い教育を行う国々は、教員になるための条件として学士号の学位の取得が必要であり、さらにフィンランドなどの国々では関連分野における修士号の学位の取得を必要としている（OECD 2011）。したがって、教員になるために必要な最低基準に着目することが不可欠である。

（2）新任教員に対する授業経験を通じたOJT（実地訓練）

　最初の数年間の教授経験は、それが、教育実習で得たものであっても、試用期間で得たものであっても、その後の教員としての業績に大きな影響を与えることが研究で明らかになっている（Boyd et al. 2009; Chingos and Peterson 2010; Hanushek et al. 2005; Hanushek and Rivkin 2010; Rivkin et al. 2005）。したがって、新任教員の研修プログラムでは、新任教員に対するOJT、メンター制度を含

む現場での指導、研修プログラムや訓練内容、そういった新任教員プログラム
の対象となる期間を明らかにすることが重要である。

　ただし、教員養成課程において、教科の専門知識と教授法のどちらの習得を
重んじるべきかという点で、未だ結論に至る証拠が不十分であるため、その比
較優位に関する政策手段はSABER Teachersには含まない。

政策目標4：適切な教員配置

　学校が必要とする能力やスキルを有する教員を配置することは、効率的で公
正な教育システムを実現させるために必要である。これは、無駄を省いた効率
的な人員配置により、すべての学校、学年における必要な教員配置を確保し、
平等な学習機会を保障することにつながる。

〈政策目標達成のための手段〉

(1) 困難校勤務へのインセンティブ

　困難校での勤務に（金銭的または他の）インセンティブを与えることで、そ
のような学校での勤務を希望する人が増えるかもしれない。しかし、因果関係
や相関関係の研究によると、そのようなインセンティブ付与政策が効果を発現
するか否かは計画次第である。困難校へ効率的に教員配置できたインセンティ
ブ策もあれば、成功しなかったものも多くある[5]。

(2) 教員不足が深刻な科目を教える教員へのインセンティブ

　科目によっては、大いに教員が不足しているケースがありうる。したがっ
て、教員不足の分野を教える教員に対するインセンティブ付与は、適正な教員
配置のために重要である。教員不足は教職以外の職種からの需要にも左右され
る。雇用市場において需要が高く、報酬も比較的高い専攻のもの（例えば、数
学や科学を専攻した人々）にとっては、教員になることは高い機会費用に直面
することとなるからである（Carnoy et al. 2009; Murnane and Olsen 1990）。した
がって、教育システムが各科目における深刻な教員不足に対応できる方策の有
無に着目した制度設計が重要ある。

政策目標5：強いリーダーシップ

　有能で優れたリーダーシップを持つ人材を校長にすることは重要である。優秀な校長は良い教員を集め、その教員たちは長く勤務する傾向にあることが先行研究により明らかにされている（Boyd et al. 2009; Ingersoll 2001a, 2001b）。また、優秀な校長は、学校内で必要とされる変革の指揮を執ることができるし、教員が仕事をしやすい環境を作ることができる。つまり、校長が優秀であればあるほど教員の仕事を支えることができ、同僚間の連帯意識を生み出し、教員たちに自分は評価されていると感じさせ、仕事に関する不安を除いて安心を与えることができる（Mulford 2003）。

〈政策目標達成のための手段〉

(1) 適任の校長を育成するための投資

　適切な人物が校長に選任されるために、まずは優秀な人々に校長の職務に興味を持ってもらうことが必要である。報酬の面から良い人材を集めることだけでなく、校長に必要なスキルを持ち合わせた人材を配属することも不可欠である。いくつかの先行した教育システムでは、校長に選出されるにあたり特別なプログラムの受講が義務付けられているケースもある。したがって、リーダーシップの育成を支援するプログラムや校長の業績に対する報酬の有無という観点から、教育システムが適任の校長を育成するための投資をしているか、という点に着目することが重要である。

(2) 校長の指導力向上にかかる権限

　先行研究は、校長が教員に対し指導することが必要だと認め、指導力向上のための時間を確保することが必要と指摘としている（OECD 2012: Barber and Mourshed 2007）。先行した教育システムでは、校長は教授に関して豊富な知識と経験を持ち、教員に技術的な指導ができることが求められている（Darling-Hammond and Rothman 2011）。したがって、校長が、カリキュラムの改善や教授法の支援などの指導を現場で行うなど、指導を行う権限があるか否かが、政策目標実現の鍵を握る。

政策目標6：教員の勤務評定と生徒の成績の把握

　学習到達度を改善するための戦略を打ち立てるにあたり、教員の指導の適切さ、それにともなう学習成果の発現状況を理解することは重要である。まず、成果の思わしくない教員と成績の悪い生徒を割り出すことは、適切な支援を行い、学習成果を改善するために必要である。また、教員と生徒の評価を行うことは、グッドプラクティスを確認することに役立ち、それらを共有することは、学校の業績向上にも有効である。

〈政策目標達成のための手段〉

(1) 教授と政策の改善のための成績データの利用

　いくつかの先行した教育システムを有する国々の事例研究では、十分な児童生徒の成績に関するデータを確保する仕組みがあり、それらが政策や教授法立案に活用されているが、その方法は実に様々である。どのような方法であれ、次の3つの機能が満たされている。1) 適切で十分な量の生徒の成績データを定期的に収集する制度、2) 公的機関がそのようなデータを入手し、政策に反映できる仕組み、3) データや関連分析を学校レベルに戻し、教員が指導向上のために利用できる仕組み。よって、この政策手段は、教員が生徒の成績を評価するための研修を受けているか、全国規模の標準テストが実施されているか、生徒の成績データは政策立案者がアクセス可能か、成績データは学校や教員に公表されているか、評価は教員の指導力向上のために利用されることが目的とされているか、などついて検討することが重要である。

(2) 教員の教員業績評価

　教員業績評価と教員の業績や生徒の成績には関連性があるとする研究結果もある（例えばDuflo, Hanna and Ryan 2008; Taylor and Tyler 2011）。先行した教育システムにおいては、教員評価制度を定期的に利用し、教員に評価結果をフィードバックし、能力開発につなげるための研修を行っている国もある。そのため、教員が適切な教授を行っているかについて十分情報を持つことは、教育システムを向上させ、また教員に正しいインセンティブを与えてモチベーショ

ンを上げるために必要である。したがって、当政策手段は、教員が評価に参加する義務があるか、また中央省庁が教員の勤務評定を行っているか、を検討することが不可欠である。

(3) 教員評価のための複数のメカニズム

教員の評価に複数の判断材料を使うことは非常に重要である。校長による授業観察は、教員の生徒の学習に対する影響を測る「付加価値のある」評価モデルであるとされる（Rockoff and Speroni 2010; Rockoff et al. 2010）。一方で、授業観察もその他の付加価値のある一連の手順による評価も、双方に複数の欠点がある（Koretz 2008; Toch and Rothman 2008; Rothstein 2010）。そのため、教員評価にできるだけ多くの情報を用いることでそれぞれに評価方法の欠点を補足し、より公正な勤務評価ができる（Grossman et al. 2010）。当政策手段では、教員の評価をするためのメカニズムと基準（教科の知識、教授法、生徒の成績）に着目することが重要である。

保護者や地域の人々の教員評価への参加と生徒の成績との関係性は、因果分析により多く立証されつつある。しかし、より多くの保護者が教員評価に参加することが生徒の成績向上に影響するか否かについては異論もあるため、SABER Teachersのフレームワークには含めていない。

政策目標７：教員の指導力向上に対する支援

教員が効果的な授業を行えるよう支援することは重要であり、教員がより高い能力を発揮するための支援体制が不可欠である。例えば、教室内の業務や生徒が変わることは教員にとって新たな課題となりうる。そのような変換期においては教員の職務へのサポートが必要である。教員の職務遂行にあたっての第三者からのサポートは、教員による燃え尽き症候群や離職を防ぐなど、長期的な効果すら期待できる。モチベーションの高い教員であっても、得られるサポートがなく、自身では能力改善方法もわからないような状況であれば、離職を選ぶこともありうる。

〈政策目標達成のための手段〉

(1)　現職教員の教授法に関する能力開発の機会

　現職教員研修に関する研究によると、追加の指導用教材の配付だけでは意味がなく、教授法に関する研修の実施が、指導力と生徒の成績の向上に不可欠であることが明らかになっている（Angrist and Lavy 2001; Abeberese, Kumler and Linden 2011）。これを踏まえ、当政策手段は、教授法に関する現職教員研修の有無に着目する。

(2)　指導力向上のための教員の協同的学びによる職能開発

　教員は、現職教員研修で優良の授業実践事例に接することができれば、それを実際の授業で実践する傾向がある（Angrist and Lavy 2001; Borko 2004; Brown, Smith and Stein 1995; Cohen and Hill 1997; Wenglinsky 2000; Wiley and Yoon 1995）。先行した教育システムでは、学校での授業法の最優良事例の共有を重視した授業研究の制度がある。したがって、現職教員研修の内容に、どれだけ指導実践分析や最優良事例の共有を促す活動などが含まれているかを分析することが大切である。

(3)　(1)　(2)　ではカバーしきれないニーズに対する追加的支援

　教育現場においては、定期的で体系的な能力向上機会だけではカバーされない問題が生じることがある。例えば、業績に問題のある教員が、指導担当制の形で、もしくは必要に応じた教員研修という形で、具体的な支援を受けることのできる制度があるのか、といったことが該当する。したがって、そのような追加的な支援策に注目することが重要である。

政策目標8：教員のモチベーション向上

　適切なインセンティブの付与は、教員のモチベーションの向上、ひいては、質の高い指導と学習につながる。とりわけ、業績と連動したインセンティブ付与は、教員の仕事を正しく評価することであり、教員のモチベーション向上と早期離職率を抑制する効果がある。したがって、インセンティブの量・内容を精査することにより、教育システムの目標達成に対するコミットメントの度合

いを把握することができる。業績と連動したインセンティブ付与は、教員という職業を、より競争性があり、動的な、かつ業績を重視する職業として確立させる可能性がある。

〈政策目標達成のための手段〉

（1）キャリア・昇進と業績の連動

　教員になって最初の数年はその後の教員個人の業績に最も影響を与える期間であるという研究結果がある（Chingos and Peterson 2010: Hanushek et al. 2005; Hanushek and Rivkin 2010）。当政策手段は、教育システムが最初の数年間の業績を後年の人事異動・昇進等にいかに活用しているか、また、さらに広義に、昇進は教員の業績全般と関連しているのかを考察する。

（2）教員にアカウンタビリティー（説明責任）を課すメカニズム

　教師の常習的欠勤が生徒の成績に対する強い負の影響を与えることは明らかにされているが、いまだ根深い問題として存在している。この政策手段は、教員にアカウンタビリティー（説明責任）を課すためのメカニズムの有無に着目することが重要である。それに加え、職務継続にあたり、能力開発や業績評価などを条件付けたり、違法行為、児童虐待、欠勤、質の低い業績などの問題行動により、解雇や自主退職をさせることのできる法的枠組みの有無について検討することが重要である。

（3）業績を反映した給与

　優れた業績に対し、ボーナスや給与の引き上げなどを金銭的な見返りとして行うことが可能である。教員の業績や生徒の成績を上げるために様々な効果的な能力給制度があるとされるが、具体的な教員の業績評価方法や業績に応じたインセンティブの種類などその具体的な形式が重要である（Glewwe, Llias and Kremer 2010; Lavy 2004, 2009; Muralidharan and Sundararaman 2009; Springer, Ballou and Peng 2008; Winters et al. 2008; Ahn and Vigdor 2010; Bacolod, DiNardo and Jacobson 2009; Ballou 2001; Eberts 2002; Glazerman and Seifullah 2010; Goodman and Turner 2010: Rau and Contreras 2009; Lavy 2002, 2007; Mizala and Romaguera

2005; Murnane 1996; Murnane and Cohen 1986; Podgursky and Springer 2008; Vegas 2005, 2007)。したがって、この政策目標の実現のためには、業績評価の給与への反映のされ方やボーナス調整の有無につき検討することが重要である。

第3節　SABER Teachers の活用事例

　本章では、現在までにSABER Teachersの活用事例として報告されているいくつかのケースを紹介する。1点目は、SABER Teachersのフレームワークに基づく国別教員政策評価の結果が、世界銀行のプロジェクトの形成に活用された例を2ケース紹介する（タンザニア、ルーマニア）。2点目は、SABER Teachersの分析結果が、その地域全体での政策協議に活用され、また地域内のある国でのプロジェクトデザインに活用された中東・北アフリカ地域の例を紹介する。そして、3点目は、SABER Teachersのフレームワークに基づく国別教員政策評価の結果が、セクター全体の政策ディスカッションに活用され、教員政策の行動計画の策定、そしてそれを基にした各ドナー機関のプロジェクトデザインに活用されたカンボジアの例を紹介する。

3.1　プロジェクトの形成に活用された例（タンザニア、ルーマニア）

　タンザニアでは、2012年に実施されたSABER Teachers国別分析によって、教員政策についての包括的な分析が実施され、次に挙げる3分野において改善の余地があると分析された。第一に、SABER政策目標2に挙げられている優秀な人材の雇用に関する政策の中でも、特に、教員の雇用、給与、そして労働環境に関する政策領域の分析が不十分であり、有能な人材を雇用しづらいシステムであると判断された。また、SABER政策目標7に挙げられている教員の指導力向上に関する支援に関する政策においても、体系だった指導力向上に関する支援が欠如しているという点が指摘された。また、SABER政策目標の8の教師のモチベーションに関しては、教師の業績と給与や昇進との連動がほぼなく、教師を動機付けできていない制度上の問題点が指摘された。これらの点

を改善すべく、2014年からBig Results in Education Program（プロジェクト期間：2014-2018、総事業費4億1,600万ドル[6]）という4年間のプロジェクトが実施されている。このプロジェクトは、成果に応じて融資が実行される成果連動型のプログラムとしてデザインされており、教育職業訓練省が実施機関となっている。プロジェクトの中心的活動は、学校へのインセンティブ配付のシステムの構築、教師のモチベーション向上のための政策改善とプログラムの実施、定期的な教員の指導力向上のための研修の実施、学校におけるアセスメントシステムの向上などであり、SABER Teachersでの分析結果が反映されたデザインになっている（Wold Bank 2014）。

　ルーマニアでは、SABERに基づく政策評価は実施はされていないが、SABERのフレームワークの活用と政策評価自体が組み込まれたプロジェクトが現在形成されている。政府との教育関連の政策協議において、ドロップアウトの防止や就学前教育の質の向上のための包括的な取り組みが重要課題として話し合われ、エビデンスに基づいた政策に関する調査、そして政策実行のための政府のモニタリング能力の向上について、世界銀行のプロジェクトが実施される運びとなった。2017年に開始される予定のAdvisory Services on Assistance to the Ministry of Education and Scientific Research for Capacity Development（プロジェクト期間：2017-2020年、総事業費：310万ユーロ）というアドバイザリー業務型のプロジェクト[7]であり、(1) 教員政策や就学前教育のSABERフレームワークを使った、現在のルーマニアの教育政策の分析、(2) 分析に基づいた政府の政策モニタリングの能力向上が主なプロジェクトの活動である（World Bank 2017b）。

3.2　地域での政策協議及び域内国のプロジェクトデザインに活用された例

　中東・北アフリカ地域はSABER Teachersのパイロット事業対象地域として、他の地域に先駆けていち早く調査が実施された。第一段階として2010年度に7の国と地域（ジブチ、エジプト、ヨルダン、レバノン、チュニジア、ヨルダン川西岸及びガザ地区、イエメン）にてSABER調査が実施され、その後オマー

ン、モロッコ、イラクが参加した。各国での調査結果は国別に教員政策提言レポートとしてまとめられたほか、総合的に分析され、中東・北アフリカ地域としての共通課題をまとめたレポートが2012年度末に作成された。これらの国・地域としての調査報告書は、積極的に政策協議にて活用され、各国での教育改革プロジェクトデザインや域内での教員政策ワークショップなどでたびたび取り上げられ、教育省関係者、世界銀行、ドナー間で活発な議論が交わされた。例えば2012年のヨルダンで開催された国際会議「ラニア王妃教員アカデミー（Queen Rania Teacher Academy）」でのメインのテーマとしてSABER Teachersの地域での分析結果が発表され、中東地域の教育開発に携わる政策決定者や事務レベルの関係者が議論に参加した。他にもエジプトでの国際会議や各国の既存プロジェクトの進捗確認がされたとき、また現地にて教員政策の協議の際にSABER Teachersの分析結果が参照された例が少なくない。

　パイロットの初期段階において参加した7の国と地域は、特徴として2つのグループにおおまかに分けられる。グループ1はエジプト、チュニジア、ヨルダンであり、これらの国は教員政策の8つのゴールの到達に向けてのメカニズムが充実していると考えられる（表10.1参照）。グループ2のレバノン、ヨルダン川西岸及びガザ地区、イエメン、ジブチは、未だ発展途上の「比較的新しい段階（emerging）」であり成果を上げるための政策メカニズムが不十分であることが確認された。さらに、中東・北アフリカ地域の特有の課題として、SABER Teachers政策目標1の「教員に対する明確な目標設定」については、多くの国できちんと法整備されている一方で、ほとんどの国において政策目標4の「適切な教員配置」が最も未発達で脆弱なシステムであることがわかった。遠隔地や僻地、また特定の教科（数学、理科、英語）の教員不足が深刻であるにもかかわらず、資質の高い教員を公正に配置すべき政策（動機付け、特別手当）などが十分に整備されていないとされている（表10.2）。さらに、政策目標3の「研修による教員の能力向上」、政策目標7の「教員の指導力向上に対する支援」と政策目標8の「教員のモチベーション向上」も非常に弱いことが窺える（World Bank 2011a）。

表10.1　中東・北アフリカ地域のSABER Teachersに基づく政策評価の結果

教員政策目標	ジブチ	エジプト	ヨルダン	レバノン	チュニジア	ヨルダン川西岸及びガザ地区	イエメン
1. 教員に対する明確な目標設定	Established ●●●○	Established ●●●○	Established ●●●○	Established ●●●○	Established ●●●○	Established ●●○○	Established ●●●○
2. 優秀な人材の雇用	Established ●●○○	Established ●●●○	Established ●●●○	Established ●●●○	Established ●●●○	Established ●●●○	Established ●●○○
3. 研修による教員の能力向上	Established ●●○○	Established ●●●●	Established ●●●○	Established ●●●○	Established ●●●○	Established ●●●○	Established ●●○○
4. 適切な教員配置	Established ●○○○	Established ●●●○	Established ●●●○	Established ●●●○	Established ●●●○	Established ●○○○	Established ●○○○
5. 強いリーダーシップ	Established ●○○○	Established ●●●○	Established ●●●○	Established ●●●○	Established ●●●○	Established ●●●○	Established ●●●○
6. 教員の勤務評定と生徒の成績の把握	Established ●●○○	Established ●●●○	Established ●●●○	Established ●●●○	Established ●●●○	Established ●●●○	Established ●●●○
7. 教員の指導力向上に対する支援	Established ●●●○	Established ●●●○	Established ●●●○	Established ●●●○	Established ●●●○	Established ●●●○	Established ●●●○
8. 教員のモチベーション向上	Established ●●○○	Established ●●●○	Established ●●●○	Established ●●●○	Established ●○○○	Established ●●●○	Established ●●○○

出典：World Bank（2011a）MENA Regional Synthesis on the Teacher Policies Survey.

表10.2 困難校での勤務や教員不足が深刻な科目を教える教員へのインセンティブ付与制度の有無

	ジブチ	エジプト	ヨルダン	レバノン	チュニジア	ヨルダン川西岸及びガザ地区	イエメン
困難校勤務での勤務におけるインセンティブ制度がある	No	Yes	Yes	No	Yes	No	Yes
教員不足が深刻な科目を教える教員へのインセンティブ制度がある	No	No	No	No	No	No	No
教員不足が深刻な科目が確認されている	No	No	Yes	No	No	Yes	Yes

出典：World Bank（2011a）MENA Regional Synthesis on the Teacher Policies Surveyを基に筆者作成。

　さらに、SABER Teachersの分析結果や政策提言が実際に新しいプロジェクトのデザインに反映された具体例としてイエメンがあげられる。Second Basic Education Development（プロジェクト期間：2013-2017年、総融資額：7,200万ドル）ではプロジェクト準備の初期の段階からSABER Teachersのデー

タを基に教員政策改革に関するコンポーネントのデザインが行われた。SABER調査により、イエメンで未発達で脆弱であると判定された政策領域（就労前の研修、教員の平等な配置、業務のモニタリング、教員への動機付けと校長への支援）に焦点を当てたデザインとなった。新任教員への特別研修、また現職教員の能力向上研修や、僻地での教員不足を解消するための政策が織り込まれた。特筆すべきは、僻地での深刻な女子のドロップアウトを食い止めるために、女性教員の養成と雇用、そして職場での継続的な支援を行ったことである。プロジェクトの成果として当該学校における女子生徒のドロップアウトの減少がデータとして記録されている（World Bank 2013）。

3.3　セクター全体の政策協議及び各ドナーのプロジェクトデザインに活用された例

カンボジアでは、2011年にSABER Teachersカンボジアレポートによって、特に教員養成、教員配置、教員の指導力向上、またモチベーション向上に関する政策に関して改善の余地があると診断された（World Bank 2011b）。各政策分野のカンボジアでの2011年時点での状況は表10.3の通りである。

これらの結果を受けて、2013-2014年に、教員の雇用、研修、配置、評価に焦点を当てたカンボジアの教員政策に関する研究[8] が実施された（Tandon and Fukao 2015）。その研究結果を反映する形で、教育省が様々な援助機関（JICA、ユネスコ、ユニセフ、世界銀行）の支援を受け、カンボジア人中心のプロジェクトチーム（大学教授、教育省のテクニカルスタッフ、国際機関スタッフ）が組織され、「教員政策行動計画（Teacher Policy Action Plan: TPAP[9]）」が策定された（MoEYS 2015）。TPAPは、SABER Teachersの8つの教員政策目標を基にして作られた、包括的、かつ現状に即した教員政策の実施計画であり、2015年からは教育省での重要計画の一つと位置付けられている。それ以降、政府内にTPAP委員会が組織され、現在では多くの主要援助機関がTPAPの実施をサポートしている（MoEYS 2017）。

JICAでは、教員養成大学設立のための基盤構築プロジェクト（プロジェクト

表10.3　SABER Teachers カンボジアでの考察結果概要

教員政策目標	カンボジアでの現状	採点
1. 教員に対する明確な目標設定	教員や生徒に対する目標は明確に設定されているものの、二部制による教員の勤務時間不足で目標が達成されていない状況。	Established ●●●○
2. 優秀な人材の雇用	報酬や福利厚生を含む勤務条件は、現在の労働市場の中では悪くはない。また、教員を選考するための制度も機能している。キャリアパスに関しては、更なる情報収集が必要。	Established ●●●○
3. 研修による教員の能力向上	教員養成プログラムに教育実習が十分に含まれていないほか、新任教員に対する研修期間も設定されていない。	Established ●○○○
4. 適切な教員配置	教員配置を適切化するためのインセンティブがなく、たとえば困難校（遠隔地での勤務等）や教員不足が深刻な科目を教える教員へのインセンティブが欠如している。	Established ●●○○
5. 強いリーダーシップ	校長になるための高い資格要件の設定、職務に対するインセンティブの設定がなされている。しかし、教員の昇進や解雇にかかる校長の権限は限定的である。	Established ●●●○
6. 教員の勤務評定と生徒の成績の把握	決められた学年での標準試験が毎年実施されている。また、教員評定が評価基準にもとづき行われている。	Established ●●●○
7. 教員の指導力向上に対する支援	教員評定や生徒の成績データが、教員の指導力向上のために活用されていない。小中学校の教員に、能力開発が必修となっていない。	Established ●●○○
8. 教員のモチベーション向上	業績を反映したインセンティブシステムはあるものの、評価の透明性は高くない。また、低い業績の教員に対する制裁措置もない。	Established ●●○○

出典：World Bank（2011b）SABER Teachers Cambodia Country Report 2011.

期間：2017-2022年、総事業費：約8億5,000万円）を通して、教員養成の質の改善のため、2つの教員養成大学の設立を支援している。アジア開発銀行（ADB）はUpper Secondary Education Sector Development Program（プロジェクト期間：2016-2021年、総融資額：3,300万ドル）を通して、高校教員資格のアップグレードのための研修への支援や学校施設拡充・整備のサポートを実施している（Asian Development Bank 2017）。また欧州連合、スウェーデン国際開発協力庁、ユニセフで協調融資されたCapacity Development Program

Funds Phase Ⅱ（プロジェクト期間：2015-2016年、総事業額：約1,100万ドル）により、複数の高等教育機関における中学教員資格のアップグレードのための研修を支援していた（MoEYS 2015b）。また、世界銀行の融資を活用した新たなプロジェクト、Secondary Education Improvement Project（プロジェクト期間：2017-2022年、総融資額：4,000万ドル）が形成され、地方の中学教員資格のアップグレードのための研修、校長のためのリーダーシップ研修、新設が予定されている教員養成大学[10] の講師の育成のための研修、そして教員の労働環境改善のための学校施設整備や職員住居建設などがプロジェクトの主な活動になっている。また、TPAP実施にともなう教育制度改革（教員キャリアパスの策定、教員養成・訓練機関のための基準策定、教員採用・維持資格の変更など）も同時に進められており、教育省、ドナーが一体となって教員制度改革の実現を目指している（World Bank 2016）。

おわりに

　前述の通り、世界銀行グループは、エビデンスに基づいた教員政策分野への投資を推進している。教員政策分野ではSABER Teachersを軸とし、現在までに33の国・地域[11] で実施されたSABER Teachersの政策目標に基づく政策評価の国別報告書が発表されている。それを通じ、児童・生徒の学習成果に対する教員政策の効果が検証され、改善が求められる具体的な政策項目が明らかになった。本文中に紹介された事例は、SABER Teachersの分析結果が実際の政策づくりに活用されている事例の一端であり、調査結果が、教育セクターでの政策協議、また世界銀行のみならず他援助機関の支援プロジェクトも含めたプロジェクトのデザインに活用され始めていることがわかる。教員政策に関する知識基盤の構築は、未だに途上であり、現在も27の国・地域[12] において教員政策に関するデータの収集と政策評価が実施されている（うち25の国・地域はUNESCOと共同で実施中）。初期の調査段階では、SABER Teachersのフレームワークは現存の政策の有無を判定することにとどまり、法令や政策が存

在したとしてもそれらが現場で実施されているかどうかを検証することは不可能であったため、一定国から批判的な意見が寄せられた。これを受けて、世界銀行では2018年末までに、SABER Teachersの国別報告書が発表された33の国・地域のより包括的な分析が実施される予定になっているほか、SABER Teachersが実際に教育システム改革に活用されたケースに関するレビューも「SABER in Action」として順次実施される予定となっている。包括的な分析に基づき、強化すべき政策分野が明確化され、また、教育システム改革に活用されたケースに関するレビューを実施することによって、他国に共有することのできるグッドプラクティスがまとめられつつある。

　途上国における教員政策の改善が生徒の学習能力向上に寄与することは論を待たないが、教員の教授法向上といった狭義の介入ではなく、教員の雇用や労働条件、資格要件、マネジメント層の果たすべき役割といった、システムそのものにかかわる根本的で構造的な介入が必要であることを改めて強調したい。広義の介入であるために、教育セクター以外の分野の動向、例えば労働市場の動向や、教員に対する期待等の社会的な側面にも注意を払い、外部環境の変化に応じたシステムの変化がともなう必要がある。そのためにも、様々に異なるステージにある各国の進捗状況が世界共通の指標や解析方法で俯瞰、比較でき、国際的なベンチマーキングを可能にし、データや知見を共有できる仕組みとしてSABER Teachersはきわめて有効なプラットフォームとなっている。この観点から、実際に政策決定にかかわる政府、教育改革支援の現場に従事する人々の意思決定の有効な一助になっていることは明らかである。

　一方、SABER Teachersはあくまでフレームワークにすぎず、それを使えば各国が直面している課題に対する解が自動的に導き出されるわけではない。フレームワークをどう使いこなし、どのように各国の個別具体的な状況に当てはめていくのかというところが、SABER Teachersが有効に機能するか否かの鍵を握っている。SABER Teachersが現実的に適用可能な最適解を導くプロセスは、各国ごとに異なることは大いに予想され、各国ごとのケーススタディや相互の学びあいや連携がSABER Teachersの有効性を高めることができ

ると考える。また、分析結果を基に、いかに政策の策定だけでなく実施までを担保するかは、調査後の引き続きの介入と支援が必要とされる。

　SABER Teachersの取り組みは、まだ端緒についたばかりであるが、有効なプラットフォームとして機能する可能性を秘めている。上述の通りの制約に留意しつつ、国際的な学びあい、連携が成功の鍵となる。以上を踏まえ、SABER Teachersが世界銀行グループのプロジェクト立案、実施に寄与するのはもちろんのこと、途上国政府や他ドナー、学術機関の連携を促し、かつ、そうした世界銀行外の重要なステークホルダーの事業実施の一助ともなることが期待される。

注

(1) 教育システムという言葉は通常教育サービスを提供する国公立の学校、大学、職業訓練プログラムを指すが、世界銀行が対象とする教育システムはその国にある教育の機会すべてを含んでおり、官民いずれのセクターかを問わない。

(2) Early Childhood Development, Education Resilience, Education Management Information Systems, Engaging the private sector, Equity and inclusion*, Information and communication technology*, School autonomy and accountability, School finance, School health and school feeding, Student assessment, Teachers, Tertiary education*, Workforce development（*開発中／2017年3月現在）。

(3) SABER以前に、教員政策に特化した政策文書は発行していないものの、世界銀行は定期的に教育分野全体を対象とした包括的な戦略文書を発表しており、その中で教員政策についても部分的に論じてきた。文書のレビューなどから窺い知れることとしては、1990年以降、一貫して「教員の継続的な職能成長」や「教員の処遇と生徒の学習成果などを連動させるインセンティブ」を重視してきた。また、教員養成に関しては、1990年代は世界的に基礎教育の量的拡充を行っており、養成期間の短縮化、低学歴教員の雇用などを推進していた時期もあるが、現在では教育開発の主眼が量的拡充から質の向上に変遷する中で、現在は、大学レベルでの教員養成を行っていくことが重要というスタンスである（Okitsu 2014）。

(4) 本章での「先行した教育システム」とは、国際比較調査において児童生徒の学習

到達度の高い国や地域をさす。

(5) Boyd et al.（2005c）; Hanushek et al.（1999, 2004b）; Liu, Johnson and Peske（2004）; Urquiola and Vegas（2005）.

(6) タンザニア政府（1億8,600万ドル）、DFID（1億ドル）、SIDA（3,000万ドル）、世界銀行（1億ドル）での協調融資案件。

(7) RAS（Reimbursable Advisory Service）という中進国・先進国向けの比較的新しい世界銀行のスキーム。RASの主な業務には、政策に関する助言、政策分析、援助協調、インパクト評価、研修の実施、などが含まれる。

(8) "Educating Next Generation in Cambodia"（Tandon and Fukao 2015）.
    [http://www.moeys.gov.kh/en/policies-and-strategies/1442.html#.WPEnd03fOM8]

(9) "Teacher Policy Action Plan"（Ministry of Education, Youth and Sport）.
    [http://www.moeys.gov.kh/en/policies-and-strategies/1442.html#.WPEnd03fOM8]

(10) 従来、教員養成校が2年間のカリキュラムで教員を養成していたが、TPAPにより4年間のカリキュラムを持つ教員養成大学に順次格上げすることが予定されている。

(11) ベトナム、ブルガリア、カンボジア、コートジボワール、ジブチ共和国、エジプト、グルジア、ギニアビサウ、ガイアナ、ジャマイカ、ヨルダン、カザフスタン共和国、ケニア、レバノン、マケドニア共和国、マリ共和国、モルドバ共和国、ナイジェリア（アナンブラ、バウチ、エキティ）、パプアニューギニア、パラグアイ、ロシア連邦、サモア、セルビア共和国、ソロモン諸島、チュニジア、ウガンダ、ヨルダン川西岸及びガザ地区、イエメン（2017年6月時点）。

(12) アルゼンチン、ブラジル、クロアチア、コンゴ、フランス、ガーナ、ハイチ、インド（カルナータカ）、アイルランド、ラオス、モーリタニア、メキシコ、ナミビア、ノルウェー、パキスタン（パンジャブ）、フィリピン、カタール、ルーマニア、アウディアラビア、セネガル、シンガポール、スロベニア、タイ、トルコ、アラブ首長国連邦、ベネズエラ、ジンバブエ（2017年6月時点）。

参考文献・資料
［和文］

興津妙子（2014）「世界銀行の政策文書における教職の専門職化の進行・後退過程に関する考察」広島大学教育開発国際協力研究センター『国際教育協力論集』17（1）: 45-62.

国際協力機構（JICA）（2016）事前評価表（教員養成大学設立のための基盤構築プロ

ジェクト).
［https://www2.jica.go.jp/ja/evaluation/pdf/2016_1600198_1_s.pdf］
―――（2017）教員養成大学設立のための基盤構築プロジェクト.
［http://gwweb.jica.go.jp/km/ProjectView.nsf/fd8d16591192018749256bf300087cf
d/3c96af9b0455f95f492580510079cdb9?OpenDocument］

［欧文］

Abeberese, A. B., T. J. Kumler and L. L. Linden（2011）Improving Reading Skills by Encouraging Children to Read: A Randomized Evaluation of the Sa Aklat Sisikat Reading Program in the Philippines, *IZA Discussion Papers 5812*, Institute for the Study of Labor（IZA）.

Ahn, T. and J. Vigdor（2010）The Impact of Incentives on Effort: Teacher Bonuses in North Carolina, *PEPG Working Papers Series*, Cambridge, MA: Program on Education Policy and Governance（PEPG）.

Angrist, J. and V. Lavy（2001）Does Teacher Training Affect Pupil Learning? Evidence from Matched Comparisons in Jerusalem Public Schools, *Journal of Labor Economics*, 19（2）: 343-369.

Auguste, B., P. Kihn and M. Miller（2010）*Closing the Talent Gap: Attracting and Retaining Top-Third Graduates to Careers into Teaching*, London: McKinsey & Co.'s Social Sector Office.

Asian Development Bank（2017）Cambodia Upper Secondary Education Sector Development Program.
［https://www.adb.org/projects/47136-003/main#project-overview］

Bacolod, M. P., J. DiNardo and M. Jacobson（2009）Beyond Incentives: Do Schools Use Accountability Rewards Productively?, *NBER Working Paper 14775*, Cambridge, MA: National Bureau of Economic Research（NBER）.

Barber, M. and M. Mourshed（2007）*How the World's Best-Performing School Systems Come Out on Top*. London: McKinsey & Co.

Borman, G., R. E. Slavin, A. Cheung, A. Chamberlain, N. A. Madden and B. Chambers（2007）Final Reading Outcomes of the National Randomized Field Trial of Success for All, *American Educational Research Journal*, 44（3）: 701-731.

Borko, H.（2004）Professional Development and Teacher Learning: Mapping the Terrain, *Educational Researcher*, 33（8）: 3-15.

Boyd, D., K. Hammerness, H. Lankford, S. Loeb, M. Ronfeldt, and J. Wyckoff（2005）

The Draw of Home: How Teachers' Preferences for Proximity Disadvantage Urban Schools, *Journal of Policy Analysis and Management*, 24 (1), 113-132.

───── (2009) Recruiting Effective Math Teachers, How Do Math Immersion Teachers Compare?: Evidence from New York City, New York, NY: National Center for the Analysis of Longitudinal Data in Education Research (CALDER).

───── (2006) Analyzing the Determinants of the Matching of Public School Teachers to Jobs: Estimating Compensating Differentials in Imperfect Labor Markets, *NBER Working Paper 9878*, Cambridge, MA: National Bureau of Economic Research (NBER).

Brown, C. A., M. S. Smith and M. K. Stein (1995) Linking Teacher Support to Enhanced Classroom Instruction, *Paper presented at the annual meeting of the American Educational Research Association (AERA)*, New York, NY.

Chaudhury, N., J. Hammer, M. Kremer, K. Muralidharan and F. H. Rogers (2005) Missing in Action: Teacher and Health Worker Absence in Developing Countries, *PEPG Working Paper Series*, Cambridge, MA: Program on Education Policy and Governance (PEPG).

Chingos, M. M. and P. E. Peterson (2010) It's Easier to Pick a Good Teacher than to Train One: Familiar and New Results on the Correlates of Teacher Effectiveness, *PEPG Working Papers Series*. Cambridge, MA: Program on Education Policy and Governance (PEPG).

Cohen, D. K. and H. Hill (1997) Instructional Policy and Classroom Performance: The Mathematics Reform in California, *Paper presented at the annual meeting of the American Educational Research Association (AERA)*, New York, NY.

Darling-Hammond, L. (2010) Steady Work: How Countries Build Successful Systems, L. Darling-Hammond (2010) *The Flat World and Education: How America's Commitment to Equity Will Determine Our Future*, New York, NY: Teachers College.

Darling-Hammond, L. and R. Rothman (2011) *Teacher and leader effectiveness in high-performing education systems*, Washington, D.C.: Alliance for Excellent Education.

Dolton, P. J. (1990) The Economics of UK Teacher Supply: The Graduate's SDecision, *The Economic Journal*, 100: 91-104

Dolton, P. J. and W. van der Klaauw (1999) The Turnover of Teachers: A

Competing Risks Explanation, *The Review of Economics and Statistics*, 81 (3): 543-552.

Duflo, E., R. Hanna and S. P. Ryan (2008) Incentives Work: Getting Teachers to Come to School, *American Economic Review*, 102 (4): 1241-1278.

Eberts, R. W. (2002) Teacher Performance Incentives and Student Outcomes, *Journal of Teacher Education*, 37 (4): 913-927.

Figlio, D. N. (1997) Teacher Salaries and Teacher Quality, *Economics Letters*, 55: 267-271.

Glazerman, S. and A. Seifullah (2010) *An Evaluation of the Teacher Advancement Program (TAP) in Chicago: Year Two Impact Report*, Washington, D.C.: Mathematica Policy Research, Inc.

Glewwe, P., N. Ilias and M. Kremer (2010) Teacher Incentives, *American Economic Journal: Applied Economics*, 2 (3): 205-227.

Goodman, S. and L. Turner (2010) Teacher Incentive Pay and Educational Outcomes: Evidence from the NYC Bonus Program, *PEPG Working Papers Series*, Cambridge, MA: Program on Education Policy and Governance (PEPG).

Grossman, P., S. Loeb, J. Cohen, K. Hammerness, J. Wyckoff, D. Boyd, et al. (2010) Measure for Measure: The Relationship between Measures of Instructional Practice in Middle School English Language Arts and Teachers' Value-Added Scores, *NBER Working Paper 16015*, National Bureau of Economic Research (NBER).

Hanushek, E. A., J. F. Kain and S. G. Rivkin (1999) Do Higher Salaries Buy Better Teachers?, *NBER Working Paper 7082*, Cambridge, MA: National Bureau of Economic Research (NBER).

―――― (2004a) The Revolving Door, *Education Next*, 4 (1): 76-82.

―――― (2004b) Why Public Schools Lose Teachers, *The Journal of Human Resources*, 39 (2): 326-354.

Hanushek, E. A., J. F. Kain, D. M. O'Brien and S. G. Rivkin (2005) The Market for Teacher Quality, *NBER Working Paper 11154*, Cambridge, MA: National Bureau of Economic Research (NBER).

Hanushek, E. and L. Wobmann (2007) *Education Quality and Economic Growth*, Washington, D.C.: World Bank.

Hanushek, E. A. and S. G. Rivkin (2010) Generalizations about Using Value-Added

Measures of Teacher Quality, *American Economic Review*, 100 (2): 267-271.

He, F., L. L. Linden and M. MacLeod (2007) Helping Teach What Teachers Don't Know: An Assessment of the Pratham English Language Program, Cambridge, MA: Abdul Latif Jameel Poverty Action Lab (JPAL).

Heyneman, S. (2003) The history and problems in the making of education policy at the World Bank 1960-2000, *International Journal of Educational Development*, 23: 315-337.

Ingersoll, R. M. (2001a) A Different Approach to Solving the Teacher Shortage Problem, *Policy Brief*, Seattle, WA: Center for the Study of Teaching and Policy, Univeristy of Washington.

―――― (2001b) Teacher Turnover, Teacher Shortages and the Organization of Schools, *Research Report*, Seattle, WA: Center for the Study of Teaching and Policy, University of Washington.

Jackson, C. K. (2010) Match Quality, Worker Productivity, and Worker Mobility: Direct Evidence From Teachers, *NBER Working Paper 15990*, Cambridge, MA: National Bureau of Economic Research (NBER).

Klees, S. (2016) Human Capital and Rates of Return: Brilliant Ideas or Ideological Dead Ends?, *Comparative Education Review*, 60 (4): 644-672.

Koretz, D. (2008) Limitations in the Use of Achievement Tests as Measures of Educators' Productivity, *Journal of Human Resources*, 37 (4): 752-777.

Lavy, V. (2002) Evaluating the Effect of Teachers' Group Performance Incentives on Pupil Achievement, *The Journal of Political Economy*, 110 (6): 1286-1317.

―――― (2004) Performance Pay and Teachers' Effort, Productivity and Grading Ethics, *NBER Working Paper 10622*, Cambridge, MA: National Bureau of Economic Research (NBER).

―――― (2007) Using Performance-Based Pay to Improve the Quality of Teachers, *The Future of Children*, 17 (1): 87-109.

―――― (2009) Performance Pay and Teachers' Effort, Productivity and Grading Ethics, *The American Economic Review*, 99 (5): 1979-2011.

Liu, E., S. M. Johnson and H. G. Peske (2004) New Teachers and the Massachusetts Signing Bonus: The Limits of Inducements, *Educational Evaluation and Policy Analysis*, 26 (3): 217-236.

Mizala, A. P. Romaguera (2005) Teachers' Salary Structure and Incentives in Chile,

E. Vegas（ed.）*Incentives to Improve Teaching: Lessons from Latin America*, Washington, D.C.: World Bank.

MoEYS（2015a）Teacher Policy Action Plan, MoEYS.
［http://www.moeys.gov.kh/en/policies-and-strategies/1442.html#.Wf3uYGhSzD4］

―――（2015b）Launch of The Education Capacity Development Partnership Fund Phase II（2015-2016）.
［http://www.moeys.gov.kh/en/minister-page/1354.html#.WY4EqlGGPD4］

―――（2017）Education Congress Report 2017, MoEYS.
［http://www.moeys.gov.kh/en/education-congress-2017/reports.html#.Wf3ukmhSzD4］

Mulford, B.（2003）School Leaders: Changing Roles and Impact on Teacher and School Effectiveness, *Paper commissioned for the 'Attracting, Developing and Retaining Effective Teachers' Activity*, Paris: Organisation for Economic Co-Operation and Development（OECD）, Directorate for Education.

Muralidharan, K. and V. Sundararaman（2009）Teacher Performance Pay: Experimental Evidence from India, *NBER Working Paper 15323*, Cambridge, MA: National Bureau of Economic Research（NBER）.

Murnane, R. J.（1996）Staffing the Nation's Schools with Skilled Teachers, E. A. Hanushek and D. K. Cohen（eds.）*Improving America's Schools: The Role of Incentives*, Washington, D.C.: National Research Council-National Academy Press.

Murnane, R. J. and D. K. Cohen（1986）Merit Pay and the Evaluation Problem: Why Most Merit Pay Plans Fail and Few Survive, *Harvard Educational Review*, 56 (1): 379-388.

Murnane, R. J. and R. J. Olsen（1989）The Effects of Salaries and Opportunity Costs on Duration in Teaching: Evidence from Michigan, *The Review of Economics and Statistics*, 71: 347-352.

―――（1990）The Effects of Salaries and Opportunity Costs on Length of Stay in Teaching: Evidence from North Carolina, *The Journal of Human Resources*, 25 (1): 106-124.

OECD（2012）*Preparing teachers and developing school leaders for the 21st century*, Paris: OECD Publishing.

Podgursky, M. and M. G. Springer（2008）Teacher Performance Pay: A Review,

Journal of Policy Analysis and Management, 24（4）: 909-949.

Rau, T. and D. Contreras（2009）Tournaments, Gift Exchanges, and the Effect of Monetary Incentives for Teachers: The Case of Chile, *Department of Economics Working Paper*, 305, Santiago: University of Chile.

Rivkin, S. G., E. A. Hanushek and J. F. Kain（2005）Teachers, Schools and Student Achievement, *Econometrica*, 73（2）: 417-458.

Rockoff, J. E. and C. Speroni（2010）Subjective and Objective Evaluations of Teacher Effectiveness: Evidence from New York City, New York, NY: Columbia Business School.

Rockoff, J. E., D. O. Staiger, T. J. Kane and E. S. Taylor（2010）Information and Employee Evaluation: Evidence from a Randomized Intervention in Public Schools, *NBER Working Paper 16240*, Cambridge, MA: National Bureau of Economic Research（NBER）.

Rothstein, J.（2010）Teacher Quality in Educational Production: Tracking, Decay, and Student Achievement, *The Quarterly Journal of Economics*, 125（1）: 175-214.

Springer, M., D. Ballou and A. X. Peng（2008）Impact of the Teacher Advancement Program on Student Test Score Gains: Findings from an Independent Appraisal, *PEPG Working Papers Series*, Cambridge, MA: Program on Education Policy and Governance（PEPG）.

Stinebrickner, T. R.（1998）An Empirical Investigation of Teacher Attrition, *Economics of Education Review*, 17（2）: 127-136.

───（1999a）Estimation of a Duration Model in the Presence of Missing Data, *The Review of Economics and Statistics*, 81（3）: 529-542.

───（1999b）The Reasons that Elementary and High School Teachers Leave Teaching: An Analysis of Occupational Change and Departure from the Labor Force, *Research Report*, Ontario: University of Western Ontario.

───（1999c）Using Latent Variables in Dynamic, Discrete Choice Models: The Effect of School Characteristics on Teacher Decisions, *Research in Labor Economics*, 18: 141-176.

───（2001a）Compensation Policies and Teacher Decisions, *International Economic Review*, 42（3）: 751-780.

───（2001b）A Dynamic Model of Teacher Labor Supply, *Journal of Labor*

Economics, 19（1）: 196-230.

Taylor, E. S. and J. H. Tyler（2011）The Effect of Evaluation on Performance: Evidence from Longitudinal Student Achievement Data of Mid-Career Teachers, *NBER Working Paper 16877*, Cambridge, MA: National Bureau of Economic Research（NBER）.

Tandon, P. and T. Fukao（2015）*Educating the Next Generation: Improving Teacher Quality in Cambodia*, Washington D.C.: World Bank.

Toch, T. and R. Rothman（2008）*Rush to Judgment: Teacher Evaluation in Public Education*, Washington, D.C.: Education Sector.

Urquiola, M. and E. Vegas（2005）Arbitrary Variation in Teacher Salaries: An Analysis of Teacher Pay in Bolivia, E. Vegas（ed.）*Incentives to Improve Teaching: Lessons from Latin America*, Washington, D.C.: World Bank.

Vegas, E.（2005）*Incentives to Improve Teaching: Lessons from Latin America*, Washington, D.C.: World Bank.

—— （2007）Teacher Labor Markets in Developing Countries, *The Future of Children*, 17（1）: 219-232.

Wenglinsky, H.（2000）How Teaching Matters: Bringing the Classroom Back into Discussions of Teacher Quality, *Policy Information Center Report*, Educational Testing Service（ETS）.

Wiley, D. and B. Yoon（1995）Teacher Reports of Opportunity to Learn: Analyses of the 1993 California Learning Assessment System, *Educational Evaluation and Policy Analysis,* 17（3）: 355-370.

Winters, M. A., G. W. Ritter, R. H. Marsh, J. P. Greene and M. J. Holley（2008）The Impact of Performance Pay for Public School Teachers: Theory and Evidence, *PEPG Working Paper Series*, Cambridge, MA: Program on Education Policy and Governance（PEPG）.

Wolter, S. C. and S. Denzler（2003）Wage Elasticity of the Teacher Supply in Switzerland, *Discussion Paper 733*, Bonn: Institute for the Study of Labor.

World Bank（2011a）MENA Regional Synthesis on the Teacher Policies Survey, Washington, D.C.

—— （2011b）SABER Teachers Cambodia Country Report 2011, Washington, D.C.

—— （2012a）*World Bank Education Sector Strategy 2020*, Washington, D.C.

—— （2012b）What matters most in teacher policies?, Washington, D.C.

――― (2013) Implementation Completion and Results Repot (ICR): Yemen Basic Education Development Project, Washington, D.C.

――― (2014) Project Appraisal Document of Big Results Now in Education Program, Washington, D.C.

――― (2016) Project Appraisal Document of Cambodia Secondary Education Improvement Project, Washington, D.C.

――― (2017a) World Bank Annual Report 2017, Washington, D.C. [http://pubdocs.worldbank.org/en/908481507403754670/Annual-Report-2017-WBG.pdf]

――― (2017b) Project Concept Note of Romania Advisory Services on Assistance to the Ministry of Education and Scientific Research for Capacity Development (unpublished manuscript), Washington, D.C.

第 11 章

教育のためのグローバル・パートナーシップ (GPE)による協力

―教育セクター計画強化を通じた教員支援―

金澤 大介／保坂 菜穂子

バングフデシュのクルナ初等教員養成校にて研修生と
懇談（Khulna Primary Teacher Training Institute)
（2016年5月筆者撮影）

はじめに

　本章では教育分野における唯一の世界的ファンディング・プラットフォームである「教育のためのグローバル・パートナーシップ（GPE）」の途上国支援メカニズムについて簡単に解説し、そのメカニズムを通じて教員政策分野でGPEがどのような形で加盟国を支援しているかについて概説[1]する。

第1節　GPEとは何か

　GPEは2017年現在、65か国・地域の開発途上国パートナー、20以上のドナー・パートナー、及び民間団体から構成されている、開発途上国における良質な教育の普及を目指したグローバル・パートナーシップである。日本は2008年よりドナー・パートナーとしてGPEに資金を拠出している。SDG4の実現をそのビジョンに据え、教育システムの強化、効率化を軸に、包括的なパートナーシップづくりを通じて国レベル及び世界レベルでリソースを結集し、教育の公正性かつ質的改善に寄与することを目指している。2015年のSDGsの採択を受け、2016年にはその戦略的成果目標であるGPE 2020[2]を策定し、パートナーシップの一層の強化に努めている。2002年に世界銀行のイニチアティブで発足したEFA Fast Track Initiative（EFA FTI）をその前身とし、国際的な教育の発展により寄与するため2012年より現在の形態で運営されている。

　GPEでは3-4年に一度、ドナー・パートナーから資金を調達しており、その調達総額に応じて、各途上国パートナーの経済及び教育状況を考慮に入れて、3-4年の期間で各国への資金供与の上限を50万ドルから1億ドルの範囲で設定。その上で各途上国からの申請に応じ、無償資金（グラント）を拠出している。

第2節　GPEのファンディング・メカニズム

　こうしたビジョン達成のため、GPEはユニークなファンディング・モデル を採用している。GPEのファンディング・モデルは、まず中長期の教育セク ター計画（Education Sector Plan: ESP）に注目する。GPEに加盟し資金供与を 受けるためには、各国は独自の中長期ESPを策定し、その内容がGPE理事会 の委員会でGPEの基準に適合していると認定されなければならない。認定に あたっては、明確なビジョンに基づいた計画づくりがなされているか、ビジョ ンを達成するための戦略が因果分析に基づいて立てられているか、教育セクタ ーを包括的に網羅しているか、プログラムや戦略がデータやアセスメントの結 果を基に策定されているか、計画が達成可能なものか、国ごとの個別の状況を 適切に踏まえているか、国内の様々な格差に対応しているか、などの項目が細 かくチェックされる。

　ESPの認定と並行して、申請国はそれぞれの国で教育支援活動を展開する開 発機関（二国間援助機関、国連や開発銀行等）及び市民団体等で構成されるグル ープ（Local Education Group: LEG）の合意を得ながら、GPE資金の使途を明確 にし、資金申請を行うことが求められる（教育セクター・プログラム実施グラン ト: ESPIG）。資金申請の内容は個別のプロジェクトの形式をとる場合もあり、 あるいはプールファンドあるいは予算支援（budget support）[3] の形態をとる場 合もある。資金使途の特定は各国の裁量に任されるが、いずれにしても当該国 のESPの実行に資するものでなければならない。ESPIGの実施に当たっては、 対象となる特定分野で最も優位性を持つと判断される援助機関がグラント機関 （Grant Agent: GA）として選出され、プログラム形成及び事業実施において途 上国政府のサポートを行う。

　GPEはこうしたファンディング・モデルを推進することで、途上国におけ る教育開発に対するオーナーシップが強化され、かつ多くの関係者を巻き込み （inclusive）、エビデンスに基づいた（evidence-based）政策対話が強化されるこ

とを目指している。

第3節　教育セクター計画（ESP）の態様

　教育及び学習の質の分析は教育セクター計画策定のための要となり、また教員政策を大きく左右するものである。GPEでは、ESP策定グラント（ESPDG）の拠出を通じ、加盟国が効果的にセクター分析を行い、学習の障害となっている要因を特定するため、技術的及び資金的支援を行っている。具体的には、2016年だけでも計27件、890万ドルがESPDGに拠出されている。

　教育の質的改善は大変複雑な過程であり、学習のプロセスには多くの要因が関係している。GPEでは加盟国がどのような課題に直面しているか調査するため、ESPDGで直接支援したケースも含め59件のESPの具体的な内容を2016年に分析した。これによると、そのうち90％が学習成果の低さ（low learning level）を初等及び中等教育の主要課題として挙げていたが、その根本的要因（root causes）を特定していたのは59％、データや証拠でそれを裏付けていたのは29％にすぎなかった。以下の図はこれらESPの中で学習成果の低さの要

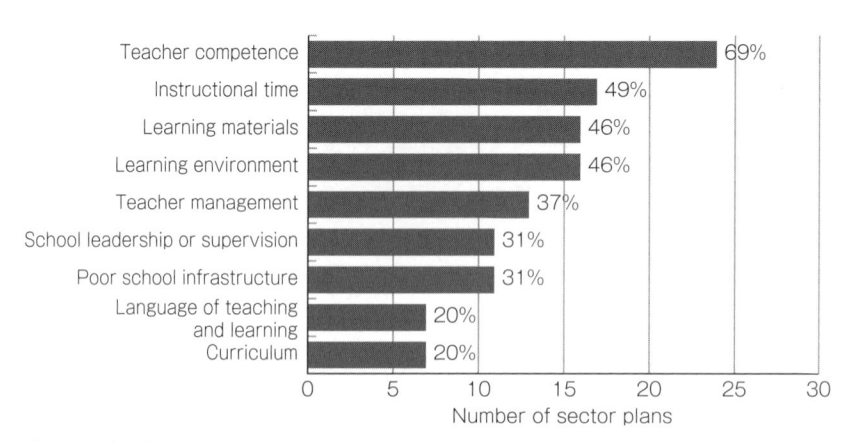

出典：GPE事務局（2017）GPE Policy Brief: GPE's Work in Teaching and Learning.

図11.1　学習成果の低さの要因

因として挙げられた項目を示している。

　7割近くのESPが教員の能力不足を学習成果の低さの要因として挙げていた。またほぼ半数が授業時間の不足、教材の不足、劣悪な学習環境（生徒数の多さ）などを要因に挙げ、3分の1近くが教員管理の弱さ、学校におけるリーダーシップ不足、劣悪な学校施設を挙げた。教授言語やカリキュラムについては比較的言及が弱かった。

　2014年にユネスコ国際教育計画研究所（IIEP）と共同で出版したESP策定ガイドラインが、戦略策定における要因分析の重要性を強調したこともあり、要因分析をESPに記載する事例は近年増加している。

第4節　GPEファンディング・モデルの学習成果改善へのアプローチ

　上述のようなESPにおけるアプローチに加え、GPEではESPIGの構成においても学習成果改善にインパクトが出るよう工夫を行っている。通常、ESPIGはその7割を占める固定部分（Fixed Part）と3割を占める可変部分（Variable Part）に分割される。固定部分は、プログラムデザインや実行可能性等について特定の要件を満たせば拠出されるが、可変部分については、あらかじめ公正性（equity）、効率性（efficiency）、学習成果（learning outcome）の3つの分野それぞれにおいてESPで示された目標に関連した指標を選定し、その達成目標を決めなくてはならない。そしてこれら目標が満たされたと判断された段階ではじめて資金が拠出されるという、成果重視の形式を採用している（result-based funding）。これは500万ドル以上のすべてのESPIGに対して適用されるため、多くの加盟国で学習成果の改善を目指す対応がとられることとなる。例えば、コンゴ民主共和国では、低学年における読解能力の改善が学習成果に関する目標に据えられた。ルワンダでは大規模な学習成果分析（learning assessment）の結果が学習改善に活用されることとなった。そして学習成果改善のためには多くの国で教員能力の強化が必要と捉えられていることから、必然的に教員サポートが強化されている。マラウイでは困難地域での有資格教員

の増員、モザンビークでは教員研修の機会増加が指標とされた。次節ではより詳しくGPEの教員政策支援の具体例を見ていく。

第5節　GPEの教員支援

教員は学びのプロセスにおいて核となり、かつ子どもたちの学力達成度向上のための中心的な役割を果たしている。教員の有効性（teacher effectiveness）は、生徒の学習の度合いを最も左右する要因であるとの研究成果も発表されている（Hanushek and Rivkin 2010; Hanushek et al. 2005; Rockoff 2014; Sanders and Rivers 1996）。教員は教育システムの要であり、かつ質の高い教育を提供するための核となるリソースである。教員にかかる費用は教育予算においての最大の支出であり、最も多い場合では教育経常予算の90％を占める。質の高い教育を達成するためには、教員がエンパワーされ、必要数雇用され、適切な研修がなされ、教員資格を有し（qualified）、高い意欲を持ち、かつ適切なサポート体制がなければならないことはよく知られている[4]。教員はまた、自らの業務や職場環境に影響を与える活動に参加できるよう保障される必要がある。

5.1　教員研修

教員の質的向上と教員数の充足は多くの途上国において急務である。ユネスコ統計研究所（UIS）の推計によると、SDG4を達成するためには、6,900万人の初等及び中等教育向けの教員が新たに雇用される必要がある（UNESCO 2016）。教員不足はサブサハラアフリカで特に顕著である。さらに、教員はその国の最低限の資格要件（qualification）及び研修受講基準を満たしていなければならないが、2014年において、サブサハラアフリカの17か国で国家基準を満たすべく研修を受講した小学校教員の数は全体の80％に満たなかった（UNESCO 2016）。多くのGPE加盟国では有資格教員一人当たりの児童・生徒数（Pupil Trained Teacher Ratio: PTTR）が高く、2014年時点で55の加盟国のうちPTTRが40以下の国は16か国にとどまり、中には250を超える国もあっ

た。こうした教員数の不足を補うため、GPEは加盟国のPTTRを1対40まで下げることを目標の一つに掲げ、この目標への進捗をモニタリングしている。

　教員の質を教育システムの中で改善していくには、教員養成及び現職研修を含む教員研修を必要とする教員の数、必要な研修を実際に実施できる能力があるか、さらには提供される研修の質が、教育政策の中で考慮されなければならない。加盟国41か国のESPを分析したところ、すべてのESPが教員研修政策を有していた。しかし、研修の具体的内容及び教員資格について言及しているESPはそのうち6割にすぎず、教育行政が教員研修のニーズに対応できる能力を有しているか記述しているものは4割、そして教育実習生が研修の結果必要な教授能力を身に付けられたか調査しているものは27％にすぎなかった。この3つの要素に関して必要な情報を有していたのは1か国のみだったのに対し、どの要素に関しても触れていなかったESPは4分の1をやや上回った。教育政策策定のプロセスにおいてそのプロセスかつ教員研修に関する政策決定を導くようなデータは、まだまだ多くの国で不足している。

　GPEが資金拠出しているプログラムのほぼすべて（93％）において、教員研修に関するコンポーネントが含まれているが（GPE 2016）、その中では現職研修（in-service training）の方が教員養成研修（pre-service training）よりも多くなっている。プログラムには実際の研修のみならず、研修準備のための情報収集など多くの活動が含まれている。

　例えば、サントメプリンシペでは、GPEは現職教員研修の国内制度構築を支援している。新たに構築された教員研修制度には、教員の勤務評定制度の確立、教員に求められるコンピテンシーに基づく（competency-based）研修枠組みの策定、研修計画の作成、修了証授与プロセスの確立、そして実際の教員研修が含まれている。

　トーゴでは、GPEは新カリキュラムと教科書についての研修、教員勤務評定に基づいた新教員研修政策の策定、教員研修担当部署及び教員養成校へのリソース及び機材の購入をサポートしている。

　ニジェールでは、GPEは教員養成校3校の建設、教員研修講師の養成、読解

に関する新研修モジュールの作成、そして、実際の教員研修（契約教員含む）
を支援している。

　GPEからの支援を受けて研修を受けた教員は近年2倍以上に増えた。その数
は2014年に約98,000人だったのが、2016年には238,000人に増えている。

5.2　教員マネジメント

　教員マネジメントは多くのGPE加盟国にとって主要な課題である。これは
教員数、教員構成、教員の配置が教育システムに大きなインパクトを及ぼすか
らである。教員不足が著しい場合、教員を効率的に管理することは、限られた
予算の中で教育サービスを全国に公正に提供するために極めて重要になってく
る。

　初等教育の無償化や人口増加などによる急速な就学者数の伸びは、多くの国
で資格のない非正規教員を多数雇用することにつながったが、このことは教育
の質に重要な影響を及ぼしうる。教員配置に大きな格差がある場合には、公正
な教育サービスの提供に影響を及ぼす。多くのGPE加盟国において、個々の
学校における教員数は児童・生徒数に応じたものになっておらず、遠隔地や困
難地域（disadvantaged areas）の教員数は不足しているのが実情である。教員
の職業的地位及び給与水準もまた教員数と年齢構成に影響する。教員の社会的
地位が低いと、能力の高い教員を雇用してかつその教員を保持し続けるのは難
しく、これが教員の高い離職率に結び付いている。教員の地位が向上すると、
教員はより意欲的になり、また教職に対する満足度が増す。このことにより、
教員の力量が向上し、生徒の学びが強化されることが期待される（UNESCO
2015: 201）。

　調査したESPの多く（85%）が教員のさらなる採用を政策として掲げてい
る。さらに4分の3（73%）が教員配置に関する政策を含んでおり3分の2（66
%）が教員の給与に関する政策を含んでいた。しかし、すべての加盟国がこれ
らの政策の元となるデータや分析を提示しているわけではなく、教員配置に関
しては、調査したESPの42%がこの問題に対する分析を記載していたが、分

析を記載していない24か国のESPのうち、なんらかのデータ収集を計画しているのは5か国のみだった。教員配置の公正性確保に向けた進捗を確実なものにするため、GPEの成果目標（result framework）は教員の公正な配置に関する指標を含めており、この分野での結果をみるべくモニタリングを強化している。

　GPEが資金拠出しているプログラムのうち約半分（52%）が教員マネジメントの向上に関するコンポーネントを有している（GPE 2016: 54）。これらのコンポーネントは教員マネジメントの様々な側面をカバーしており、その中には教員採用（26%）、教員配置（19%）、教員給与（22%）、教員マネジメントシステム（26%）が含まれる。ほとんどのプログラム（60%）は各国事情により、これらのうち2つ以上の側面をカバーしている。

　例えばシエラレオネでは、GPEは新設された教育サービス委員会（Teaching Service Commission）が教員採用、配置、配置転換、能力強化、昇進に関する政策や手続きを策定するための支援コンポーネントを支援している。プログラムはまた教員登録情報及び給与情報に関する管理システムの開発と維持管理も支援している。

　アフガニスタンではGPEは女子の就学率の低い困難地域で勤務している新任女性教員への社会的サポート（住居、カウンセリング、コミュニティ支援等）及びインセンティブ供与（特別手当、同行する夫のポスト確保等）をサポートしている。

　中央アフリカでは、GPEは暫定ESP[5]を支援しているが、その中には契約教員[6]の採用、配置、教員給与、またコミュニティ教員への報酬授与に必要なデータベースの開発が含まれている。

5.3　政策対話への教員及び市民団体の参加促進

　教育に関する政策対話において教員の意見は大変重要であり、教員の政策策定への積極的な関与は教育改革の成功のために不可欠である。GPEはESPの策定から実施モニタリングといった教育政策サイクルの様々なステップで教員組合がLEGを通じて積極的に関与できるよう支援し、様々なグループが政策

対話やセクターレビュー会合などへ実際に参加できているかどうかモニタリングしている。

　また、これまでGRA（Global and Regional Activities）プログラムを通じ、GPEは教員組合が政策対話へ積極的に関与していくために必要な様々な能力を強化するため190万ドルを投じた。さらにユネスコ及び教育インターナショナル（Education International）[7] と協力して、10か国[8] において各国の教員組合の能力強化を目的としたワークショップを開催した。その目的は教員の有効性[9]（teacher effectiveness）に影響する要因を分析し、エビデンスに基づいた（evidence-based）政策提案をLEGに対して行うことができるよう教員を支援することであった。ワークショップの後、7か国で教員政策を改善するためのアクションプランが策定・実施され、またLEGでの政策対話で用いるための政策文書が策定された。

　一方で、GPEは市民社会教育ファンド（Civil Society Education Fund: CSEF）を通じ、国内での政策対話の質を向上させ、政府のアカウンタビリティを強化することを目的とし、各国のCSO連合が質の高い教育及び教員の待遇の向上提唱するために大きな役割を果たすことができるよう支援している。CSEFは2018年までに6,610万ドルを支出し、延べ数千の市民団体からなる62のCSO連合にグラントを供与した[10]。このファンドを管理するGlobal Campaign for Education（GCE）[11] と協力して、CSEFは国際的な政策対話への戦略的な関与や、重要課題へのロビーイング、教員政策へどのくらい予算が執行されたかなどのモニタリングを通じ、CSO連合の影響力を向上させるサポートを行っている。

　具体的には、例えばガーナでは、CSEFのサポートによりガーナ教育キャンペーン連盟（Ghana National Education Campaign Coalition: GNECC）が行った調査分析により、教員配置に大きな偏りがあることが判明した。僻地遠隔地や困難地域（disadvantaged areas）での有資格教員不足を指摘した報告書が作成され、幅広く配付された。その結果、教育省は公式にGNECCの調査について言及し、ガーナ大統領が公式スピーチでこの問題について取り上げることとなった。

第6節　GPEの授業改善への支援

　質の高い授業には教員以外の要素も重要となる。学習プロセスを支援しすべての生徒が確実に基礎的学習スキルを習得できるようにするためには、学習を支える様々な要素が不可欠である。本節ではそのうちの3つの要素に注目する。すなわち、質の高い学習教材、十分な指導時間、そして低学年における効果的な教授法である。

6.1　学習教材

　良質な教科書は途上国において、特に生徒の家庭に図書がない場合において、生徒の学習効果を上げるためにもっとも重要かつ効率の良い投資だと様々な研究が示している（Boissiere 2004; Lockheed and Verspoor 1990; Pritchett and Filmer 1999）。しかし、多くの開発途上国において主要科目における学習教材の不足はいまだに大きな問題である。フランス語圏サブサハラアフリカの10か国での調査は、これらのほとんどの国で、子どもたちが教科書を複数名でシェアしなければいけないという現実を示している（PASTEC 2015）。例えば、チャドでは小学校2年生の9割が一冊の教科書を3人かそれ以上でシェアしている[12]。このように、これらの国における現在の教科書開発、調達、配付システムでは、すべての生徒が公平に教科書にアクセスすることを保障できていない。さらに、教科書が適切な言語で書かれ、かつ教室で実際に使われることを保障する必要もある。ESPは概して、初等及び中等教育における学習教材の不足に対応する戦略を有しているが、そのすべてがエビデンスに基づいているわけではない。

　GPEはESPIGの供与を通じて、途上国での良質の学習教材の供給がエビデンスに基づいてなされるよう支援している。2016年時点で、学習教材の開発、供給を支援するESPIGの割合は76％に達している。これまでにGPEは16億冊以上の教科書が加盟国で配付されるのに貢献している（GPE 2013: 40, 2014: 35, 2015: 34, 2016: 13）。

　例えばトーゴでは、GPEは初等教育向けの新しいカリキュラムの開発と、低学年向けの読解及び算数の教科書及び教員用ガイドブックの支給を支援している。効果的な図書の使い方についての研修モジュールが開発され、教室でどのように図書が使われているか調査されている。最終的には、教科書の制作、印刷、配付さらには実際の使用についての教訓がまとめられ、国の教科書政策に反映されることになっている。

　ニジェールでは、GPEは約700万冊の教科書、そして約125,000冊の教員用ガイドブックの供給を支援している。また新カリキュラムに応じた教科書改訂も支援している。

6.2　指導時間

　学習には教員と生徒がしっかりと交流して（interact）学びを形成していく時間が必要である。しかし、政府によって定められた指導時間は多くの途上国で順守されていない。学校閉鎖、二部制授業、教員の欠勤（absenteeism）、授業時間が学習以外のために使われるなど、様々な要因が指導時間のロスにかかわっている。サブサハラアフリカの7か国から収集されたデータによると、一日平均の予定指導時間が5時間11分なのに対し、実際には2時間53分、つまり、たった半分の時間しか学習指導に充てられていなかった（Wane and Martin 2016）。GPE事務局が調査した41のESPのうち、60％に学校での指導時間のロスに対する政策が含まれていたが、その裏付けとなるデータを示していたのはほんの僅かだった。また3分の1（34％）の生徒が学校で過ごした時間、4分の1（24％）が二部制について記述しているが、教員及び生徒の欠勤（absenteeism）についての情報を示しているのは1割未満、学習時間に関する情報を示しているESPは2つのみだった。

　GPEが資金拠出しているプログラムに関しては、その約4分の1（28％）が指導と学びの質を向上させるための、指導時間の確保を支援している。主な活動としては、教員が教室での時間をより効果的に使うための研修、教員の学習指導の時間等に関する学校モニタリングシステムの構築、教員の欠勤及び指導

時間をモニターするための研修、またデータ収集のための調査が挙げられる。例えばマリでは、GPEは学校運営委員会（SMC）が生徒と教員の出席・欠席をチェックする活動を支援している。

6.3　低学年（early grades）の学習に焦点を当てた支援

　初等教育の最初の数年間において、子どもたちは基礎的な読み書き及び計算スキルを獲得し、これらがその後の継続的な学びを左右することになる。十分な学習時間、適切な授業法及び母語での学習といった条件がこれらの能力を強化していく上で極めて重要となる。低学年で基礎的な学力をつけ損なうことにより、何百万人もの児童たちが基礎的なスキルを獲得する前にドロップアウトしている（UNESCO 2000-2015）。セネガルでの研究によれば、小学校2年の学習成果がその後、小学校を卒業できるかどうかを占うメルクマールとなっている（Crouch 2012）。

　GPEはESPIGを通じて特に低学年における学習成果の改善を支援している。これまでに供与されたESPIGの約半数が低学年の学習を対象にしたコンポーネントを有している。これらの取り組みには、児童・生徒の成績を上げるにあたり効果的と考えられる授業法についての研修、ツールや教材の開発、母語の使用促進、教材の配付、パイロット事業の評価、低学年の学習評価等が含まれる。

　例えばガンビアにおいてGPEは、教員研修、補助教材や図書の配付、授業観察ツールを使用した授業モニタリングの強化、低学年の学習評価を通じて、母国語での低学年向け読解プログラムの実施及び評価を支援している。

　ケニアにおいては、GPEは遠隔地や困難地域の小学校17,000校における低学年向け計算スキル向上の取り組みを支援している。このプログラムでは、教員研修、教材配付、視学の強化、学力調査などが実施されている。

　GPEはまたGRA（Global and Regional Activities）プログラムにおいて、1）ブルキナファソ、ニジェール、セネガルを対象にした低学年読解力強化プロジェクト、2）サブサハラアフリカ8か国を対象にした低学年向けバイリンガル・

パイロット事業、3）パプア・ニューギニアと太平洋諸島国を対象にした幼児教育と低学年読解力強化プロジェクトといった多国間にまたがる事業を実施支援している。

おわりに

　本章では、GPEの途上国の教育セクター支援メカニズムと、そのメカニズムの中で具体的にどのような教員政策支援を行ってきたのかについて概説した。2018年2月には、次の資金フェーズである2018-2020年に向けた資金調達キャンペーン（replenishment campaign）が実施される。GPE加盟国のこれまでの成果が評価され、それに応じてドナー国・機関からの資金供与の程度が決まってくる。途上国及びドナー国・機関双方が、GPE理事会の場を通じ、支援メカニズムの改善・強化を図るために議論を重ねており、GPEはこうした議論を通じて途上国とドナー国がより良い教育モデルを模索する場となっている。またグラントの執行に当たってはその支援分野で最も優位性を持つ機関が資金管理機関（grant agent）として選定され、必要な支援を途上国政府に対して行っており、常に最先端の知見に基づいた支援が実施されるような仕組みがつくられている。教員政策は教育の質を改善していく上での要となる。今後もESPの政策レベル及びプログラム実施レベルにおいて、GPEの技術的及び資金的支援は続き、教員政策への支援はその中心となり続けることが予想される。

　今後の大きな課題としては、これまでも触れてきたように、教育の質的改善を進めるためのデータが圧倒的に不足しているということが挙げられる。児童・生徒の学習成果をいかにすれば高められるのか、ということについて、依然として理解が不足しているのが現状である。こうした点において有効なデータを各国の状況に応じて収集分析し、GPEというパートナーシップを通じて有効な対応策を検討し広めていくことに最大限の努力を払うことが、今後大きく期待されている。

注

(1) 本稿は2017年9月に発表されたGPEのPolicy Brief(GPE 2017) を基に作成した。

(2) GPE 2020 Strategic Plan（GPE 2016).
　　［http://www.globalpartnership.org/content/gpe-2020-strategic-plan］

(3) プールファンドは、いくつかの援助機関が資金をプールし、特定のプログラムに
　　対し拠出するもの。予算支援は対象国の財政システムに直接資金を拠出し、政府
　　予算の一部として運用されるもの。

(4) *Education 2030: Incheon Declaration and Framework for Action.* Proceedings
　　of World Education Forum 2015, Incheon, Republic of Korea.
　　［http://www.uis.unesco.org/Education/Documents/incheon-framework-for-
　　action-en.pdf.］

(5) Transitional Education Sector Plan（TEP）とは、紛争状況など将来的見通しが
　　困難な状況下において策定される、3年程度の短期かつ喫緊の課題に焦点を当て
　　た教育セクター計画を指す。

(6) 2013年の政情不安後、政府予算の拡大が見込めない中で教員需要増に対応するた
　　め、契約教員の増加やコミュニティで独自に採用されている教員の支援策が取ら
　　れた。

(7) 教員組合の世界的連盟。Education Internationalホームページ：www.ei-ie.org

(8) ベニン、コンゴ民主共和国、象牙海岸、ガンビア、ハイチ、リベリア、マリ、ネ
　　パール、セネガル、ウガンダ。

(9) あるいは、児童生徒の学力を向上させられる教員の力量。

(10) これらの市民団体には、コミュニティを主体とした団体、国際あるいはローカル
　　 NGO、教員組合、保護者会、学術研究機関、女性グループ、青少年グループ、お
　　 よびその他の草の根団体が含まれる。

(11) 教育に関わる市民組織の世界的連盟。Global Campaign for Education（GCE）ホ
　　 ームページ：http://www.campaignforeducation.org/

(12) Global Book Fund - Feasibility study.

参考文献・資料
[欧文]

Boissiere, M. (2004) Determinants of Primary Education Outcomes in Developing Countries, background paper for the evaluation of the World Bank's support to primary education, Washington, D.C.: World Bank.

Crouch, L. (2012) Why Early Grade Reading: An Economist's Perspective, presentation given at All Children Reading Workshop, Kigali, Rwanda, February 28, 2012.

Global Partnership for Education (GPE) (2013) *2013 GPE Portfolio Review*, Washington, D.C.: Global Partnership for Education, p.40.

―――― (2014) *2014 GPE Portfolio Review*, Washington, D.C.: Global Partnership for Education, p.35.

―――― (2015) *2015 GPE Portfolio Review*, Washington, D.C.: Global Partnership for Education, p.34.

―――― (2016) *Portfolio Review 2016 Report*, Washington, D.C.: Global Partnership for Education.

―――― (2017) *GPE's Work in Teaching and Learning*, Washington, D.C.: Global Partnership for Education.

Hanushek, E. A. and S.G. Rivkin (2010) Generalizations about using value added measures of teacher quality, *American Economic Review*, 100 (2): 267-271.

Hanushek, E. A., J. F. Kain, D. M. O'Brien and S. G. Rivkin (2005) The Market for Teacher Quality, *NBER Working Paper*, 11154.

Lockheed M. and A. Verspoor (1990) *Improving Primary Education in Developing Countries, A World Bank Study*, Washington, D.C.: World Bank.

PASEC (2015) *PASEC 2014: Education System Performance in Francophone Sub-Saharan Africa: Competencies and Learning Factors in Primary Education*, Dakar: CONFEMEN.

Pritchett, Lant and Deon Filmer (1999, April) What Education Production Functions Really Show: A Positive Theory of Education Expenditure, *Economics of Education Review*, 18 (2): 223-39.

Rockoff, J. E. (2004) The impact of individual teachers on student achievement: evidence from panel data, *American Economic Review*, 94 (2): 247-252.

Sanders, W. L . and J. C. Rivers (1996) *Cumulative and residual effects of teachers on future student academic achievement*, Research Progress Report, Knoxville: University of Tennessee Value-Added Research and Assessment Center.

UNESCO（2000-2015）*Education for All Global Monitoring Report: Education for All*, Paris: UNESCO.

―――（2015）*EFA Global Monitoring Report: Education for All 2000-2015: Achievements and Challenges*, Report, Paris: UNESCO.

―――（2016）*UIS factsheet.*

〔http://www.uis.unesco.org/Education/Documents/FS39-teachers-2016-en.pdf.〕

Wane, Way and Gayle Martin（2016）*Education Service Delivery in Tanzania*, Washington, D.C.: World Bank.

第12章

米国国際開発庁（USAID）による協力

―内容分析からみる教員の位置づけ―

マーク・ギンズバーグ

USAIDによるリベリア教員訓練プログラム（LTTP）の講師研修の受講者たち（©AED：Academy for Educational Development）

はじめに

　2015年9月25日、国連総会で17の目標からなる「持続可能な開発目標（Sustainable Development Goals: SDGs）」が採択された。SDGsでは、目標4（以下、SDG4）として「すべての人に包摂的かつ公正で質の高い教育を保障し、生涯学習の機会を向上させる」ことが掲げられた。また、SDG4の下には、7つのターゲットと3つの実施手段（means of implementation）が設けられ、3つの実施手段の中には、「4c：2030年までに開発途上国、特に後進開発途上国及び小島嶼開発途上国における教員研修のための国際協力などを通じて、質の高い教員の数を大幅に増加させる」が含められた（UN 2015）。

　SDGsの策定過程では様々な文書が参照されたが、なかでも2015年5月に韓国の仁川市で開催された「世界教育フォーラム2015」で採択された合意文書「仁川宣言」が重要な役割を果たした（UNESCO et al. 2015）。「Education 2030：包括的かつ公正な質の高い教育及び万人のための生涯学習に向けて」と題された「仁川宣言」のターゲット4c項に記された以下の文章はSDGsの実施手段の項目に反映されている。

　　教員はすべてのEducation 2030アジェンダ達成の鍵である。それゆえ、本目標は大変重要なものであり、急を要する事案であり迅速な対応を要求する。（中略）質の高い教育を保障する基本的条件は教員にある。ゆえに、教員はエンパワーされ、必要数採用され、適切な報酬を与えられ、十分に動機付けられ、必要な職業資格を保有し、十分な資源のもと効率的かつ効果的に統治されるシステムによって支援されるべきである。（UNESCO et al. 2015: 21）

「仁川宣言」では以下のようにも述べている。

　　教員政策や規則は、教員がエンパワーされ、必要数採用され、適切な報酬が与

えられ、十分に訓練され、職業資格を保有し、十分に動機付けられ、教育システム全体の中での公正かつ効率的に配置されつつ、十分な資源のもと効率的かつ効果的に統治されるシステムによって支援されることを保障するために策定されるべきものである。（UNESCO et al. 2015: 8-9）

また、「仁川宣言」は、「教員や教育者と彼らの所属組織とは、互いの権利のもと重要な関係性にあり、政策策定、計画、実施、モニタリングのすべての段階に関与すべきである」（UNESCO et al. 2015: 24）と明言している。

本章では、米国政府の国際協力に関する主要戦略文書において、教員政策に関しどのような重点政策が掲げられているかについて考察する。具体的には、米国政府の国際協力機関である「米国国際開発庁（United States Agency for International Development: USAID）」の主要な戦略報告書のうち、以下の文書の内容分析を行った。

- USAID（1998）*U.S. Agency for International Development USAID's Strategic Framework for Basic Education in Africa.*
- USAID（2005）*Improving Lives through Learning: USAID Education Strategy.*
- USAID（2011）*Education Opportunity through Learning: USAID Education Strategy.*

第1節　教員政策の構成要素

EFA国際教員タスクフォースによる「教員政策策定ガイド（Teacher Policy Development Guide）」（International Task Force on Teachers for Education for All, 2015: 13-14）では、「強い政治意思と実務能力の下に実施される包括的かつ国家規模の教員政策が、教育に対して国が行いうる最大の投資である」と述べられている。この報告書によると、包括的な教員政策を実施するには以下の9つ

の要素に対する取り組みが必要となる。

- 採用と人材確保（リテンション）
- 教員養成と継続的な教育
- 配置
- キャリア制度／キャリアパス
- 雇用と労働環境
- 報酬と給与
- 基準（スタンダード）
- 学校運営
- アカウンタビリティ

　　　　（International Task Force on Teachers for Education for All 2015: 20）

　本章における分析にあたり、筆者が2012年に行った世界銀行の戦略文書の分析結果との比較を行うため、教員政策にかかる上記の9つの構成要素の再編を行った（Ginsburg 2012）[1]。具体的には、本章で分析する3つのUSAIDの戦略文書における教員（teacher）及び教授（teaching）についての記載内容を、以下の8つの教員政策の構成要素ごとに分類する作業を行った。

- 教育と学習のための人的資源（投入財、採用、配置、人材確保、出勤・欠勤状況、教員対生徒比率、必要な知識とスキルを適切に備え資格を有すること）
- 被雇用者（雇用・解雇に関する問題、給与、諸手当、労働環境、キャリア制度、スタンダード（評価基準）、監督、評価／アカウンタビリティ）
- 教室内のアクターの一員（指導、授業計画、学習評価、生徒との関係性）
- 学校職員の一員（学校運営、意思決定、コミュニティとの関係性）
- 職業集団・教員組合の一員（組織運営への参加、社会・政策対話への参加、団体交渉、ストライキ）
- 教員育成プログラムの受講者

- 現職教員研修・訓練の受講者
- 学習者・探求者

　以下、1.1から1.7においては、本章の分析に用いるこれらの8つの教員政策のカテゴリーについて簡単に説明する。

1.1　人的資本投入財（Human Resource Input）としての教員

　EFA国際教員タスクフォース（International Task Force on Teachers for Education for All 2015: 13）は、「教員（teacher）と教授（teaching）が政策決定者の最大の関心事項であるべきである」と考える主な理由の一つとして、教育に関する人的資源と教育予算における教員の中核的位置付けを挙げている。すなわち、「教員は公務員の大多数を占めており、いかなる教育システムにおいても主要な人的資源であり、かつ教育省予算の最大の費目である」ためと述べている。筆者が、過去に世界銀行の教育セクター戦略報告書（World Bank 1995, 1999, 2011）の内容分析を行った際、そこでは、教員を、人的資本、つまり、生徒の学習成果を向上させるための人的資源の「投入財」として強調していることが明らかになった（Ginsburg 2012）。例えば、世界銀行の2011年の文書では、「教育システムには以下のような核心となる政策領域が含まれる。それは、a）（中略）教員の採用・配置・給与・待遇に関する法律や規制、b）公的財政がどのように配分され使用されるか、c）学校が（中略）どのように設立され管理されているか」（World Bank 2011: 17, 傍点筆者）が挙げられており、引用文中でも教員に関する政策は金融資本や固定資本である建物と同列に扱われている。この分類では、教員を人的資本投入財としてみなす以外にも、教員の採用・配置・継続的確保も投入財と位置付けているほか、教員が実際に学校にいるか否か、すなわち教員の出勤や欠勤状況もこのカテゴリーに含めている。加えて、教員の資格や知識・スキル等の人的資本投入財の「質」にも着目している。

1.2　被雇用者としての教員

　教員を人的資本投入財と捉えるならば、教員を被雇用者と捉えることもできる。人的資源として教員を教育システムに投入するには、教員を雇用し（もしくは解雇し）、給料や付加給付を与え、また勤務環境を整備する必要がある。被雇用者としての分類では、教員の業務の監督・評価と並び、キャリア制度や業務遂行基準にも着目する。例えば、EFA国際教員タスクフォース（International Task Force on Teachers for Education for All 2015: 24）では、「退職年金や社会保障を含む基本給に加え、責任手当、家族手当、住居提供や住宅補助、交通費補助、入職後の継続教育への金銭的支援など給与に含まれる報酬パッケージ」を挙げている。

1.3　教室のアクターの一員としての教員

　教員の専門的役割というと多くの場合、教室やその他の学習空間での教員の活動が注目される。この活動にはカリキュラムに関する意思決定や授業計画、教材開発や選定、教育や教授、学級運営や規律の確立、学習者評価が含まれる（Ginsburg et al., 1995）。例として、経済協力開発機構（Organisation for Economic Cooperation and Development: OECD）による「国際教員指導環境調査（Teaching and Learning International Survey: TALIS）」は、教員を「学校におけるその主要な活動が授業の実施を含む様々な学習者への指導を仕事とする者」（OECD 2014: 28）と定義している。これらのことが教員の重要な役割であることは疑う余地もない。1966年にILOとUNESCOが発表した「教員の地位に関する勧告」（Recommendations Concerning the Status of Teachers）においても、「教育の進展は（中略）、ひとえに教員自身の人間性、教育方法や技能にかかっている」（ILO/UNESCO, 1966: 6）と述べている（Craig et al. 1998; Darling-Hammond 2000; Good et al. 2009; Leu and Ginsburg 2011; Leu and Price-Rom 2006; Mulkeen 2010; OECD 2005; Schwille and Dembélé 2007; UNESCO 2004; World Bank Education Team 2011等参照）。

1.4　学校職員としての教員

　教員が学校の中で発揮するリーダーシップもまた広く着目される。Harrison
とKillion（2007: 74-77）は、教員が同僚と協働する上での10の「学校を成功に
導く教員の役割」を記した。それらは、資源の供給者、授業の専門家、カリキ
ュラムの専門家、学級支援者、学びのファシリテーター、メンター、学校のリ
ーダー、データ分析者、変革のための触媒、である。OECD（2011: 56）におい
ても、「学校という場での教員の関わりが重要であり、『教員が〈学びの共同
体〉の一員として学びの現場で変化をもたらす責任を全うすること』」を強調
している。

1.5　職業集団・労働組合の一員としての教員

　教員の役割は学校外にも及ぶ。1966年にILOとUNESCOが発表した「教員
の地位に関する勧告書」は、「教員組合は教育の進歩に大きく貢献するものと
認識されるべきであり、教育政策の決定に参画すべきである」と提言している
（ILO and UNESCO 1966: 9）。世界銀行の教育チーム（World Bank Education
Team 2011: 12）もまた、「教員組合は教員の労働環境の改善のみならず、カリ
キュラム、義務教育の期間、学級規模、学校財政や学校運営等の重要な教育政
策の意思決定にも影響を与え得るものであろう」という見解を示している。加
えて、デンマーク、香港、マケドニア、オランダ、トルコ、米国における調査
の結果は、教員が「教育システムの政策の方向性を決定付ける影響力を保有す
ることが何よりも重要である」（Bangs and Frost 2012: 15）と示唆している
（Bangs and MacBeath 2012; Bascia and Rottman 2011; Bourgonje undated; Day et
al. 2007; Education International 2007; Ginsburg 2016; OECD 2005 , 2011; Robertson
2013; Williams and Cummings 2008等参照）[2]。教員が政策や社会対話に参加する
ことは、単にその専門的な実践に基づく見解をそうした政策や社会対話の場に
生かせるというだけでなく、教員が改革を遂行する上でのコミットメントを高
められるという点においても重要である。OECD（2005: 51）は、「教室で首尾
よく行われた改革のみが効果的である。それゆえ、教員の教育改革への参加が

重要であり、学校改革はボトムアップ型で行われなければその効果は見込めない」と述べている（Altinyelken and Verger 2013; Ginsburg 2016; International Taskforce on Teachers for Education For All 2014 も参照）。

1.6　教員養成及び現職教員研修の受講者としての教員

　教員として学ぶということは、長期にわたるプロセスであり、a）観察による徒弟期間、b）正規の教員養成期間、c）初任者教員期間、d）継続的職能開発（continuing pfrofessional development）や現職教員研修の期間等、様々な段階を経るものである。SchwilleとDembélé（2007: 29-33）によれば、

　　教員自身の学びは観察による徒弟期間から始まる（中略）（Lortie 1975）。これは自らの初等教育から中等教育及びその後の教育段階までの間に、教員の仕事を観察して学ぶ期間である。（中略）その次の段階は、（中略）一般的に教員養成の初期段階とされる教員養成の期間である。（中略）そして、＜次の段階が＞初任者教員期間である。この段階はフォーマルあるいはインフォーマルなプロセスによって、教員としての役割に適応し、実践者として学び始める期間である。（中略）＜最後は＞教員がそのキャリアを終えるまで学び続ける段階である。これが専門的職能開発（あるいは現職教育）の期間である。(Ginsburg 2013; Hardman et al. 2011; International Taskforce on Teachers for Education For All 2014; Leu and Ginsburg 2011; OECD 2005 も参照)

　教員養成及び現職教員研修プログラムの主たる狙いは、教室内での教員の果たすべき役割への備えである。一方でまた、教員の知識やスキルを伸長したり、学校での様々な職務を全うするほか、政策策定や社会対話への参加を通じた職業集団や教員組合組織の一員としての役割を効果的に担うことを狙いとすることも可能である（Ginsburg 2016）。本章でUSAIDの戦略報告書を分析するにあたっては、教員養成と現職教員研修受講を一括りにせず識別して考察する作業を行った。一方、今回の分析では観察による徒弟期間について書かれてい

る文書を参照しておらず、かつ、初任者教員期間を現職教員研修の一環として
捉えているため、これらについては個別の分析を行わないこととする。

1.7　学習者・探求者としての教員[3]

　筆者が行った世界銀行の教育戦略文書に対する分析からは、1995年と1999
年の戦略文書では教員を学習者・探求者として捉えている記述は極めて少な
く、2011年の戦略文書においては、万人のための学習（Learning for All）と題
されていながら、学習者・探求者としての教員についてはまったく触れられて
いなかったことが明らかとなった（Ginsburg 2012）。世界銀行の文書の分析の
際と同様、本章におけるUSAIDの戦略文書の分析においても、「学習者・探
求者」としての教員という分析カテゴリーを用いることにする。その理由は、
分析対象のうちの2つの戦略文書「Improving Lives through Learning」
（USAID 2005）、「Education Opportunity through Learning」（USAID 2011）に
おいて、「学習（learning）」がそのタイトルに含まれていることに加え、教育
や教師教育に関する先行研究において「学習者・探求者」としての教員の位置
づけが注目されてきたからである。

　例えば、Peter Sengeの1990年の著書『The Fifth Discipline: The Art and
Practice of the Learning Organization』では、教育におけるリーダーを、ビジ
ネスや他の職業と同様に扱っている。その後2000年に発表された『Schools
that Learn: A Fifth Discipline Fieldbook』では、さらに教育者と教師教育を行
う者に対するSengeの考えがより強く打ち出されることとなった。
Westheimer（2008）が考察しているように、Sengeはまず「アメリカ企業に
『学習組織（learning organizations）』としての発展を促し」（Senge 1990: 768）、
その後、教育改革者に「個人、集団にかかわらず皆が取り組み、気付きや能力
の継続的な成長・拡大を図るという考えを学習の合意点として、（中略）学校
を基盤とした有効な学びの共同体を創造する」（Senge 1990: 762）ように勧め
た。さらに、Westheimer（2008: 756）は、『Handbook of Research on Teacher
Education』の中の「Learning among Colleagues」で、「教員は、自らに生産的

な学習環境がない状況では生徒のためにそのような学習環境を創造し維持することはできない」と、根拠を示しつつ述べた。加えて、Cochran-SmithとDemers（2010）は、『Teachers as Learners: Critical Discourse on Challenges and Opportunities』の中の「Research and Teacher Learning: Taking an Inquiry Stance」で以下のように述べている。

　　教員を学習者として捉えることの中核には（中略）、教師教育者やその他のパートナー、先輩・後輩という同僚教員（中略）の協力を得て学ぶということがある。学習者コミュニティでは全員が学習者・探求者であって、知識豊富な専門家と知識を求める者から成るコミュニティではない。学習者コミュニティは常に問題提起を行い、データを収集・分析し、それらを指導や授業実践に生かすことを目的に創られるものである[4]。(Cochran-Smith and Demers 2010: 34)

第2節　米国政府の教員政策に対する考え方を理解する源泉としてのUSAID

　米国国際開発庁（USAID）は1961年にジョン・F・ケネディ政権の提案に基づいて上院と下院によって可決された対外援助法をもとに設立された。対外援助法によって既存の様々な対外援助機関や援助プログラムが統合されることとなった。それまでは諸外国の経済等の発展を主目的とする専門機関は存在していなかった。USAID設立以前、米国の国際開発プログラムは、1940年に「中南米の経済安定、食糧供給、保健衛生面における技術支援を行うため」に設立された米州問題局（Office of Inter-American Affairs）によって実施されていた。1950年には国務省内に「世界中の発展途上国の成長を支援するため技術・知識を提供する」目的で技術協力局（Technical Cooperation Administration）が、1955年には「対外援助と共産主義の封じ込めを行うため」に国際協力局（International Cooperation Agency）が設立された（USAID 2017）。
　U.S. Diplomacy（2017）のウェブサイトでは「USAIDは地理的に5つに分け

て、ヨーロッパ・ユーラシア圏、ラテンアメリカ・カリブ圏、サブサハラアフリカ圏、アジア圏、近東圏の100か国以上で援助プログラムを展開している。ワシントンD.C.に本部を置くUSAIDは3,500を超える米国企業と米国に拠点を置くボランティア組織300以上と連携している。また、現地組織や大学、国際機関、その他の米国政府機関や外国政府とも協力関係にある。〈2008年のバラク・オバマ政権以降〉それまで多くの援助プログラムを契約機関に受注する形で実施をしていた形態を改め、直接雇用のスタッフを増加させた」と記されている。

　McNiff（n.d.: 1）は、「USAIDの設立は2つの対外援助論に基づいている。1つ目は、経済発展が、貧困削減、民主主義の拡大、ジェンダー問題の解決及び市場の拡大にが欠かせないこと。2つ目に、1960年代の冷戦期に国の安全保障上の利益を保護するにあたって、発展途上国を巡るソビエト連邦との戦いに対抗するために多額の対外援助費を要することであった」と述べている。前USAID理事であったNatsios（2010: 3）は、USAIDが遵法責任者の下、連邦法と様々な法規のもとでのアカウンタビリティの枠組みに基づき目標全般の遂行に挑んできたことについて以下のように説明している。

　　遵法責任者はよく技術専門家との間で、あらゆる予測や対策、リスク回避において衝突する。（中略）実際問題として、これはリスクを減らし、より（連邦行政が定義するような）効率性を改善し、あらゆる事柄を適切に記録することを優先するために、現地のオーナーシップ、制度構築への支援、意思決定の分権化、長期的計画、持続性の担保などの良好な開発援助の習慣を損なうことを意味する。

　このような歴史的経緯や特徴を持つUSAIDにおける「教員」や「教授」の位置付けを考察するために本章では、以下の3つのUSAIDによる戦略文を分析する[5]。

- USAID（1998）*USAID's Strategic Framework for Basic Education in Africa.*

- USAID (2005) *Improving Lives through Learning: USAID Education Strategy.*
- USAID (2011) *Education Opportunity through Learning: USAID Education Strategy.*

このうち、「アフリカの基礎教育に関する戦略的枠組み（Strategic Framework for Basic Education in Africa）」と題した戦略文書では、「政治システムがより多元的で開かれた社会に移行しており、経済成長につながる経済改革に着手している国家群」に焦点を当てている。また、「様々な危機からの復興を遂げつつあり、こうした国家群に移行するという合理的期待がなされる国々にも適用される」としている（USAID 1998: 3）。加えて、この戦略的枠組みでは以下のように述べられている。

> USAIDの使命は、持続可能な開発の促進である。USAIDでは持続可能な開発を「当事国の資源を保全し、経済、文化、自然を敬い保護し、企業のビジネス機会を創造し収入を向上させ、有効な政策環境の下で培われ、その国の市民の参加を促しエンパワーする現地機関を構築するような経済的・社会的成長」と定義している（USAID 1995）。この使命の裏には、最も貧しい国々とその国々で軽視されてきた大多数の人々（女性、農村住民、障害者、脆弱な人々）に、持続可能な開発の過程への参加と便益の享受の機会を提供することの必要性が秘められている。(USAID 1998: 11)

USAIDのこの戦略的枠組みは、「最も重要な戦略は、被支援国が自ら保有する資源を活用し、持続的で質の高い基礎教育をすべての子どもたちに提供できるよう支援することである。多くの人が質の高い初等教育と基礎的教育スキルの習得に公正にアクセス可能となることが、USAIDの人的資源開発における目標の中核である」（USAID 1998: 11）と述べている。

USAIDの2005年教育戦略（Education Strategy）では、「開発への注目が教育

の役割の重要性を浮きだたせた。（中略）そのためUSAIDは、教育と職業訓練を健康・教育・環境・その他の世界の人々の状況の改善、民主主義の進展とグッドガバナンスの促進、立ち退き、紛争や自然災害の被害者の減少等の、経済発展と安全保障の実現に向けた戦略的取り組みの一部であると位置づける」（USAID 2005: 1）と述べられている。このように、USAIDは教育における全体目標を、市民の発展の途上にある国で自由かつ実りある社会を構築し暮らすためのスキルや知識を得る手助けをすることとしている。そして、USAIDは教育プログラムを以下の2つの相補的な目標に焦点を当てるものであると述べている。

- 質の高い基礎教育への公正なアクセスを促す。（中略）基礎教育は、資金額とプログラムの両面において、今後もUSAIDの教育分野における中心であり続ける。
- 基礎教育の先へ。USAIDは基礎教育の先にある労働力開発や高等教育にも力を入れ、生産性向上のための知識技能の向上を目指す。（USAID 2005: 7）

　USAIDの2011年の教育戦略は、「教育は人材開発の基盤で、経済成長や民主的統治に極めて強く結び付くとする開発の理論的仮説に依拠している。（中略）教育は、裾野の広い経済成長（broad-based growth）を通じ成長の便益が最貧層にまで到達することを可能とする。経済成長のインパクトを通じ、教育は民主主義への移行と確固たる民主政治の定着にも作用する。また、教育は、健康の改善にも貢献する。教育へのアクセスは、教育的インパクトを発現する上での重要な前提条件であるが、その次に重要なことは教育の質である」（USAID 2011: 1）と述べている。また、2011年の教育戦略は、以下のようにも続けている。

　USAIDは資金可用性と上記の政策原則から、次の3つのグローバル教育目標を設定している。

- **目標1**：2015年までに1億人の初等教育学齢期の子どもたちの読解能力を向上すること
- **目標2**：各国が掲げる開発目標の実現に必要な技能を備えた労働者の育成に資する高等教育と職業訓練を改善すること
- **目標3**：2015年までに被災地や紛争地にいる1,500万人の学習者が教育への公正なアクセスを得られるようにすること（USAID 2011: 1）

第3節　3つのUSAID戦略文書の内容分析の結果

　以上の3つのUSAIDの教育戦略文書のいずれにおいても、第2節で紹介したようなそれらの中心的記述において、教員（teacher）や教授（teaching）についての直接の言及はなされていなかった。そのため、これら3つの文書の全文を対象とし、この2つの用語が使用された頻度とその用法を分析することとした。

　表12.1はUSAIDの戦略文書の量的内容分析を行った結果を示している。1998年と2005年の文書全体で平均して、教員（teacher）や教授（teaching）という用語は、1ページ当たり1回程度（正確にはそれぞれ0.985回と1.16回）用いられていた。しかし、2011年の文書では1.85回とおおよそ1ページに2回用いられていた。すなわち、教員（teacher）と教授（teaching）は、いずれの報告書においても注目されている項目であると言える。このことを踏まえつつも、より重要なことは、3つの文書がこれらの2つの用語を如何なる意味において記載しているのかを考察することである。

　表12.1が示す通り、分析対象の文書中、教員（teacher）と教授（teaching）という用語は、45.9％から63.6％の割合で、教育のための人的資源として（主に採用される、配置される、継続的に雇用される投入財として）[6]、あるいは、被雇用者としての教員（主に監督・評価される対象として）[7] という意味で用いられていた。例として、以下に教員を人的資源として記された抜粋文を示す。

表12.1　分析対象のUSAIDの戦略文書中における教員（Teachers）の分類ごとの記載頻度と割合

	Framework for Basic Education in Africa (USAID 1998)	Improving Lives through Learning (USAID 2005)	Education Opportunity through Learning (USAID 2011)
教員の分類	教員（teachers）と教授（teaching）が用いられた回数（全体比）		
教育と児童生徒の学習のための人的資源（投入財、採用、配置、人材確保、出欠状況、教員対生徒比率、知識やスキル）	19 (29.7%)	9 (40.9%)	8 (21.6%)
被雇用者（雇用・解雇、給与、諸手当、労働環境、キャリア制度、スタンダード、管理・監督、評価・アカウンタビリティ）	13 (20.3%)	5 (22.7%)	9 (24.3%)
教室の一員（指導、授業計画、学習評価、児童生徒との関係）	10 (15.6%)	3 (13.6%)	10 (27.0%)
学校職員（ガバナンス、意思決定、コミュニティとの関係）	5 (7.8%)	0 (0.0%)	1 (2.7%)
職業組織・教員組合の一員（組織運営への参加、社会・政策対話への参加、団体交渉、ストライキ）	7 (10.9%)	0 (0.0%)	0 (0.0%)
教員養成の受講者	2 (3.1%)	4 (18.2%)	1 (2.7%)
現職教員研修の受講者	8 (12.5%)	1 (4.5%)	8 (21.6%)
学習者・探求者	0 (0.0%)	0 (0.0%)	0 (0.0%)
教員（teacher）あるいは教授（teaching）が用いられた合計回数（1ページ当たりの使用回数）	64 (0.985)	22 (1.16)	37 (1.85)
分析した報告書のページ総数	65	19	20

- 適切な学級規模で十分に訓練された**教員**や設備、充足した教材教具が備わった教育システムの拡大が効果的な教育システム実現の基盤となる（USAID 1998: 56）。
- HIV／エイズの蔓延は、（中略）すべての教育段階において、**教員**や教育機関の管理者に多数の死者を出している（USAID 2005: 5）。
- 自然災害や、紛争のような人為的に発生させられた政情不安等の直後の期間は、（中略）システムの立て直し（もしくは構築）にとって大変貴重な機会であ

る。（中略）こうした立て直しには、教育サービス復元のための教育システムの復興や**教員**の復職が含まれる（USAID 2011: 15）。

また、次の抜粋文では教員を被雇用者として分類している。

- より質の高い現職教員訓練と**教員**への適切な労働条件の付与、教員への支援、教材の提供が授業改善に必要である（USAID 1998: 22）。
- 公的に支給される教科書代を家庭から徴収することや児童の出席ごとに学費を課すこと、**教員**の欠勤等、学校ではあらゆる小さな汚職が行われている（USAID 2005: 5）。
- 多くの国では、**教員**給与は公的教育支出の大部分を占めており、図書やその他の教材教具への余力はほとんどない（USAID 2005: 5）。
- 政策立案者、学校管理者、**教員**、生徒、保護者に対し、特定の行動を引き出すような動機付けを行うことが教育の質の改善に必要となる（USAID 2011: 2）。
- 多くの途上国では、**教員**の欠勤率の高さと教員スタンダードや評価の未整備が低い学習成果につながっていることが複数の調査によって示されている（USAID 2011: 11）。

表12.1が示す通り、教員（teacher）と教授（teaching）という用語は、多くの場合、教師教育の文脈で記されていることがわかる。特筆すべきは、2005年の報告書では教員養成（18.2%）は現職教員訓練（4.5%）よりも注目されていたのに対して、1998年と2011年の報告書では教員養成（各3.1%、2.7%）よりも現職教員訓練（各12.5%、21.6%）の方が注目されていたことである。以下に報告書中、入職前後の訓練についてどのように述べられていたかを記す。

- 基礎教育分野におけるUSAIDの支援は、カリキュラムや教材、**教員**養成を通じ、当該国の人口、USAID職員の派遣者数、当該国の人々の健康・栄養状態、自然資源と密接に関連付けられているべきである（USAID 1998: 40）。

- 授業改善は複雑な課題であり、技術協力による現地の**教員訓練**機関の強化や〈**教員の**〉現職訓練機会の増加、教師教育の改善（中略）等の多様な介入を要する（USAID 2005: 9）。
- 次の活動は初等教育段階での読解力向上のための学習環境改善の実例である。（中略）それは、**教員**や校長の専門的職能開発の手助けとなる……（USAID 2011: 11）。

さらには、驚くことではないが、教員（teacher）と教授（teaching）という用語が高確率で、教員の教室内での役割（特に授業の面で）に焦点を当てて用いられていることが表12.1で示されている。1998年や2011年の戦略文書では、教員の教室内での役割に関する記述は、それぞれ15.6%と27.0%を占めていた。2005年の報告書においても人的資源と被雇用者の分類に次いで多いカテゴリーであった。教室内での教員の役割に着目した抜粋文を以下に記す。

- USAIDの基礎教育システム改革への支援は、（中略）学校運営への住民参加や、暗記よりも児童生徒の質問を促すような**教授**法の変革、政策対話の促進を含む（USAID 1998: 40）。
- 授業の改善は複雑な課題であり、（中略）学習プロセスに学習者を巻き込んだ適切な**教授**法の採用の促進（中略）等、多面的な介入を要する（USAID 2005: 9）。
- 読解をはじめ、全国規模での学習成果改善には次の4つへの同時的介入を要すると広く認識されている。（1）教室での**教授**と学習……（USAID 2011: 10）。

一方で、教員（teacher）と教授（teaching）という用語は、学習者あるいは探求者としての教員を指すものとして用いられてはいなかった[8]。教室の外での教員の役割について記されているのは、1998年の文書のみであった。同文書では、教員（teacher）と教授（teaching）という用語について、PTAの一員などの形で学校職員としての役割に焦点を当てて言及している箇所が7.8%、専門組織や教員組合の一員（学校運営や政策対話、または地方及び中央政府機関

の関係者）としての役割に関する言及箇所が10.9％であった。また、2005年の文書ではいずれのカテゴリーについても一切言及がなされていなかった。2011年の文書では1度だけ（2.7％）、教員の学校職員としての役割が記述されているにとどまっている。以下は対象文書の中で教員を学校職員の一員として述べている一例である。

- 学校の内部こそが、教育システムを構成するすべての要素が集合する場であり、学校長や**教員**の相互の関わりや児童生徒との関わりを通じ、教育や学習の質が決定付けられる（USAID 1998: 18）。
- 学校を基盤としたプログラムは（中略）、以下の要素を1つまたはそれ以上含むものである。すなわち、（中略）コミュニティが**教員**や児童生徒との協力の上、校内の水質、トイレ、清潔性の改善を通じ学校環境改善を図り、学校が良質な保健衛生環境にあるというメッセージを広く伝えること等を含む（USAID 1998: 62）。
- 多くの子どもの読解能力の改善には、親の関与だけではなく、公的な支援や（中略）、PTA等の（中略）コミュニティや市民社会団体による積極的な関与が必要となる（USAID 2011: 11）。

次に教員を専門組織・教員組合の一員として述べている記載箇所を抜粋する。

- 国内に参加、対話、交渉の場や仕組みが皆無あるいは未整備のことが多い。伝達手段が希薄化していて、保護者や**教員**でさえ教育に関する政策対話について知らなかったり不満や意見を政策決定者に投げかけることができていない場合が多い（USAID 1998: 27）。
- 効果的な地方分権化を行うことは時間を要するとともに複雑である。そして、初期段階には、すべての関係者・組織（中央・地方政府、NGO、**教員や教員組合**、保護者、コミュニティ組織、市民社会など）から理解や同意を得る必要がある（USAID 1998: 61）。

第4節　3つのUSAIDプログラムにおける教員に関する目的の分析結果

　USAIDの教員に対する意味づけについてさらなる考察を加えるため、USAIDの資金協力によって実施された教員と教師教育に焦点を定めた3つの国際協力プログラムの目的や成果の記載内容に対する考察を行った。分析に際し、各地のUSAID事務所がそれぞれの国での実施にあたり作成したプログラム実施計画書を参照した。

1) USAIDエジプト事務所は、教育改革プログラム（Education Reform Program: ERP）の実施計画書を2003年に発表している。同プログラムは、2004年から2009年にわたり実施され、a）英語教育プログラムⅢ（English Language Program-Ⅲ、後に教育システム支援：Education System Supportに改名）と、b）教育学部改革、の主要な2つの活動に焦点が当てられている（USAID/Egypt 2003）。

2) USAIDパキスタン事務所は、教員養成プログラム（Preservice Teacher Education Program: Pre-STEP）に関する実施計画書を2008年に発表している。同プログラムは2008年から2013年にわたり実施された（USAID/Pakistan 2008）。

3) USAIDリベリア事務所は第2フェーズに入ったリベリア教師教育プログラム（Liberia Teacher Education Program: LTTPⅡ）の実施計画書を2010年に発表した。同プログラムは2010年から2015年にわたり実施され、a）政策、マネジメント、監督の側面からの教師の専門的能力開発の改善と、b）教員能力向上と教員養成スタンダードの履行に対する教育省の業務遂行能力向上、の主要な2つの事柄について記載されている（USAID/Liberia 2010）。

　表12.2ではこれら3つのプログラムの主要な目的と期待された成果を記した
ものである。表から見て取れる通り、これらのプログラムは教員スタンダード
構築等に係る政策策定、国家あるいは組織レベルのシステム強化、教員養成及
び現職教員教育プログラムの構築や実施に重点を置いている。特に、教師教育
に関しては、教員が教員養成及び現職教員研修プログラムを受けられるための
努力を支援することを重視していることが明らかである。加えて、エジプトの
教育改革プログラムでは、その目的に「教員が学習者中心教育と評価方法に基づ
いた教員養成と現職教員研修を受けられるようにすること」と明記されている。

表12.2　3つのUSAID教育プログラムにおける教員に関連する目標

教員改革プログラム／Education Reform Program（USAID/Egypt 2003）
・〈教員の〉評価基準の策定、モニタリング、適用
・学習者中心の教育アプローチのニーズに合うように教育手法や教材を改善し、教員養
　成のカリキュラムや評価制度を改革するため、教育学部を支援
・学校レベルでの教員研修の計画、運用、観察と評価を実施し、学校を基盤とした教員
　研修を支援するためのより大きな役割を果たすよう、現職教員研修センターの能力強
　化を図る
・学習者中心の教育・評価アプローチに向けた教員養成プログラムと現職教員研修を教
　員へ提供

教員養成プログラム／Preservice Teacher Education Program
（USAID/Pakistan 2008）
・教員、教師教育者、校長を支援するシステムと政策の改善
・高等教育委員会と教育省関連部局が、教員養成課程のスタンダード、カリキュラムや
　モジュールの作成・改訂、評価を実施できるよう支援
・初任者・現職教員双方に向けた新しい教育カリキュラム実施のための計画作成

リベリア教師教育プログラムⅡ／Liberia Teacher Training Program Ⅱ
（USAID/Liberia 2010）
・教員養成や教員の継続的職能開発の計画・管理における教育省の能力強化
・効果的で質の高い教師教育を実施するための地方の教員養成機関の能力向上
・質の高い教育と学校や教室レベルの改革に直結する訓練戦略を加えて改良された教員
　養成及び現職教員訓練プログラムの実施
・C判定を受けた現職教員に対する訓練の継続

おわりに

　本章のまとめとして以下の2点を強調したい。まず、第一に、USAIDの教育戦略文書は主として教員を人間としてではなく人的資本・資源とみなしている点が挙げられる。第二に、USAIDの戦略文書で描かれている教員は、政策の実施者として位置付けられており、あらゆる教育政策における対話や判断を行うべき重要なステークホルダーとしてはみなされていないことが指摘される。

教員を人的資本としてみなすか、一人の人間としてみなすか

　筆者は過去に行った世界銀行の教育戦略文書の分析（Ginsburg 2012）において、世界銀行の文書では、教育は人的資本の開発に貢献するという見解が最も強く打ち出されていることを明らかにした（例えば、Psacharopoulos 1995; World Bank 1995, 1999, 2011等参照）。それは世界銀行という組織の成り立ちを考えれば、特に驚くに値しないことである。そして、読者諸兄が想像される通り、本章の考察からは、USAIDの教育戦略文書においても、世界銀行と同様に、人的資本論に基づき児童生徒を未来の労働者として位置付け、彼らの人的資本を開発するための正規学校教育の役割に最も着目していたことが明らかになった。（例えば、Levinson 2002; Woodhall 1997を参照）[9]。以下の抜粋は分析に用いたUSAID教育戦略文書の該当箇所である。

- USAIDの人的資源開発に関する目標達成のための最も重要な目的は、質の高い初等教育及び基礎的教育スキル習得機会への公正なアクセスの向上である（USAID 1998: 11）。
- 生産性向上のための知識とスキルの強化（中略）は、職業訓練と高等教育分野への集中的な取り組みを含んでいる（USAID 2005: 7）。
- 教育は人間開発や広範な経済成長（broad-based economic grosth）の基盤となるものである（中略）。目標2：各国の開発目標に合致した労働者のスキルを

醸成するため（中略）の高等教育と職業訓練プログラムの改善の実施（USAID
2011: 1）。

　それだけでなく、前述の通り、これらの3つのUSAID教育戦略文書は、教
員を、学校教育の「生産」過程に潜在的に貢献しうる人的資本あるいは人的資
源と位置付けている。教員（teacher）と教授（teaching）という用語を、その
ような観点から用いている割合は36%（1998年）、34%（1999年）、27%（2011
年）で、「被雇用者」として用いていた割合は16%から44%であった。さら
に、教員養成と現職教員訓練の受講者（1998年15.6%、2005年22.7%、2011年
24.3%）と注目している点も、人的資本開発を訓練によって促すことから、教
員を人的資本としてみなしている延長と言えるだろう。管理され、訓練される
教員を人的資本の観点で捉えていることはUSAIDのエジプト、リベリア、パ
キスタンにおけるプログラムの実施計画書からも明らかである。
　筆者が行った世界銀行教育戦略文書の分析結果（Ginsburg 2012）と同様に、
USAID教育戦略文書とUSAID協力プログラムの実施計画書の分析において
も、それらが、教員を人間としてではなく人的資本とみなしていることは明ら
かである。そして、そのことは、1998年、2005年、2011年のいずれの戦略文
書においても、教員を学習者としてみなす記述が皆無（0%）であるという事
実を十分に説明しうるものである。つまり、USAIDの教育戦略文書では、教
員の働きを（そして、実に、教員自身をも）「商品化（commodification）」する視
点を持っていることを意味している。学び（learning）は人間の存在そのもの
の中核的活動であるにもかかわらず、USAIDの文書においては、教員の学び
は、教育セクターの戦略文書が目的とする経済資本（例えば、税収）や固定資
本（例えば、不動産）を増大するという文脈からは逸脱した着眼点であると考
えられているのかもしれない。

教育政策の実施・策定者としての教員

　USAIDの教育戦略文書の分析から、教員はカリキュラムやその他の教育政

策の"実施者"と位置付けられ、主として教室内でのアクターとして限定的に捉えられていることが明らかになった。教員（teacher）と教授（teaching）という用語が教室内での教員の役割に関連して言及されていた割合は15.6%（1998年）、13.6%（2005年）、27.0%（2011年）であった。1998年の報告書では教員の役割は学校職員（7.8%）や職業集団・教員組合の一員（10.9%）として着目されていたが、2005年ではいずれも全く触れられておらず、2011年では学校職員に関する記述（2.7%）のみであった。またエジプト、リベリア、パキスタンの3つUSAIDプログラム実施計画書では、政策策定やシステム強化に焦点を置いており、教員の能力強化に対する取り組みは、教室内での職務遂行に必要な知識やスキルの強化という観点に限定されている。

　もちろん、教員は、授業において日常的に様々な意思決定を行っており、それは地域の教育政策や実践に役立てられている可能性がある。しかしながら、より広範な政策の策定を行うためには、教員が個人、あるいは学校、地域、州、国家レベルの集団の一員として活発に政策の決定過程に参画することが必要となる。USAID教育戦略文書とプログラム実施計画書はこれらの教員の学校外での役割を軽視または無視しており、USAIDの教員に関する見解は、以下に示すようなグローバルな教育政策の主張と一致していないということができる。

- 1966年のILO・ユネスコによる「教員の地位に関する勧告」においては、「教員組織が、教育の改善に大きく寄与する力を有していることが認識されるべきであり、それゆえに、教員が政策決定の場に関われることが理想である」と述べられている（ILO and UNESCO 1966: 9）。
- 「Education 2030」で「教員及び教育者は、その所属組織と互いの権利のもと重要な関係性にあり、政策策定、計画、実施、モニタリングのすべての段階に関与すべきである」と主張されている（UNESCO et al. 2015: 24）。

特に、近年発表された2005年と2011年の教育戦略報告書及びUSAIDプロ

グラム実施計画書において、教員を人的資源として捉えている傾向が強く見られる。そしてそのことは、教員を政策対話や意思決定過程の参加者として捉える見方がUSAIDの中で限定的であることにつながっている[10]。

　教員が人的資本として学習成果を発現するための単なる投入財とみなされるのであれば、それは教員が政策の分析や策定を行う上で重要なステークホルダーではなく、示唆を提供したり、政策策定過程に貢献する者でもない（それも学校、地域、州、国家レベルのいずれにおいても）という論理のもと成り立っていると言えるであろう。

付記

　本稿は、Ginsburg, M（2017）Teachers as Human Capital or Human Beings? USAID's Perspective on Teachers, *Current Issues in Comparative Education* 20（1）: 6-30を加筆修正したものである。翻訳は、筑波大学国際総合学類清水大地氏と本書編者の興津妙子が担当した。

[http://www.tc.columbia.edu/cice/current-issue/02 Ginsburg.pdf.]

注

(1)　Ginsburg（2012）は、以下に記す3つの世界銀行が発行した戦略報告書の分析を行った。
　　・World Bank（1995）*Priorities and Strategies for Education: A World Bank Review.*
　　・World Bank（1999）*Education Sector Strategy.*
　　・World Bank（2011）*Learning for All: Investing in People's Knowledge and Skills to Promote Development.*
(2)　それにもかかわらず、ブルガリア、デンマーク、エジプト、ギリシャ、香港、マケドニア、オランダ、トルコ、英国、米国で実施された研究に基づき、BangsとFrost（2012: 1）は「国内、国際レベルのどちらにおいても、政策立案において教員は未だに歓迎されていない」と述べている（ILO and UNESCO 2012; Villegas-Reimers and Reimers 1996も参照）。
(3)　Ginsburg（2012）にて詳細記載。

(4)　Cochran-Smith and Demers（2010: 28）は、学習を中心に据える立場は、「アカウンタビリティの時代」における「支配的な言説に挑戦をつきつけるものだ」と述べている。そして、「アカウンタビリティの時代」の言説は用意されたカリキュラムと誰でも使える教材は薄弱な教員労働力を補うためにある、と考えるとしている。また、それに対し、学習を中心に据える立場は、1）教員と教員養成は技能的なことよりも理知的なものである、2）おおよその教員は実践の中で問題を提起・解決し、学びの共同体内で局所的な知識を身につけ、教育や学習に対する複雑な判断を行うことができるという2つの前提の上に立っている、と述べている。

(5)　2011年のEducation Strategyでは2011–2015年の期間のみに焦点が当てられていたが、USAIDは、2015年に、「USAIDの次回のEducation Strategy（2016–2020）は目標を継続し過去4年間に取り上げた教育計画に焦点を当てる。（中略）最新のEducation Strategyは2016年初旬に〈実際にはされなかったが〉発刊される予定である。それまではUSAID Education Strategy 2011-2015が継続される」（USAID 2015a: 1-2）と発表した。これはEducation Strategy Progress Report 2011–2015（USAID 2015b）とともに2015年11月のUSAID Global Education Summitで発表された。同文書のパワーポイントを用いたプレゼンテーションでは、USAIDは「『年間で平均450,000人の教員訓練を通した教育方法の改善、26,000のPTAや住民参加型の学校運営を通し保護者・地域の関わりの強化を含めた、協定国の教育目標の達成を中心とした活動を支援した』と強調した」（USAID 2015b: 4）。

(6)　人的資本としてカテゴリー分類した中で、教員の欠勤に関する記述は2005年と2011年の報告書では各9か所中2か所（22%）と8か所中4か所（50%）であった。しかしながら、1998年の報告書では19か所中0であった。これは近年、世界銀行で発行されたあらゆる報告書で教員の欠勤が、生徒の教育成果が低く表れる主因として危惧されていることとが影響しているのではないかと思われる（例えば、Abadzi 2007; Bruns et al. 2011）。

(7)　同様に、Ginsburg（2012）による世界銀行の3つの戦略文書の内容分析に基づくと、これら2つの分類は1995年では56%、1999年では50%、2011年では67%と、教員（teacher）と教授（teaching）に関して特に取り上げられたカテゴリーであった。

(8)　Ginsburg（2012）が指摘しているように、世界銀行の1995年と1999年の戦略文書では教員の学習者としての着目が各2%と4%と少なかったうえ、2011年の戦略文書は、すべての人びとへの学習（Learning for All）と題されていながら、学習

者としての教員に対して言及している箇所は皆無であった。

(9) 人的資本は、「生産過程における労働者の役割が機械やその他労働力と同様であるという思想に基づいた概念である」と定義できる（Johnson 2000: 46; Becker 1993参照）。また、Schultz（1961: 3）は「人間は抽象的かつ数学的観点から明らかに資本としてみなせる」と主張している。あくまで概念的にではあるが、労働者は売買取引や投資する商品として扱われているのである（Marx 1859参照）。しかしながらSchultz（1961: 2）は「人間を……単なる物質や所有資産のようなもの……としてみなしているようだ」と人的資本の概念の潜在的な問題点も取り上げている。

(10) Chapman and Quijada（2008: 269）は、USAIDにより1990年から2005年の間に実施された33の教育プロジェクトに関連する286の文書の分析結果から、USAIDはプリンシパル＝エージェント理論に焦点を当てた教育実践の改善や組織的アプローチの改善方法を緊急に対処すべき問題であると捉えていることを突き止めた。この「問題」から、USAIDが教員をどのように見ているかを理解することができる。「プリンシパル（教育省職員［あるいはUSAIDのスタッフやプロジェクトの実施者など］）が、質の高い教育の実現等の特定の成果を出したい場合、その成否は教員のようなエージェントの行動に委ねられている。この場合、システムの中であるレベルにいる個人が別のレベルにいる別の個人に期待通り行動してもらわなければならないという点に問題がある」。

参考文献・資料

［欧文］

Abadzi, H.（2007）Absenteeism and Beyond: Instructional Time Loss and Consequences, *Policy Research Working Paper*, 4376, Washington, D.C.: World Bank.

Altinyelken, H and A.Verger（2013）The Recontextualisation of Global Education Reforms: Insights from the Case Studies, A. Verger, H. Altinyelken and M. de Koning（eds.）*Global Managerial Education Reforms and Teachers: Emerging Policies, Controversies and Issues in Developing Context*, Brussels: Education International and Education and International Development, IS Academie Programme, pp. 141-155.

Bangs, J. and D. Frost（2012）*Teacher Self-Efficacy, Voice and Leadership: Towards a Policy Framework for Education International*, Brussels: Education

International Research Institute.

Bangs, J. and J. MacBeath（2012）Collective leadership: the role of teacher unions in encouraging teachers to take the lead in their own learning and in teacher policy, *Professional Development in Education*, 38（2）: 331-343.

Bascia, N. and C. Rottman（2011）What's so important about teachers' working conditions? The fatal flaw in North American educational reform, *Journal of Education Policy*, 26（6）: 787-802.

Becker, G. S.（1993）*Human capital: A theoretical and empirical analysis, with special reference to education*, 3rd ed, Chicago: University of Chicago Press.

Bourgonje, P.（u.d.）Research Matters: Research as a Union Tool to Improve Educational Policy, Brussels: Education International.
［http://download.ei-ie.org/docs/IRISDocuments/EI%20Campaigns/EFAIDS%20Programme/2007-00167-01-E.pdf.］

Bruns, B., D. Filmer and H. Patrinos（2011）*Making Schools Work: New Evidence on Accountability Reforms*, Washington, D.C.: World Bank.
［http://site.ebrary.com/id/10453806?ppg=19］

Chapman, David and Jessica Jester Quijada（2009）An analysis of USAID assistance to basic education in the developing world, 1990–2005, *International Journal of Educational Development*, 29: 268-280.

Cochran-Smith, M. and K. Demers（2010）Research and teacher learning: Taking an inquiry stance, O. Kwo（ed.）*Teachers as learners: Critical discourse on challenges and opportunities*, Hong Kong: CERC and Springer, pp. 14-43.

Craig, H., R. Kraft and J. duPlessis（1998）*Teacher development: Making an impact*, Washington, D.C.: USAID and World Bank.

Darling-Hammond, L.（2000）How teacher education matters, *Journal of Teacher Education*, 51（3）: 166-173.

Day, C., P. Sammons, G. Stobart, A. Kingston and Q, Gu（2007）Why Teachers Matter: Policy Agenda and Social Trends, C. Day et al.（authors）*Teachers Matter: Connecting Lives, Work, and Effectiveness*, Maidenhead, Berkshire, England: Open University Press, pp. 1-18.

Education International（2007）Teacher Union and Civil Society Involvement in Education Policy Dialogue on the EFA Process: A Perspective from the Teachers, Their Unions and Education International. Contribution to the 4th

Collective Consultation on NGOs, Dakar, 3-5 September.

Ginsburg, M. (2012) Teachers as Learners: A Missing Focus in 'Learning for All, S. Klees, J. Samoff and N. Stromquist (eds.) *The World Bank and Education: Critiques and Alternatives*, Rotterdam, Netherlands: Sense Publishers, pp. 83-94.

―――― (2013) System and Policy Dimensions of Professional Development, Ian R. Haslam, Myint Swe Khine and Issa M. Saleh (eds.) *Large Scale Reform and Social Capital Building: The Professional Development Imperative*, London: Routledge, pp. 157-179.

―――― (2016) *Increasing and Improving Teacher Participation in Local Education Groups (LEGs): Designing In-service Professional Development Programs to Facilitate Teachers' Engagement in Social Dialogue*, Final draft of literature review report for UNESCO-Education International project funded by the Global Partnership for Education.

Ginsburg, M., S. Kamat, R. Raghu and J. Weaver (1995) Educators and Politics: Interpretations, Involvement, and Implications, M. Ginsburg (ed.) *The Politics of Educators' Work and Lives*, New York: Garland, pp 3-54.

Good, T., C. Wiley and I. R. Florez (2009) Effective teaching: An emerging synthesis, L. Saha and A. G. Dworkin (eds.) *International handbook of research on teachers and teaching*, New York: Springer, pp. 803-816.

Hardman, F., J. Ackers, N. Abrishamian and M. O'Sullivan (2011) Developing a Systemic Approach to Teacher Education in Sub-Saharan Africa: Emerging Lessons from Kenya, Tanzania and Uganda, *Compare: A Journal of Comparative and International Education* (First published on 16 May 2011): 1-15.

Harrison, C. and J. Killion (2007) Ten Roles for Teacher Leaders, *Educational Leadership* 65 (1): 74-77.

International Labor Organization (ILO) and United Nations Education, Science, and Culture Organization (UNESCO) (1966) *Recommendation Concerning the Status of Teachers*, Paris: UNESCO.
[http://unesdoc.unesco.org/images/0016/001604/160495e.pdf.]

―――― (2012) Final Report: Eleventh Session of the Joint ILO-UNESCO Committee of Experts on the Application of the Recommendations concerning Teaching Personnel, Geneva: ILO.
[http://unesdoc.unesco.org/images/0022/002216/221601e.pdf.]

International Task Force on Teachers for Education for All（2015）*Teacher Policy Development Guide*, Paris: UNESCO.

Johnson, A.（2000）*The Blackwell dictionary of sociology*, Oxford, UK: Blackwell Publishers.

Leu, E. and M. Ginsburg（2011）*Designing Effective Programs for In-service Teacher Professional Development: First Principles Compendium*, Washington, D.C.: EQUP1 and American Institutes for Research.
［http://www.equip123.net/docs/E1-FP_In-Svc_TPD_Compendium.pdf.］

Leu, E., and A. Price-Rom（2006）*Quality of education and teacher learning: A review of the literature*, Washington D.C.: EQUIP1 and USAID.
［http://www.equip123.net/docs/E1-QualityEdLitReview.pdf.］

Levinson, D.（2002）Human capital theory, D. Levinson, P. Cookson and A. Sadovnik（eds.）*Education and sociology: An encyclopedia*, New York: Routledge Falmer, pp. 377-379.

Lortie, D.（1975）*Schoolteacher: A Sociological Analysis*, Chicago: University of Chicago Press.

Marx, K.（1859, 1977）*Contribution to a critique of political economy*, Moscow: Progress Publishers.

McNiff, M. A（n.d.）*Review of USAID's Educational Approach from 2000 to 2015: Structural Constraints to Understanding a Dynamic Education: Thesis Abstract.*
［http://www.academia.edu/9145090/A_Review_of_USAID_s_Educational_Approach_from_2000_to_2015_Structural_Constraints_to_Understanding_a_Dynamic_Education］

Mulkeen, A.（2010）*Teachers in Anglophone Africa: Issues in Teacher Supply, Training, and Management*, Washington, D.C.: World Bank.
［http://siteresources.worldbank.org/EDUCATION/Resources/278200-1099079877269/Teachers_Anglophone_Africa.pdf.］

Natsios, A.（2010）*The Clash of the Counter-bureaucracy and Development: Center for Global Development Essay.*
［www.cgdev.org/content/publications/detail/1424271］

Organisation for Economic Cooperation and Development（OECD）（2005）*Teachers Matter: Attracting, Developing, and Retaining Effective Teachers, Pointers for Policy Development*, Paris: OECD Publishing.

[http://www.keepeek.com/Digital-Asset-Management/oecd/education/teachers-matter-attracting-developing-and-retaining-effective-teachers_9789264018044-en#page1]

――――(2011) *Building a High Quality Teaching Profession - Lessons from Around the World, Background Report for the International Summit on the Teaching Profession*, Paris: OECD Publishing.

――――(2014) *TALIS 2013 Results: An International Perspective on Teaching and Learning*, Paris: OECD Publishing.
[http://www.oecd.org/edu/a-teachers-guide-to-talis-2013-9789264216075-en.htm]

Psacharopoulos, G. (1995) *Building human capital for better lives,* Series: Directions in Development, Washington, D.C.: World Bank.

Robertson, S. (2013) 'Placing' Teachers in Global Governance Agendas, *Comparative Education Review* 56 (4): 584–607.

Schultz, T. (1961) Investment in human capital, *American Economic Review*, 51 (1): 1–17.

Schwille, J. and M. Dembélé (2007) *Global Perspectives on Teacher Learning: Improving Policy and Practice*, Paris: UNESCO International Institute for Educational Planning.

Senge, P. (1990) *The fifth discipline: The art and practice of the learning organization*, New York: Doubleday.

――――(2000) *Schools that learn: A fifth discipline fieldbook for educators, parents, and everyone who cares about education*, New York: Doubleday.

United Nations (2015) *UN Sustainable Development Knowledge Platform: Report of the Inter-Agency and Expert Group on Sustainable Development Goal Indicators* (E/CN.3/2016/2/Rev.1).
[https://sustainabledevelopment.un.org/sdg4]

UNESCO (2004) *EFA Global Monitoring Report 2005: The Quality Imperative*, Paris: UNESCO.

UNESCO, UNDP, UNFPA, UNHCR, UNICEF, UNWOMEN and World Bank Group (2015) *Education 2030: Incheon Declaration and Framework for Action: Towards Inclusive and Equitable Quality Education and Lifeline Learning for All (Final Draft for Adoption)*, Paris: UNESCO.

USAID (1998) *U.S. Agency for International Development USAID's Strategic*

Framework for Basic Education in Africa, Washington, D.C.: Human Resources and Democracy Division, Office of Sustainable Development, Bureau for Africa, USAID.

────（2005）*Improving Lives through Learning: USAID Education Strategy*, Washington, D.C.: USAID.

────（2011）*Education Opportunity through Learning: USAID Education Strategy*, Washington, D.C.: USAID.

────（2015a）*Continuation of the USAID Education Strategy: Agency Notice 08304 August 24, 2015.*
[https://notices.usaid.gov/notice/32629]

────（2015b）*USAID Education Strategy Progress Report, 2011-2015*, Powerpoint presentation at the USAID Global Education Summit, 2-4 November 2015, Silver Spring, Maryland.

────（2017）*USAID History.*
[https://www.usaid.gov/who-we-are/usaid-history]

USAID/Egypt（2003）*Program Description for EQUIP2: Education Reform Program*, Cairo: USAID/Egypt.

USAID/Liberia（2010）*Program Description for Liberia Teacher Training Program II*, Monrovia: USAID/Liberia.

USAID/Pakistan（2008）*Program Description for Pre-Service Teacher Education Program（Pre-STEP）*, Islamabad: USAID/Pakistan.

U.S. Diplomacy（2017）*Agency for International Development（USAID）.*
[http://www.usdiplomacy.org/state/abroad/usaid.php]

Villegas-Reimers, E. and F. Reimers（1996）Where are 60 million teachers? The missing voice in educational reforms around the world, *Prospects*, 26（3）: 469-492.

Westheimer, J.（2008）Learning among colleagues: Teacher community and the shared enterprise of education, M. Cochran-Smith, S. Feinman-Nemser, D. J. McIntyre and K. Demers（eds.）*Handbook of research on teacher education*, 3rd edition, New York: Routledge and Association of Teacher Education, pp. 756-783.

Williams, J. and W. Cummings（2008）*Policy-making for education reform in developing countries: contexts and processes, volume 1*, Lanham, M.D.: Scarecrow

Education.

Woodhall, M.（1997）Human capital concepts, A. Halsey, H. Lauder, P. Brown and A. S. Wells（eds.）*Education, culture, economy and society*, New York: Oxford University Press, pp. 219–223.

World Bank（1995, August）*Priorities and strategies in education: A World Bank review*, Washington, D.C.: World Bank.

────（1999, July）*Education sector strategy*, Washington, D.C.: World Bank.

────（2011）*Learning for all: Investing in people's knowledge and skills to promote development. World Bank Group Education Strategy 2020*, Washington, D.C.: World Bank.

World Bank Education Team（2011）*SABER-TEACHERS: Objectives, Rationale, Methodological Approach, and Products*, Washington, D.C.: World Bank.〔http://siteresources.worldbank.org/EDUCATION/Resources/278200-1290520949227/7575842-1290520985992/SABER-Teachers_Framework.pdf〕

第13章

国際協力機構（JICA）による協力

―教員の授業実践の改善から子どもの学びの改善へ―

石原　伸一

ミャンマーのプロジェクトで開発された理科の教科書を楽しむ女の子たち
写真提供：ミャンマー初等教育カリキュラム改訂プロジェクト
（CREATE）/JICA

はじめに

　独立行政法人国際協力機構（Japan International Cooperation Agency: JICA）は、日本の政府開発援助（ODA）のうち、国際機関への資金拠出を除く、二国間協力の3つの手法、「技術協力」「有償資金協力」「無償資金協力」[1] を一元的に担っている実施機関として、開発途上国への国際協力を行っている（JICA 2017a）。JICAの基礎教育分野の協力は、1980年代以前は、1966年の理数科教師隊員の派遣に始まる青年海外協力隊事業、及び、1966年から文部省の委託事業として始まる中等理科教育の専門家派遣が主な取り組みであった（JICA 1981, 2007a）。1980年代になり、学校建設、教員養成校建設等の無償資金協力が開始されている。1990年頃から小学校建設等の無償資金協力が増え始め、1994年から理数科教育改善のための技術協力プロジェクトが開始され、基礎教育分野の協力が拡大している（JICA 2007a）。

　一般的に教員政策は、教員養成・供給、待遇、継続的職能成長（現職教員研修）、人事管理（任用、配置、管理）と統制（評価と処遇）に関する諸政策[2] と捉えられるが（石原・興津 2014）、これらの中でも、JICAは、長年、教師教育（教員養成、現職教員研修）を中心に協力を展開してきた点に特徴がある。一方で、2014年頃から、教師教育に加えて、子どもの学びの改善に向けて協力アプローチが多様化しつつある。具体的には、多くの途上国でカリキュラム、教科書、授業、学力評価の一貫性の確保が課題となるなか、カリキュラム、教科書、アセスメントの分野の協力が増え、それらを現場の教員の授業実践につなげていく試みがなされている。また、保護者や地域住民による参加型学校運営と教員による授業改善を組み合わせたアプローチも試行されている。ここでは、教員の授業実践に関連するカリキュラム、教科書、アセスメント、学校運営を、幅広く教員政策分野の一領域として捉えて論じていきたい。

　本章では、JICAの技術協力プロジェクト[3]（以下、プロジェクト）に焦点を当て、1994年度から2016年度[4] の間に、44か国で実施されてきた105件の教

員政策に関連するプロジェクトを対象とし、その特徴と傾向を分析し、これまでの約20年間の事業の変遷をみていきたい。また、事業の背景にある考え方を、JICAの教育協力方針文書、調査研究報告書をもとに読み解き、これまでの取り組みを振り返り、今後のJICAの教員政策分野の国際協力の展望を考えたい。

　なお、筆者は、JICAの基礎教育分野の協力に実務の立場から、長年、携わってきたが、本稿で示された見方や意見はJICAの公式な見解ではなく、筆者個人のものであることをお断りしておきたい。

第1節　JICAによる教員政策分野のプロジェクトの特徴

1.1　地域[5]

　JICAは、1994年度から2016年度の間に、44か国において105件の教員政策分野のプロジェクトを実施している（終了済を含む）[6]。地域別にみると、表13.1に示す通り、アジア・大洋州12か国、アフリカ17か国、中南米10か国、中東・欧州5か国で実施してきた。全プロジェクト件数に占める地域別の割合は、図13.1に示す通り、アフリカ41件（39%）、アジア・大洋州38件（36%）

表13.1　地域・国別プロジェクト実績（1994年度-2016年度）

地域・国数	国名・プロジェクト件数
アジア・大洋州 12か国	フィリピン2件、インドネシア4件、カンボジア5件、モンゴル5件、ラオス5件、ベトナム1件、バングラデシュ2件、ミャンマー3件、アフガニスタン6件、パプアニューギニア3件、スリランカ1件、パキスタン1件
アフリカ 17か国	ケニア3件、南アフリカ2件、ガーナ4件、マラウイ3件、ウガンダ3件、ザンビア4件、モザンビーク2件、ナイジェリア2件、ニジェール2件、セネガル3件、ブルキナファソ3件、ルワンダ3件、タンザニア2件、アンゴラ1件、南スーダン1件、エチオピア2件、シエラレオネ1件
中南米 10か国	ホンジュラス3件、ボリビア3件、コロンビア1件、ドミニカ共和国1件、ペルー1件、チリ1件、グアテマラ3件、エルサルバドル2件、ニカラグア3件、ハイチ1件
中東・欧州 5か国	エジプト3件、ヨルダン1件、モロッコ1件、パレスチナ1件、ボスニア・ヘルツェゴビナ1件

注：国名はプロジェクト開始順。2016年度末時点で実施中の国に下線。
出典：JICAナレッジサイトのプロジェクト情報を基に筆者作成。

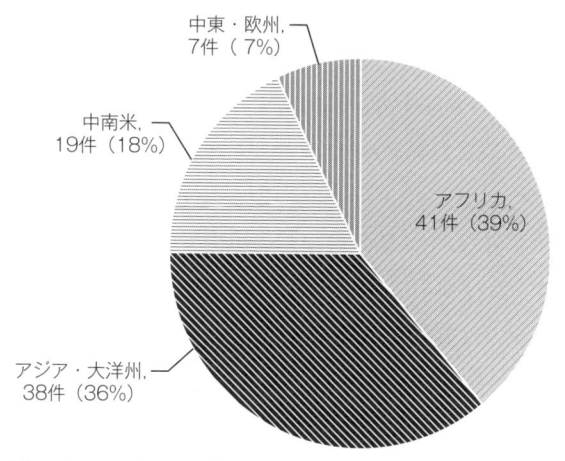

出典：JICAナレッジサイトのプロジェクト情報を基に筆者作成。

図13.1　地域別プロジェクト件数（1994年度〜2016年度）　n=105

の両地域で全体の4分の3を占める。残りの4分の1が中南米19件（18%）、中東・欧州7件（7%）となっている。

　このうち、2016年度末（2017年3月31日）時点では、25か国26件[7] が実施中となっている。地域別内訳は、アフリカ9件（35%）、アジア・大洋州8件（31%）、中南米5件（19%）、中東・欧州4件（15%）となっており、近年、中東・欧州の割合が高まっている。

1.2　教育段階

　協力対象の教育段階については、図13.2の通り、初等教育が45件と最大数を誇り、次に中等教育29件、初中等教育28件と続く。就学前・初中等教育2件は、障害を持つ子どもに対応した教育、特別活動の導入を支援する内容となっている。高等教育1件は、アフガニスタンのカブール教育大学に新設された特別支援教育学部を支援する内容となっている。

　地域的な特徴としては、アフリカは、他地域と比較し、中等教育を対象とす

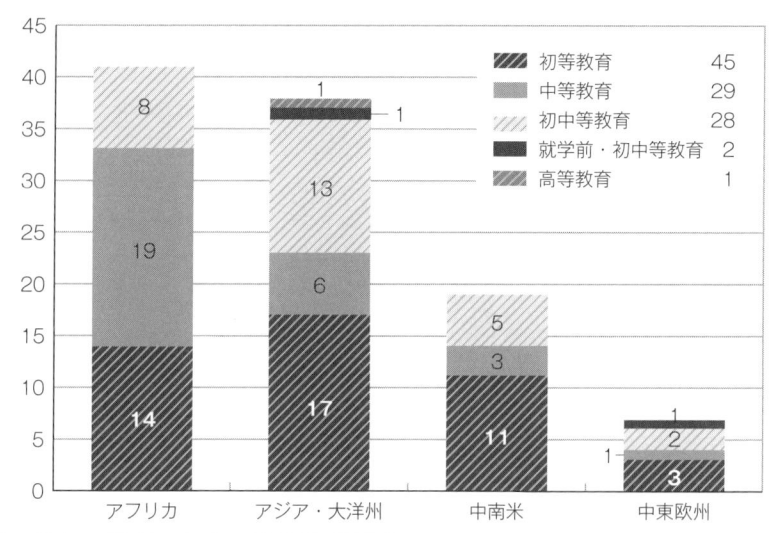

出典：JICAナレッジサイトのプロジェクト情報を基に筆者作成。

図13.2　教育段階別（1994年度〜2016年度）　n=105

る割合が高いことが窺える。この背景としては、後述するが、ケニアの中等理数科教育プロジェクトで開発した教員研修モデルの知見を活用し、アフリカ域内で、複数のプロジェクトを形成したことに起因する。ただし、2014年度以降、アフリカで開始されたプロジェクトは、初等教育、初中等教育が中心となっている。

1.3　教師教育の支援形態

　教師教育の支援形態は、図13.3に示す通り、現職教員研修が65％と多数を占める。ただし、近年、現職教員研修のみに焦点を当てたプロジェクトは、少なくなっており、現職教員研修はカリキュラム、教科書、アセスメント、学校運営等の複数コンポーネントから構成されるプロジェクトの1コンポーネントとして補完的な位置付けへと変わってきている。教員養成を対象としているプロジェクトは9％と限られているが、近年、教員養成を対象、あるいは、教員

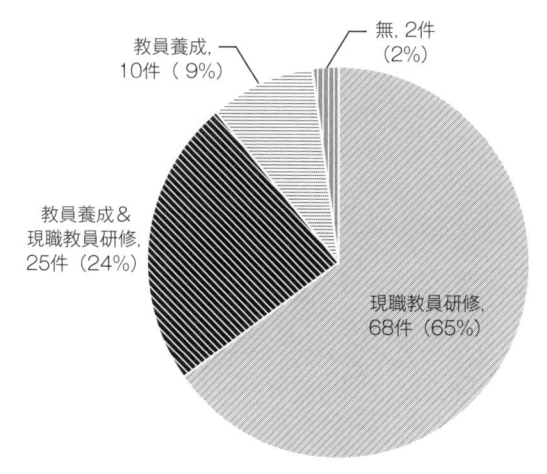

出典：JICAナレッジサイトのプロジェクト情報を基に筆者作成。

図13.3　教師教育の支援形態別（1994年度〜2016年度）　n=105

養成と現職教員研修のつながりを意識したプロジェクトが増える傾向にある。無の2％は、教師教育を直接的支援対象としてはいないが、カリキュラム改訂、教科書開発に焦点を当てた支援であり、教員の授業実践に深く関連する領域である。

　もう一つの教師教育の特徴としては、1990年代終わり頃、フィリピンで授業研究アプローチを導入以降、27か国で47件のプロジェクトにおいて、授業研究を導入[8]している。ただし、導入してからの期間（数年―10年以上）、教育段階（初等・現職教員―高等・教員養成）、普及段階（モデル―全国）は多様である（又地・菊池 2015）。授業研究を導入したプロジェクトの報告書から、共通して読み取れるのは、教員の授業実践力を向上させるため、トップダウン型の教員研修だけでは十分ではなく、ボトムアップ型による教員同士による継続的な研修の仕組みの構築が試みられている。

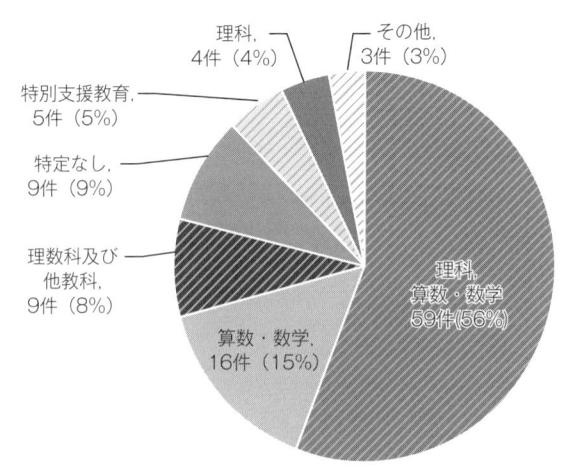

出典：JICAナレッジサイトのプロジェクト情報を基に筆者作成。

図13.4　教師教育の支援教科別（1994年度～2016年度）　n=105

1.4　支援対象教科

　図13.4に示す通り、理数科[9]を支援対象としているプロジェクトは88件（84％）と圧倒的多数を占める。理数科が中心となっている背景としては、JICA、相手国の双方に理由があると考えられる。

　JICA側の理由としては、2005年にJICAの基礎教育協力の方針、知見を体系的に取りまとめた「課題別指針 基礎教育」の中で、「1990年以降の基礎教育重視の教育思潮の中でJICAの基礎教育協力はハードからソフトへの協力分野の転換が求められていたこと、日本の理数科教育のレベルが国際的に見て高いこと、理数科教育は他教科に比べ言語や文化の壁を比較的乗り越えやすいと判断されたことなどがある」（JICA 2005: 27-28）と指摘している。また、本分野の協力を可能とした要因の一つとして、1966年に理数科教師隊員を派遣して以来、2016年度末時点で累計2,779名（JICA 2018a）[10]が派遣されており、本分野のリソース人材、知見の蓄積があったこともあげられる。相手国側の理由としては、各プロジェクトの要請背景から大別すると、①工業化、科学技術振

興を下支えする理数科の重要性、②理数科教育の質の低さへの対応、③暗記中心から児童・生徒中心のカリキュラム改訂への対応から、理数科教育の協力要請がなされている。

1.5　プロジェクト件数の推移と協力アプローチの変遷

プロジェクト件数は、図13.5の通り、1994年度から2002年度の間、6件と緩やかな伸びとなっているが、2003年度に12件に倍増し、その後も増加を続け、2007年度にピークに達している。2009年度以降、緩やかに減少し、2014年度には20件まで落ち込み、再び2015年度に増加に転じている。

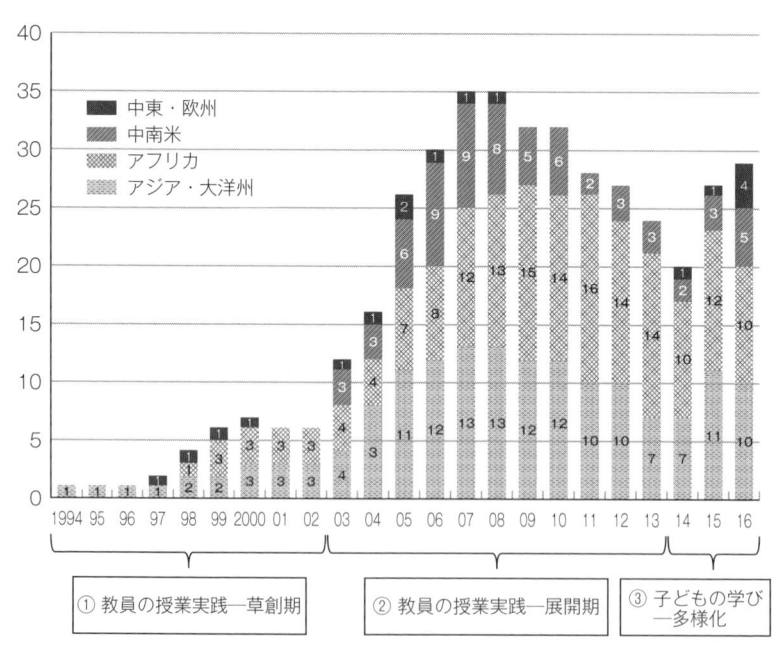

注：プロジェクト105件の各案件の協力期間に基づいて各年度実施中の件数
出典：JICAナレッジサイトのプロジェクト情報を基に筆者作成。

図13.5　教員政策分野のプロジェクト件数の推移

プロジェクトのアプローチの特徴から、JICAの教員政策分野の協力は、以

下の3つの時期に分けて捉えられると考える。

①1994年度−2002年度：教員の授業実践の改善に向けての協力─草創期

②2003年度−2013年度：教員の授業実践の改善に向けての協力─展開期

③2014年度以降：子どもの学びの改善に向けての協力─多様化

第2節　教員の授業実践の改善に向けての協力
─草創期（1994年度─2002年度）─

2.1　理数科教育分野でプロジェクト開始の背景

　1994年度に、JICAは基礎教育で初めてのプロジェクトをフィリピンの理数科教育分野で開始している。この背景としては、1990年の「万人のための教育（EFA）」を受けて、JICAは、1992年に「開発と教育 分野別援助研究会」を設置し、1994年に発表した報告書の中で、理数科教育を重点分野の一つとして位置付けている。同報告書では、理数科は、あらゆる科学の基礎となる学科であり、初等・中等教育において特に重視すべき領域であるが、途上国では、理数科は他の教科に比べ、教員の質・量、教科内容、教授方法、機材等の面に課題があると指摘し、本分野に国際的にも優れた実績のある日本が協力可能な分野であるとしている（JICA 1994: 32）。こうしたことから、理数科教育分野でプロジェクトが開始されたのは、自然な流れであった。

2.2　協力の類型

　「初中等教育／理数科分野」の評価結果の総合分析（JICA 2004）では、この時期のプロジェクトを研修受益者と教員研修方式という軸に基づいて、4類型(11)に分類している。

　①**カスケード（伝達講習）方式現職教員研修**：中央、地方、教員へと段階的に伝達講習型で研修を実施。

②**校内研修／クラスター（直接研修）方式現職教員研修**：校内研修やクラスター
（地域で組織した学校群）を通じ、教員に研修を実施。

③**教授法ガイドブック開発・普及**：教授法ガイドブックを開発し、開発されたガ
イドブックを活用して授業できるよう教員研修を実施。

④**教員養成校、大学を起点とした教師教育**：教員養成校や大学の教官を対象に能
力強化を行い、教員養成校、大学が起点となって、教員養成課程履修学生への
指導や、現職教員研修を実施。

1994年度から2002年度に開始したプロジェクトを地域別に示すと図13.6の
通り、アジア、アフリカを中心に展開している。

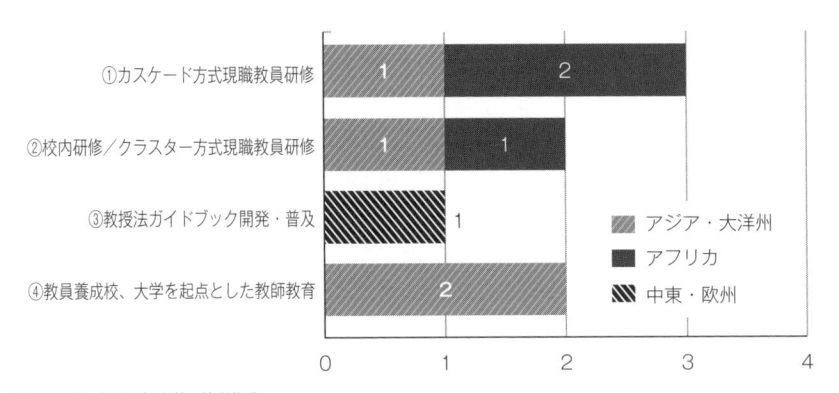

出典：JICA（2004）を基に筆者作成。

図13.6　1994年度〜2002年度：教員政策分野の協力の類型　n=8

2.3　協力の特徴と焦点

アジアでは、1994年度に開始されたフィリピンで初中等理数科教育向上パ
ッケージ型協力は、類型①のカスケード方式による研修システムが採用された
が、プロジェクトの終了時評価によれば、中央レベルではインパクトがある程
度発現したものの、教員に対するインパクトは限定的であったとの指摘があ
る。こうしたことから、後継プロジェクトでは、類型②のクラスターと呼ばれ

る近隣の学校群を形成し、毎月1回クラスターごとに現職理数科教員を集め、研修の機会を提供の支援にシフトしている（JICA 2004: 43）。インドネシアでは、1998年度から、初中等教員養成機関である3大学を起点とし、カンボジアでは、2000年度から、後期中等教員養成機関である教員養成校を拠点とし、類型④の理数科教員の質の向上を目的としたプロジェクトが始まっている（JICA 2004: 49）。

　アフリカでは、1998年度から、ケニアで中等理数科を対象とした現職教員研修のプロジェクトを開始している。ケニアでは、初等教育に関するニーズも高かったが、初等では学校数が多すぎ効果的な協力が困難と判断されたこと、協力隊が中等で活動していたこと、かつ、英国が初等教育で既に協力を開始していたことから、中等教育に絞られている（JICA 2004: 37）。プロジェクト形成の過程で、ケニアは中央集権が強く、現職教員研修の研修制度化には、類型①のカスケード方式が最適との結論にいたっている（JICA 2007b）。南アフリカでは、1999年度から国内で元黒人居住区を多く抱える州において、中等理数科を対象に、類型①のカスケード方式による現職教員研修のプロジェクトを開始している。南アフリカでも、英国が初等教育で支援を行っていたことから、中等を対象にプロジェクトが形成されている（JICA 1996）。ガーナでは、1999年度から、パイロット郡の小中学校理数科教員を対象に、現職教員研修のプロジェクトが開始している。中堅の教員が郡で研修を受けたのち、各地区に戻り、校内研修、クラスター方式研修を実施しており、類型②に分類している（馬淵・横関 2004; JICA 2004）。

　中東では、エジプトで、1997年度から、知識注入型教育から技能獲得を目指す実践的教育への脱皮が重要な課題となっており、初等理数科分野における教員用授業改善・教材開発ガイドブックの編集を通じた教授法の改善を目的とした類型③のプロジェクトが始まっている（JICA 2000）。

　この時期、全てのプロジェクトは、理数科教育分野で教員の授業実践の改善に焦点を当てて支援している。また、日本の大学による支援体制を構築し、教科教育の専門分野は大学人材の短期派遣で対応している点も共通しているが、

教育分野の知見・経験を有した専門家人材の確保・育成が課題として指摘されている（JICA 2004）。

第3節　教員の授業実践の改善に向けての協力
―展開期（2003年度―2013年度）―

3.1　プロジェクト急増の背景

　2003年度を機に、プロジェクト件数が急増した背景としては、次の4つの要因が考えられる。第一に、日本政府が、2000年のダカール行動枠組み、ミレニアム開発目標（MDGs）を踏まえ、2002年に教育分野に特化した初めての援助政策である「成長のための基礎教育イニシアティブ（BEGIN）」をカナナスキス・サミットで発表し、基礎教育がJICAにおいても優先度の高い事業として位置付けられた。第二に、JICAは2003年の独立行政法人化による組織改編にともない、それまで、基礎教育の技術協力を複数部署で担当していた体制から、一元的に担当する部署が設置され、実施体制が整った。第三に、アフリカ、中米・カリブでは、プロジェクトで開発した教員研修モデルや教材を域内に普及していく協力を推進し、類似案件を形成した。第四に、アジア・大洋州では、多様なニーズに応えるために、企画競争（プロポーザル方式）によって実施する業務実施契約（法人契約）によるプロジェクトが2004年度から始まった。これにより、従来の人材リソースの制約を克服することが可能となり、多様な協力に対応できるようになった。

3.2　協力の類型

　中南米、アジア・大洋州では、これまでの類型にない、以下の新たな4類型のアプローチが出現している。

　⑤教科書開発・普及：教科書と教師用指導書を開発し、教員は教師用指導書を用いて授業を実践し、児童・生徒は教科書を用いて学習する取り組み。

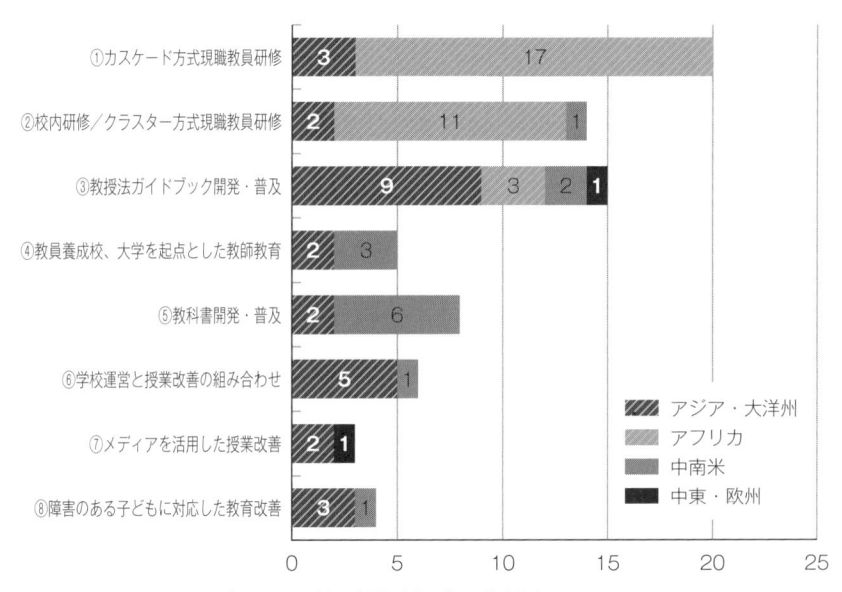

出典：JICAナレッジサイトのプロジェクト情報、各種報告書を基に、筆者作成。

図13.7　2003年度〜2013年度：教員政策分野の協力の類型　n=75

⑥**学校運営と授業改善の組み合わせ**：保護者や地域住民による参加型学校運営と
　授業改善を組み合わせた取り組み。

⑦**メディアを活用した授業改善**：テレビ番組、ICT等の各種メディアを活用した授
　業改善。

⑧**障害のある子どもに対応した教育改善**：障害のある子どもに対応した教員養成
　課程の強化や、現職教員の能力強化を図る取り組み。

　これら4つの類型を追加し、2003年度から2013年度に開始した75件のプロ
ジェクトを類型化したのが図13.7である。この時期から、2種類以上の類型を
組み合わせて実施しているプロジェクトが増えてきているため、複数の類型に
またがる案件は、より多く焦点が当たっている活動の類型に分類した。
　この時代の地域ごとの協力の特徴についてみていくことにする。

3.3　アフリカにおける協力の特徴

　1998年度に開始したケニア中等理数科教育強化計画プロジェクトは、中等理数科教員の能力強化を目的とし、カスケード方式による中央及び地方での研修システムを構築し、授業改善に資する実践的な研修コンテンツを開発した。理数科教育の低迷に共通の課題を抱えるアフリカ諸国からケニアの取り組みに関心が寄せられ、2001年にアフリカ11か国の教育行政官、理数科関係者がケニアに集まった会合を契機とし、アフリカ理数科教育域内連携ネットワークが設立された。本ネットワークを2003年度からケニアの後継プロジェクトに域内協力として組み込み、ケニアの教員研修の知見を活用し、かつ、アフリカ理数科教育関係者の実践知の学び合いを促進しつつ、アフリカにおいて類似プロジェクトが形成された（石原 2011, 2014）。2008年の第4回アフリカ開発国際会議（TICAD IV）横浜行動計画で日本政府による10万人の理数科教員に対する研修のコミットメントが打ち出されたことも追い風となり、2004年度から2011年度の間に、アフリカ14か国でプロジェクトが形成された。プロジェクトの特徴としては、ケニアのプロジェクトからの技術支援を組み込んだ、日本人専門家1〜2名が駐在する小規模プロジェクトが大半である。当初、ケニア同様、類型①の中等理数科教育のカスケード方式の現職教員研修アプローチが中心であったが（例えば、マラウイ、ウガンダ）、ザンビアでは、校内研修・クラスター方式の既存の制度を活用し、類型②の授業研究導入のプロジェクトが形成されている。さらにセネガル、ブルキナファソでは、初等理数科教育に拡大し、既存のクラスター方式研修を活性化するため、カスケード方式を組み合わせた類型②のプロジェクトが形成され、各国の文脈に応じ、教育段階、研修方式は多様化していった。

3.4　アジア・大洋州における協力の特徴

　アジア・大洋州は、授業実践の改善を目的とした多様な協力を展開しているが、教授法ガイドブック開発・普及が最も多く、学校運営と授業改善の組み合わせが続く。

　なかでも、類型③の教授法ガイドブック開発・普及に取り組んでいるアフガニスタン、モンゴル、ミャンマー[12]、パキスタンのプロジェクトで共通しているのは、新しいカリキュラムが導入され、従来の暗記中心から子どもの発想や思考を促すことが教員に求められるなか、日々の授業実践に活用できるよう、教師用指導書が開発されている。初等理数科の教員研修を通じ教員の質向上に取り組んでいるバングラデシュ、ラオスのプロジェクトでも、授業改善のための教員用参考書を開発している。支援対象教科は理数科が中心であるが、理数科に加えて、ミャンマー（社会、総合学習）、アフガニスタン（イスラム教、ダリ語、パシュトゥ語、英語、社会）、モンゴル（総合学習、IT教育）では、他教科への拡がりもみられるようになった。

　類型⑥の学校運営と授業改善の組み合わせを取り入れたスリランカ、ラオス、インドネシアの各種報告書から読み取れるのは、教員、教科にだけ焦点を当てた学校内だけの取り組みだけでは、不十分であり、学校を取り巻く保護者、地域住民の参画を得て学校改善に取り組んでいく総合的なアプローチが必要との認識がなされている。

　大洋州のPNGでは、地理的にアクセスが困難な島々に小規模な小学校が点在する環境下で、2005年度から、類型⑦のテレビ番組やメディアを活用した理数科分野の授業改善の取り組みが開始されている。

　20年以上の紛争の影響下で、多くの障害児がいると推定されるアフガニスタンでは、2006年度から、類型⑧の特別支援教育の強化を支援するプロジェクトが始まっている。

　大多数のアジア・大洋州のプロジェクトは、多様なニーズに応えるため、業務実施契約の形態で実施している点に特徴がある。

3.5　中南米における協力の特徴

　中南米は、教科書開発・普及に取り組む中米・カリブ、授業研究の導入・普及に取り組む南米といった特徴がみられる。

　中米・カリブでは、ホンジュラスで、2003年度から、JICAで初の教科書開

発支援の事例となった算数指導力向上プロジェクトが開始されている。この背景として、ホンジュラスでは算数の成績不振に起因する留年者の減少を目指し、教員が正確な内容の授業を適正な進度で行えるよう、新カリキュラムの内容に即した小学校全学年の算数の教師用指導書、児童用作業帳の開発を支援することが当初の目的であったが、2005年に、これらの教材がホンジュラス政府から高く評価され、国定の教科書、教師用指導書として認定されるにいたった（JICA 2007a）。プロジェクトの特徴としては、プロジェクト開始前に、教育省のアドバイザーとして派遣されていた長期専門家（元ホンジュラス青年海外協力隊）と算数分野の青年海外協力隊によって、既に開発されていた小学校1、2年生の算数教材の知見を活用している。また本教材開発に携わった長期専門家、青年海外協力隊が、後にプロジェクト専門家として従事しており、青年海外協力隊の活動・人材がプロジェクトへとつながっている（西方 2017）。ホンジュラスの類型⑤の算数教科書開発の取り組みは、同様に算数に課題を抱える近隣諸国から注目され、2006年度以降、ホンジュラスを拠点に、ホンジュラスにおける教科書開発の知見を活用し、エルサルバドル、グアテマラ、ドミニカ共和国、ニカラグアで小規模なプロジェクトを立ち上げ、広域協力として展開している。

　南米では、日本の研修に参加した研修員が、日本の学校ベースの現職教員システムや授業研究への関心から、ボリビア、ペルー、コロンビア、チリで授業研究の導入・普及を目指した小規模なプロジェクトが実施されている。

3.6　協力の焦点

　JICAは、2010年に策定した教育協力方針の中で、教員研修の改善を通じた教員の能力強化を重点として掲げており、「教員は、教育の質を決定付ける最も重要な要因であり、指導力の高い教員の継続的な育成・確保のためには、教員研修の強化が不可欠である」（JICA 2010: 4）としている。

　この時期、多くの国で知識・暗記中心から、子どもに考える力を高めていく授業への転換を図ろうとしているなか、JICAは、教員の授業実践の改善に焦

点をおいて、地域ごとの状況（相手国のニーズ、JICAが支援可能な内容、実施体制）に応じて、取り組んだ結果、地域ごとに特徴のある展開につながったのではないかと考えられる。

第4節　子どもの学びの改善に向けての協力
―多様化（2014年度以降）―

4.1　多様なアプローチの背景

　2014年度以降、JICAの協力アプローチに影響を与えたものとして、次の二つが大きいと捉えている。2014年に発刊された「EFAグローバル・モニタリング・レポート」の中で、世界の初等学齢人口の約3分の1に相当する2億5,000万人の子どもが基礎的な読み書き計算能力を習得していないという学習危機に関する報告（UNESCO 2014）。もう一つは、2015年に採択された新たな教育目標（SDG4、Education 2030）「すべての人に包摂的かつ公正な質の高い教育を確保し、生涯学習の機会を促進する」である。これらは、JICAの教育協力ポジションペーパー（JICA 2015b）の中で、重要なアジェンダ・課題として引用されており、子どもの学びの改善に向けて多様なアプローチの促進に大きな影響を与えたと考えられる。

4.2　協力の類型

　2014年度以降に開始したプロジェクト22件の類型化を試みたところ、図13.8に示す通り、教科書開発・普及が最も多く、教員養成校、大学を起点とした教師教育が続く。注目すべきは、従来の類型に当てはまらない多様なアプローチが出現し、これまで主流であった類型①と類型②の現職教員研修を焦点としたプロジェクトがみられなくなっている点である。

　この時代の地域ごとの協力の特徴をみていき、今後の展望を考えてみたい。

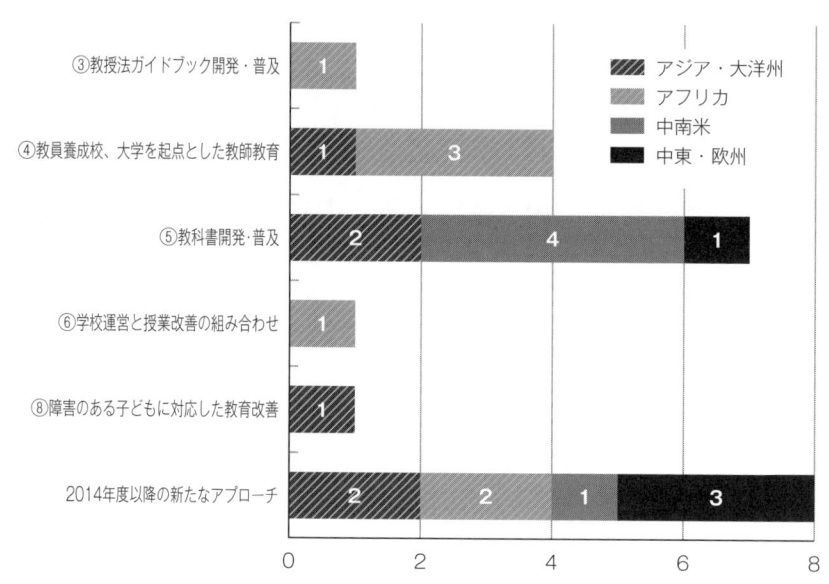

出典：JICAナレッジサイトのプロジェクト情報、各種報告書を基に、筆者作成。

図13.8　2014年度以降：教員政策分野の協力の類型　n=22

4.3　アジア・大洋州における協力の特徴と展望

　これまで最も多かった教授法ガイドブック開発・普及がみられなくなり、教科書開発・普及、2014年度以降の新たなアプローチを中心に展開している。

▷ **2014年度以降の新たなアプローチ：カリキュラム改訂**

　ミャンマーでは、2014年度から、初等全教科を対象にカリキュラム、教科書、アセスメントを一体的に整備し、教員養成課程、学校現場で新カリキュラムの導入・実践を包括的に支援するプロジェクトが開始されている。JICAは、1997年度から、様々な形態でミャンマー政府が進める児童中心型授業の普及を支援してきたが、約20年前に軍事政権下で編纂された教科書に基づき授業が実施され、学力試験（アセスメント）も依然として暗記中心となっており、暗記中心の学習スタイルに戻ることが課題となっていた背景がある。本プ

ロジェクトの特徴は、三層カリキュラム（「意図されたカリキュラム」「実施されたカリキュラム」「達成されたカリキュラム」）の一貫性を持たせるよう、国の根本的な制度改革を支援している点にある（JICA 2016, 2018b）。

　モンゴルでも、2016年度から、小規模ではあるが、カリキュラム改訂の一連のプロセスを体系的に進めていくためのガイドライン作成支援のプロジェクトを開始している。

▷教科書開発・普及

　ラオスでは、2004年度から、理数科を対象に初中等レベルの教員養成、現職教員研修のプロジェクトを実施してきたが、児童の算数の習熟度が著しく低く、この要因の一つが教科書の不適切な指導順序等の内容面にあることが、過去のプロジェクトの調査で指摘されていた[13]。こうした背景から、ラオスでは、2016年度から、児童にわかりやすく、教員にとって教えやすい算数教科書、教師用指導書改訂を支援するプロジェクトが、始まっている。

　パプアニューギニアでは、1993年から、カリキュラム改革の一環として就学前教育、初等・中等教育において成果重視型の教育（Outcome Based Education）が導入され、国で統一した教科書が開発・配布されなかったため、教員が授業をしにくい、生徒の学力が落ちたとの批判が高まり、政府は、2014年に成果重視型の教育を廃止し、新たなスタンダード型カリキュラムの導入とともに、教科書を開発することとなった[14]。こうしたなか、長年、JICAが支援してきた初等理数科のモデル授業の映像配信によって教育の質向上を図るプロジェクトの取り組みが評価され、2016年度から、初等理数科教科書、教師用指導書開発を中心とした支援が始まっている。

▷教員養成校、大学を起点とした教師教育

　カンボジアでは、教育改革の中で、全小・中学校教員の学士化を主要な政策として位置付け、2020年までに教員養成校の大学化を目標として掲げており、2016年度から、教員養成大学設立のための基盤構築を支援するプロジェクトが始まっている。カンボジアでは、JICAが支援してきた初中等理数科の教員養成、現職教員研修、教師用指導書開発の知見を活用し、コンテンツを支援す

るとともに、教員の資格、制度面での支援も行っている。

▷**アジア・大洋州における協力の展望**

　教授法ガイドブック開発を一歩進めて、カリキュラム改訂、教科書開発へと進んできている。今後、カリキュラム改訂、教員養成改革と連動するアセスメントの支援のニーズが高まっていくことが考えられる。長期的にみれば、現在の初等教育から、中等教育へのニーズが増えていくことが予想される。この他、モンゴルでは、障害児に対する診断・発達支援・教育のモデル構築を目指した支援が始まっており、他国でもインクルーシブな教育への支援のニーズが高まっていくことが予想される。

4.4　アフリカにおける協力の特徴と展望

　これまで主流であった現職教員研修アプローチが見られなくなり、教員養成校、大学を起点とした教師教育、2014年度以降の新たなアプローチが中心となり、協力アプローチが多様化している。

▷**2014年度以降の新たなアプローチ：アセスメント、教員のキャリア形成**

　エチオピアでは、2014年度に、アセスメント関係者の能力強化を図り、カリキュラム−授業実践−学力評価の一貫性を強化することを目的としたプロジェクトが形成されている。この背景には、2011年度から、ケニアのプロジェクトの知見を活用し、初等理数科教員を対象に子ども中心型の授業実践の促進に取り組んできたが、最終学年8年生の卒業試験問題が知識偏重となっており、教員は暗記中心の授業からの脱却が難しい現実があった（JICA 2015a）。プロジェクトの特徴としては、①縦割りとなっている試験局、カリキュラム局、教師教育局の専門家から構成される試験問題作成ワーキンググループの結成を通じ横のつながりを強化し、②「良問」とは何かを徹底的に議論し、③作成した試験問題を子どもに解いてもらうフィールドテストを行い、その分析結果から、試験問題の改善に取り組んでいる点にある（豊間根 2017）。

　ガーナでは、2014年度から、初中等教員のキャリア階梯に必要な能力を踏まえた階層別研修をパイロット郡で試行し、教員の能力や研修受講歴等を踏ま

えた評価・昇進のモデル構築を目指したプロジェクトが形成されている。ガーナでは、1999年度から、初等理数科における学習者中心型授業普及のため、校内・クラスター研修モデルの開発と全国普及を支援してきたが、教員の高い離職率が大きな課題であり、教員研修プログラムと教員の人事・育成・評価を関連付けて整備していくことが求められていたことが背景にある（JICA 2017b）。

▷教員養成校、大学を起点とした教師教育

アフリカでは、現職教員研修と教員養成のつながりを強化していく重要性が認識され始め、教科内容面の支援を強化していく必要性の認識から、教員養成校、大学を起点とした教師教育のプロジェクトが増えている。これまで現職教員研修に取り組んできたザンビア、ブルキナファソ、モザンビークでは、2016年度から、教員養成校、大学を起点とした教師教育のプロジェクトが始まっている。例えば、ザンビアでは、教員養成校と学校との協働により、教員養成校教官と協力校教員の能力を強化し、実践的な教員養成課程の質向上と、校内研修の仕組みで活用することで、現職教員にも裨益していくことも狙っている。

▷学校運営と授業改善の組み合わせ

セネガルでは、初等理数科の現職教員研修プロジェクト、学校運営プロジェクトを別々に実施してきたが、二つを統合するかたちで、初等算数能力向上プロジェクトが形成されている。授業内外で算数副教材等を活用し、子どもの学びの改善につながる普及可能なモデルの構築を目指す試みがなされている。

▷アフリカにおける協力の展望

初等段階の基礎的な学力に課題があることが認識され、中等から初等へとシフトしている。アフリカの多くの国で、教材、子ども、教員、保護者を含めた地域社会の関係性の中で、子どもの学びの改善につながる実証的な取り組みのニーズが高まってきている。教材面では、アジア・中米の初等教科書、教師用指導書開発のコンテンツ面の知見は、活用できる可能性が高いと思われる。

4.5　中南米における協力の特徴と展望

中米の数学教科書開発・普及の広域協力を中心に展開している。

▷教科書開発・普及

中米では、初等算数の次の段階として、中等数学の教科書開発の要請を受け、2015年度から、エルサルバドルを拠点とし、数学の教科書開発、教師用指導書を中心に広域協力を開始している。中米4か国間で、教科書開発、学習調査の知見の学び合いを促進し、プロジェクトを展開している。また、エルサルバドルでは、子どもの学びにつながる効果的な実践の仮説を検証するため、インパクト評価の実施を予定している。

▷2014年度以降の新たなアプローチ：算数副教材開発

仏語圏ハイチでは、教育省の支援が届かず、一定の水準に満たない学校が数多く存在する状況下で、仏語圏アフリカの知見も活用し、児童を対象とした算数副教材を開発し、授業内外での活用を目指した支援が2016年度に始まっている。

▷中南米における協力の展望

中米算数・数学教科書開発を軸とし、国際学会等での知見の共有・発信を通じ、交流型の展開が見込まれる。中南米の多くの国はスペイン語圏であるため、経験共有が効果的である。中米の算数・数学教科書開発の知見は、アジアを始めアフリカ地域でも有益であると考えられる。

4.6　中東・欧州における協力の特徴と展望

社会文脈と関係性の深い2014年度以降の新たなアプローチを中心に展開している。

▷2014年度以降の新たなアプローチ：格差緩和、社会的包摂性、協調性

モロッコは、学校間の学習到達度の格差、及び地域間や男女間のアクセス格差に課題があり、質・アクセスの両面からの格差緩和にプロジェクトの焦点が当たっている。

ボスニア・ヘルツェゴビナでは、紛争後、2つの行政主体が存在する分裂し

た状態が続いており、民族間の信頼醸成のため体育に焦点を当てたプロジェクトが2016年度に始まっている。社会的包摂性に配慮した体育の共通コアカリキュラムを作成し、ターゲットの小学校で、教員研修を通じ体育の導入を目指している。

エジプトでは、全人的教育として特別活動を導入し、普及可能なモデル開発を目指し、2016年度にプロジェクトが始まっている。エジプトの厳格な進級・卒業試験は、高い失業率と相まって試験熱を加速し、学校での社会性の醸成という機会が生かされていないとの懸念から、協調性が醸成される日本の特別活動に関心が示されている点が新しい。

▷教科書開発・普及

パレスチナでは、カリキュラムの学習範囲が多く、年間の授業時間枠内に教授内容が収まらず、また、21世紀に必要なスキル習得が不十分との認識から、初中等理数科の教科書、教師用指導書改訂に関わる人材の能力強化を中心としたプロジェクトが2016年度に形成されている。

▷中東・欧州における協力の展望

社会的包摂性、協調性等、社会文脈が深く関わっているが、子どもの学びに焦点が当たっているという点で共通している。他者や社会との関わりの非認知的能力を重視しており、社会性、協調性を育んできた日本の教育が別の角度から注目されている。異なる社会の文脈で日本の教育を相対化し、教員の役割を捉え直し、試行錯誤しつつ、支援していくことが見込まれる。

4.7　協力の焦点

地域ごと、地域内でニーズ、支援内容が多様化しているなか、共通しているのは、三層カリキュラムの一貫性が重要であることが認識され、カリキュラムで意図している内容を、子どもにわかりやすく理解できる教材、教員が教えやすい教材を組み合わせて支援するニーズが高まってきていることが窺える。

こうした新たな展開も踏まえて、JICA教育協力ポジションペーパー（JICA 2015b）では、「従来の教員能力強化中心のアプローチから、子どもの学びの改

善に向けて総合的なアプローチへと発展させるとしている。すなわち、子ども
の学びの改善を中心に据えて、カリキュラム、教科書・学習教材、授業、学力
評価（アセスメント）の一貫性を持たせ、『学びのサイクル』を強化する」
（JICA 2015b: 6-7）としている。従来の教師教育の中での教員の捉え方から、
子どもの学びを中心に据えて、カリキュラム、教科書、授業、アセスメントの
中で、教員を捉えていく視点が必要になってきていると考えられる。

　さらに、障害、格差、紛争といった課題に対し、それぞれの社会文脈の中で
日本の教育や学びの意味を捉え直し、新たなアプローチによる支援が求められ
ている。

おわりに

　これまでのJICAの教育政策分野の協力アプローチを振り返ってみると、長
年、教員に焦点を当て授業実践の改善を支援してきたが、2014年度以降、子
どもの学びの改善を中心に据えて、多様なアプローチによる協力へと変遷して
きている。今後、JICAは、どのような役割を果たしていくことができるだろ
うか。

　第一に、多くの国でカリキュラム、教科書、授業、アセスメントのギャップ
が大きな課題となっており、JICAは、それぞれの国自身が、ギャップを特定
し、これらの一貫性を確保できるよう、後押しをしていくことが重要と考え
る。そのためには、それぞれの社会で求められる教育は何か、子どもにどのよ
うな能力を求めるのか、どのような教材が必要で、教員はどのような能力を強
化すべきか、子どもの能力をどのように評価していくのか、それぞれの国自身
が特定し、この一連のサイクルを強化できるよう支援していくことが大切では
ないかと考える。つまり、教員をこれらの問題から切り離して論じるのではな
く、このサイクルの中で、教員政策を捉えていく必要があるのではないだろう
か。多くの国にみられる弊害として、カリキュラム部門、教師教育部門、試験
部門の縦割りが影響し、各領域に内容面、制度面での分断がしばしば見受けら

れる。こうした課題に対し、外部パートナーであるからこそ、関係機関をつなげていくことができる可能性があるのではないかと考える。

　第二に、子どもの学びの改善を中心に据えるということは、JICAにとって、教員は授業改善の支援対象者から、共に知恵を絞って取り組む「同士」としての関係性となり、子どもの学びからの気づきを促していく役割が重要になってくると考える。子どもが何をどのように学んでいるのか、エビデンス（実証）に基づいて現状を把握し、子どもの学びの改善のために、仮説をもって取り組んでいけるよう、支援していくことが必要であると考える。そのためには、プロジェクトの介入によって、変化をみていくために、診断的なツール開発、ベースライン・エンドライン調査を強化していく必要がある。こうした学びの変化を保護者、地域住民、行政とも共有し、地域、行政が学校を支援していく関係性に転換していくことが重要であろう。

　第三に地域内、地域を超えて「学び合い」を推進していくことが重要であると考える。アジア・大洋州は教授法ガイドブック開発から教科書・教師用指導書開発へ、アフリカは中等理数科教員研修から初等基礎学力向上へ、中米は算数教科書開発から中等数学教科書開発へ、地域内で類似の展開がみられる。また、教員養成課程の強化等、地域を超えた共通課題への取り組みもみられる。各国の教育政策分野の類似事業から得られた知見・経験をもとに、共通課題の解決に向けて、地域内、あるいは、地域を超えて学び合うことで、各国の課題解決に有効であると考える。JICAは、「学び合い」を促進し、共通の課題の解決に向けて知を創出していく「知の触媒者」としての役割を積極的に果たすことが求められているのではないだろうか。

注
(1)　機動的な実施の確保その他外交政策の遂行上の必要に基づき、外務大臣が自ら行うものとして指定する無償資金協力を除く。
(2)　例えば、World Bank（2011, 2013）、Anderson（2004）参照。
(3)　技術協力プロジェクトは、JICAの専門家の派遣、研修員の受け入れ、機材の供

与という3つの協力手段を組み合わせ、一つのプロジェクトとして一定の期間に実施される事業。現地国内研修の一部（タンザニア、アンゴラ）を含む。現地国内研修は、日本の技術協力を通じて養成された人材が中心となって、その国の関係者を対象として実施する研修。

(4) 日本の会計年度である4月1日から翌年3月31日の間の実績をベース。

(5) 地域は以下のJICA事業実績統計の地域分類による。

[https://www.jica.go.jp/about/report/2017/ku57pq000022jqi9-att/J_s02.pdf]

(6) JICAナレッジサイト「教育」。

[http://gwweb.jica.go.jp/km/FSubject0101.nsf/NaviSubjTop?OpenNavigator]

(7) モンゴルで2件を実施。

(8) プロジェクトの枠組みに授業研究の導入が記載されている、プロジェクトの報告書に授業研究を導入するための事実が記載されているものを「授業研究を導入しているプロジェクト」とした。

27か国の内訳：フィリピン、インドネシア、南アフリカ、ガーナ、ボリビア、コロンビア、ベトナム、バングラデシュ、ミャンマー、スリランカ、ザンビア、ペルー、チリ、ホンジュラス、モンゴル、モザンビーク、セネガル、ルワンダ、ウガンダ、カンボジア、ケニア、パキスタン、ラオス、ニジェール、ナイジェリア、エチオピア、ニカラグア。（授業研究を導入したプロジェクトの協力期間の開始順。ただし、プロジェクトの協力期間の途中から導入したケースもあり、必ずしも授業研究の導入時期順とは限らない。）

(9) 理数科とは、「算数・数学科」と「理科」に代表される科学を総称して用いている。

(10) 理数科教師（旧）2,584名、理科教育128名、数学教育67名の合計数。

(11) 類型名は、筆者の方で、短くわかりやすい表現とする観点から要約した。

(12) ミャンマー児童中心型教育強化フェーズ2は児童中心型教育を全国普及するための仕組み確立を中心としているため、カスケード方式研修に分類したが、教師用指導書開発も組み込んだ総合的なプロジェクト。

(13) 「ラオス人民民主共和国　初等教育における算数学習改善プロジェクト」事業事前評価表2015年。

[https://www2.jica.go.jp/ja/evaluation/pdf/2015_1500227_1_s.pdf]

(14) パプアニューギニア理数科教育質の改善のプロジェクトホームページ。

[https://www.jica.go.jp/project/png/004/index.html]

参考文献・資料

［和文］

石原伸一（2011）「アフリカ理数科教育域内連携（SMASE–WECSA）ネットワークの設立期についての考察」『国際教育協力論集』14（1）: 69–88.

─── （2014）「アフリカ理数科教育域内連携（SMASE–WECSA）ネットワークを通じたネットワーク型協力の考察」『SRIDジャーナル』7.

石原伸一・興津妙子（2014）「第1章　はじめに」JICA教育ナレッジマネージメントネットワーク編『プロジェクト研究「途上国における効果的な授業実践のための教員政策と支援のあり方」報告書』JICA, 1–8頁.

豊間根則道（2017）「エチオピアの試験問題をよくする」『IDCJ REGIONAL TREND』16.

西方憲広（2017）『中米の子どもたちに算数・数学の学力向上を–算数教科書開発を通じた国際協力30年の軌跡–』佐伯印刷.

馬淵俊介・横関祐見子（2004）「現職教員研修実施能力の定着へ向けて–JICA理数科教育協力をキャパシティ・ディベロップメントで読み解く–」『国際協力研究』20（2）: 10–20.

又地淳・菊池亜有実（2015）「『授業研究』支援プロジェクトの現状および課題についての考察」『国際教育協力論集』18（1）: 91–104.

JICA（1981）『理科等教育協力事業評価調査団報告書（タイ・マレイシア・フィリピン）』.

─── （1994）『開発と教育 分野別援助研究会報告書』.

─── （1996）『南アフリカ共和国教育分野プロジェクト形成調査結果資料』.

─── （2000）『エジプト国「小学校理数科授業改善」プロジェクト終了時評価報告書』.

─── （2002）『ケニア共和国中等理数科教育教科計画 終了時評価報告書』.

─── （2004）『評価結果の総合分析 初中等教育・理数科分野』.

─── （2005）『課題別指針 基礎教育』.

─── （2006）『日本の理数科教育協力─JICAの取り組み─』.

─── （2007a）『理数科教育協力にかかる事業経験体系化─その理念とアプローチ─』.

─── （2007b）『キャパシティ・ディベロップメントに関する事例分析ケニア中等理数科教育強化計画プロジェクト』.

─── （2010）『JICAの教育分野の協力─現在と未来─』.

─── （2014）『プロジェクト研究「途上国における効果的な授業実践のための教員政策と支援のあり方」報告書』.

───（2015a）『エチオピア連邦民主共和国理数科教育アセスメント能力強化プロジェクト実施協議報告書』.

───（2015b）『JICA教育協力ポジションペーパー』.

───（2016）『ミャンマー連邦共和国初等教育カリキュラム改訂プロジェクト実施協議報告書』.

───（2017a）『JICA PROFILE』.

───（2017b）『ガーナ共和国初中等教員の質向上・管理政策制度化支援プロジェクト 中間レビュー調査報告書』.

───（2018a）『JICA 教育協力のトレンドと実績』.

───（2018b）『mundi　2018年4月号　教育と開発』.

[欧文]

Anderson, L. W.（2004）*Increasing Teacher Effectiveness, second edition*, Paris: UNESCO, International Institute for Educational Planning.
[http://unesdoc.unesco.org/images/0013/001376/137629e.pdf]

UNESCO（2014）*EFA Global Monitoring Report, Teaching and Learning: Achieving quality for all*, Paris: UNESCO.

World Bank（2011）*SABER-TEACHERS: Objectives, Rationale, Methodological Approach, and Products*, Washington, D.C.: World Bank.

World Bank（2013）*What Matters Most for Teacher Policies: A Framework Paper*, SABER Working Paper Series, Washington, D.C.: World Bank.

おわりに

　「途上国の教員政策と国際協力」と聞いて「教員の資質やモチベーションの向上」「教授法の改善」「絶対数の増加」「教員の欠勤の防止」などの課題克服を真っ先に思い浮かべられた読者諸賢も多いのではないだろうか。実際に、国際教育開発においては、教員は「課題」として扱われ、問題のある存在として語られることが多い。本書の各章においても、近年、教育の質向上の鍵を握る主体として「教員」を取り巻く諸政策の抜本的見直しが進行している諸相が報告されている。

　一方、「途上国の教員＝問題のある存在」という言説にもかかわらず、実際に途上国と言われる国々の教育現場を歩いていると、素晴らしいと思える先生方に出会うことが少なくない。過酷な状況下でも、1人で1,000人超の子どもたちを完璧に掌握する初老の教員、灼熱の太陽の下でも元気はつらつと一日中子どもたちと遊ぶ若い女性教員、巧みな話術で子どもたちを惹き込む視覚障害の教員など、厳しい環境の中で日々、教職という職業と生徒たちに情熱をもって向き合う先生方に多くお目にかかることも、また事実である。

　本書で紹介することができた各国の教員像や教師観はごく一部でしかないが、各国の教員の職務内容や勤務形態、彼らを取り巻く文化的、政治的、社会的背景、学習や子どもの発達に対する考え方は国ごとに大きく異なっており、一括りに論じられないことも実感していただけたのではないだろうか。しかし、こうした多様性にもかかわらず、その地に生きる教師たちが日々生徒と向き合う姿や生き様が詳しく語られないまま、途上国世界の教員政策は、国際スタンダードの名の下に画一化の方向に向かいつつある。OECD生徒の学習到達度調査（Programme for International Student Assessment: PISA）などの国際比較学力調査の結果などが、持続可能な開発目標（Sustainable Development Goals: SDGs）の教育分野に関する目標（SDG4）の達成度合いを検証する基準として採用され、OECDの国際教員指導環境調査（Teaching and Learning International

Survey: TALIS）など教員に関する国際比較も実施される中、途上国の教員政策はこれらの結果と無関係に進めることが難しくなっている。なかでも、本書で明らかになったことは、近年、多くの国で教員を専門職と位置付けた諸改革が行われ、その一環として教員スタンダード／コンピテンシーの策定や教員評価の導入が進められていることである。

　各国で、試行錯誤を重ねながら取り組みを重ねる教員の熱意がどこから来るのか、あるいはそうした熱意を削ぐ要因がどこにあるのか、そして自らの能力を伸長させ続け、豊かな学びを展開できるような仕組みや環境をどのように構築していくべきなのか。本書は、教育政策のグローバル化が途上国の教員に不可避の影響を及ぼす中、その国や地域の文脈における「良い教師」を規定する「コンピテンシー」とは如何なるもので、それらがどのように育まれるべきものなのかについて、改めて問い直す作業の必要性を示唆し得たのではないかと自負している。しかし、本書は、こうした問いに真摯に向き合っていく重要性を示せたに過ぎず、さらなる詳細な実証研究が求められている。

　また、本書の第Ⅱ部に収められた論考からは、途上国の教員に対する国際協力のアプローチもまた、実に多様であることが示された。例えば、第8章で横関が述べるとおり、ユネスコのアプローチの根底には「教師の権利」の促進があるのに対し、ユニセフのアプローチは「子どもの権利」保護の側面からプログラムを形成しているといった違いがある。また、世界銀行の協力アプローチを規定する大きな理論的支柱は「人的資本論」であり、教育に対する投資の成果を学習成果に求め、それを最大限にするための教師を取り巻く制度改革支援を重視している。対して、二国間協力機関である国際協力機構（JICA）のアプローチは、日本が有する知見や人材を生かした教員の授業実践力の向上や教材開発を中心に展開されてきた。

　以上のように、教員政策分野の国際協力のアプローチの違いは、各援助機関が依拠する国際条約や理論の違い、ひいては、「教師」をどのような存在としてみなすか、という根本的な立場の違いを反映している。途上国に生きる教員

や教育官僚たちは、こうした多様な国際協力の提案を、彼ら自身の解釈や論理に基づき受容し、あるいは拒絶する。本書の序章に収められた各章の分析は、そうしたグローバルとローカルの相互作用の中で、政策や協力意図と実践との間に大きなズレが生じていることを明らかにしている。

こうした政策と実践の「ズレ」の要因を解明するためには、援助機関や研究者が設定した分析枠組み（機能主義的な枠組み）により教員の行為を分析するという姿勢だけでは限界があり、途上国の教師たち自身の意味世界からその教育行為を解明するというアプローチがますます重要になる。つまり、政策の実践主体である教員の行為実態を下からの視点で理解することが欠かせない。教員の主観的な側面から、彼らが直面するリアリティの中で直面する困難や対応の様相を分析することで、耳塚・油布・酒井（1998）が指摘するように、それまで外部者から見れば「非合理的」と映っていた行為が実に「合理的」であると理解することが可能になるのではないだろうか。

つまり、各国の教員政策を読み解く際には、グローバルな潮流からだけ考えても、ローカルの視点だけでも、全体像を把捉することは困難であり、そうしたグローバルとローカルの相互作用の状況をつぶさに検証していくことが求められている。本書全体を通じて、少しでもグローバルとローカルが複雑に交差する位相を多角的に分析する視点が提供出来たなら、幸いである。

一方で、本書は、様々な地域で共通の教員スタンダード枠組みの導入が進む中、国家を超えた教員の国際移動の態様については考察ができなかった。教員政策の国際化がもたらす意図せざるこうした課題については、本書を契機に立ちあがった科研費補助事業「アジア・アフリカにおける教員政策の国際比較研究」の研究会での議論を通じて、実証をもとに考察を深めていきたいと考えている。

本書では、また、SDGs時代の教員コンピテンシーや教員評価についての議論に関しても、十分に切り込むことができなかった。SDG4では、教育を通じてどのような能力や態度を獲得したかという「学習成果（learning outcomes）」を世界レベルで定期的にモニタリングしていくことが掲げられている。これま

での国際教育協力では、就学に重きが置かれ、就学率の向上が最重要課題であった。しかし、近年、多くの国で、保護者が無理をして学校に就学させても、基礎的学力が身についていないことが報告され、公立学校離れが起き始めている。保護者が貴重な機会費用を払ってでも学校に通わせるには、目に見える成果が必要になる。しかしながら、言うまでもなく何を教育成果とするかは、議論があるところである。近年は、単に学力試験で測定できる個人の認知能力だけでなく、教育によってどのような個人や社会の変革を促すのか、といった汎用的能力や非認知的能力を重視する視点がこれまで以上に強調されている。SDG4においては、持続可能な開発のための教育（Education for Sustainable Development: ESD）や地球市民教育（Global Citizenship Education: GCED）を踏まえた学びも目標に掲げられており、学校や教師に求められる「成果」はますます多様化、高度化している。

　一方、国際目標の名の下に画一的・均質的・普遍的な視点が強調され、西欧中心主義が文化相対主義的な考え方を凌駕し、各国の固有のコンテクストを無視して上から一方的に途上国の教員に成果を問うことになってはならないであろう。SDG4が掲げる理念や目標を各国・地域の文化、歴史、社会的なコンテクストに即して具体的に検討し、市民社会や教員自身を交えた幅広い対話の中でこれからの世代に求められる学力を構想し、教師の役割を再定義していく地道な努力が求められている。

　最後に、本書の刊行は、さまざまな方から貴重なご助言やご支援を頂いて実現に至ることができた。この場を借りて、心より御礼申し上げたい。なかでも、比較教育研究と国際教育開発研究という、認識論的にアプローチが異なる研究領域に従事する執筆者の方々に立場を超えて参加して頂き、加えて、世界各地で国際協力の第一線で活躍する執筆者の方々にもご協力頂くことができなければ、本書は刊行し得なかった。これも、ひとえに執筆者の方々の、途上国の教員の重要性への強い思いにより実現されたものと考える。

　本書が、グローバル化の波の中で激変する途上国の教員政策研究の新たな一

面を切り拓き、グローバリゼーションの中で改革に揺れる日本の教員政策を考える上でも何らかの示唆を提供できれば幸いである。

2018年10月吉日

編者一同

参考文献

耳塚寛明・油布佐和子・酒井朗（1998）「教師への社会学的アプローチ—研究動向と課題—」『教育社会学研究』43: 84-120.

著者紹介

興津 妙子（おきつ・たえこ）OKITSU　Taeko　—編著者、はしがき・序章・おわりに
大妻女子大学文学部　准教授
主要著作：「教育における SDGs －『量』から『質』への転換と課題－」蟹江憲史編『持続可能な開発
目標とは何か― 2030 年へ向けた変革のアジェンダ―』（ミネルヴァ書房、106-127 頁、2017 年）、Be-
yond National Frameworks: Patterns and Trends in Articles by Japanese Researchers Published in International
Journals of Sociology of Education and Related Fields Since 1990s. Yonezawa et al.（eds.）*Japanese Education
in a Global Age: Sociological Reflections and Future Directions*（Springer, pp. 241-262, 2018）.

川口 純（かわぐち・じゅん）KAWAGUCH　Jun　—編著者、第 4 章・おわりに
筑波大学人間系教育研究科　助教
主要著作：「家族の生活と学校の関係―児童の就学記録分析を中心に：マラウイの初等学校を事例に
－」澤村信英編著『アフリカの生活世界と学校教育』（明石書店、186-203 頁、2014 年）、「アフリカの
高等教育における地域統合と東アジア」黒田一雄編著『アジアの高等教育ガバナンス』（アジア地域統
合講座総合研究シリーズ）（勁草書房、256-274 頁、2012 年）。

荻巣 崇世（おぎす・たかよ）OGISU　Takayo　—第 1 章
名古屋大学大学院国際開発研究科　学術研究員

牧 貴愛（まき・たかよし）MAKI　Takayoshi　—第 2 章
広島大学大学院国際協力研究科　准教授

小原 優貴（おはら・ゆうき）OHARA　Yuki　—第 3 章
東京大学大学院総合文化研究科・教養学部　特任准教授

中和 渚（なかわ・なぎさ）NAKAWA　Nagisa　—第 4 章
関東学院大学建築・環境学部　専任講師

小野 由美子（おの・ゆみこ）ONO　Yumiko　—第 5 章
早稲田大学教師教育研究所　招聘研究員

近森 憲助（ちかもり・けんすけ）CHIKAMORI　Kensuke　—第 5 章
鳴門教育大学大学院学校教育研究科　特命教授

中井 一芳（なかい・かずよし）NAKAI　Kazuyoshi　—第 6 章
国際協力機構（JICA）技術協力専門家

下田 旭美（しもだ・あさみ）SHIMODA　Asami　—第 6 章
広島大学大学院国際協力研究科　研究員

馬場 卓也（ばば・たくや） BABA Takuya ー第6章
広島大学大学院国際協力研究科　教授

石坂 広樹（いしざか・ひろき） ISHIZAKA Hiroki ー第7章
鳴門教育大学大学院学校教育研究科　准教授

横関 祐見子（よこぜき・ゆみこ） YOKOZEKI Yumiko ー第8章
国連教育科学文化機関（ユネスコ）アフリカ地域能力開発国際研究所（IICBA）　所長

服部 浩幸（はっとり・ひろゆき） HATTORI Hiroyuki ー第9章
国連児童基金（ユニセフ）インドネシア事務所　教育チーフ

深尾 剛司（ふかお・つよし） FUKAO Tsuyoshi ー第10章
世界銀行　上級教育専門官　教育グローバル・プラクティス　南アジア地域局

宮島 智美（みやじま・ともみ） MIYAJIMA Tomomi ー第10章
世界銀行　教育専門官　教育グローバル・プラクティス　中央・西アフリカ地域局

金澤 大介（かなざわ・だいすけ） KANAZAWA Daisuke ー第11章
教育のためのグローバルパートナーシップ（GPE）事務局　上級教育専門官

保坂 菜穂子（ほさか・なおこ） HOSAKA Naoko ー第11章
教育のためのグローバルパートナーシップ（GPE）事務局　上級モニタリング・評価専門官

マーク・ギンズバーグ MARK Ginsburg ー第12章
メリーランド大学教育学研究科国際教育プログラム　客員研究員
エンリケ・ホセ・バロナ教育科学大学　客員教授

石原 伸一（いしはら・しんいち） ISHIHARA Shinichi ー第13章
岡山大学大学院教育学研究科　教授

教員政策と国際協力
──未来を拓く教育をすべての子どもに

2018 年 11 月 15 日　初版第 1 刷発行

編著者	興　津　妙　子
	川　口　　　純
発行者	大　江　道　雅
発行所	株式会社 明石書店

〒 101-0021　東京都千代田区外神田 6-9-5
電　話　　03（5818）1171
ＦＡＸ　　03（5818）1174
振　替　　00100-7-24505
http://www.akashi.co.jp

組版	朝日メディアインターナショナル株式会社
印刷・製本	モリモト印刷株式会社

（定価はカバーに表示してあります）　　　　　ISBN978-4-7503-4747-9

〈価格は本体価格です〉